Jörg Lindenmeier

Yield-Management und Kundenzufriedenheit

WIRTSCHAFTSWISSENSCHAFT

Jörg Lindenmeier

Yield-Management und Kundenzufriedenheit

Konzeptionelle Aspekte und
empirische Analyse am Beispiel
von Fluggesellschaften

Mit einem Geleitwort von Prof. Dr. Dieter K. Tscheulin

Deutscher Universitäts-Verlag

Bibliografische Information Der Deutschen Bibliothek
Die Deutsche Bibliothek verzeichnet diese Publikation in der Deutschen Nationalbibliografie;
detaillierte bibliografische Daten sind im Internet über <http://dnb.ddb.de> abrufbar.

Dissertation Universität Freiburg, 2004

Gedruckt mit freundlicher Unterstützung der Wissenschaftlichen Gesellschaft
Freiburg im Breisgau.

1. Auflage März 2005

Alle Rechte vorbehalten
© Deutscher Universitäts-Verlag/GWV Fachverlage GmbH, Wiesbaden 2005

Lektorat: Brigitte Siegel / Britta Göhrisch-Radmacher

Der Deutsche Universitäts-Verlag ist ein Unternehmen von Springer Science+Business Media.
www.duv.de

Das Werk einschließlich aller seiner Teile ist urheberrechtlich geschützt. Jede Verwertung außerhalb der engen Grenzen des Urheberrechtsgesetzes ist ohne Zustimmung des Verlags unzulässig und strafbar. Das gilt insbesondere für Vervielfältigungen, Übersetzungen, Mikroverfilmungen und die Einspeicherung und Verarbeitung in elektronischen Systemen.

Die Wiedergabe von Gebrauchsnamen, Handelsnamen, Warenbezeichnungen usw. in diesem Werk berechtigt auch ohne besondere Kennzeichnung nicht zu der Annahme, dass solche Namen im Sinne der Warenzeichen- und Markenschutz-Gesetzgebung als frei zu betrachten wären und daher von jedermann benutzt werden dürften.

Umschlaggestaltung: Regine Zimmer, Dipl.-Designerin, Frankfurt/Main

ISBN-13:978-3-8244-0820-7   e-ISBN-13:978-3-322-81194-3
DOI: 10.1007/978-3-322-81194-3

Geleitwort

Mit dem Yield-Management spricht Jörg Lindenmeier ein Thema an, das in den letzten Jahren sowohl im Bereich der Produktionswirtschaft wie auch im Bereich des Marketings zunehmende Bedeutung gefunden hat. Ein entscheidender Meilenstein für die Entwicklung des Yield-Managements war die Aufhebung der Preisregulierung für Fluglinien durch die zivile Luftfahrtbehörde der USA im Jahr 1978. Ein weiterer wesentlicher Meilenstein war die Implementierung computergestützter Reservierungssysteme und globaler Vertriebssysteme, durch die der Absatz von Flugtickets über dezentrale Vertriebssysteme ermöglicht wurde. Bei ihrer Suche nach Ansätzen zur Aufrechterhaltung ihrer wirtschaftlichen Position in einem aufgrund der beschriebenen Entwicklungen sich verschärfenden Wettbewerb wurden die etablierten US-amerikanischen Fluglinien durch massive Entwicklungsschritte bei informationstechnologischen Anwendungssystemen unterstützt. Ergebnis der Suche war das Yield-Management zur optimalen Kontingentierung verschiedener Preissegmente.

Massive Forschungsbemühungen mit einer Vielzahl von einhergehenden Publikationen befassten sich seither mit der Entwicklung statischer und dynamischer Lösungsansätze für das Kontingentierungsproblem, das Problem der optimalen Überbuchung sowie der Preissteuerung. Auch finden sich zahlreiche Veröffentlichungen zur Übertragung und Anwendung des Yield-Managements in verschiedenen Branchen. Große Forschungsdefizite bestehen hingegen nach wie vor hinsichtlich der Erforschung möglicher negativer Konsequenzen des Yield-Managements, die aus kundenbeziehungsrelevanten Effekten der simultanen Preis- und Kapazitätssteuerungsmaßnahmen resultieren können. So ist zu vermuten, dass die durch die Anwendung des Yield-Managements induzierten Preisschwankungen oder die überbuchungsbedingte Abweisung von Kunden zu Verärgerung und Abwanderung führen können. Vor dem Hintergrund dieser Problematik besteht das Ziel der Arbeit von Jörg Lindenmeier in einer Evaluierung der Konsequenzen des Yield-Mangements für die Kundzufriedenheit.

Auf der Grundlage eines musterhaft erstellten State-of-the-Art und einer Diskussion der Bedeutung der Kundenzufriedenheit für die Unternehmensführung aus allgemeiner Perspektive leitet Jörg Lindenmeier in diesem Zusammenhang die zu validierenden forschungsleitenden Fragestellungen ab. Die von ihm darauf aufbauend präsentierte empirische Studie bedient sich der so genannten Szenariotechnik. Hierbei werden den Probanden unter Berücksichtigung experimenteller Variationen der interessierenden Variablen hypothetische Szenarien vorgelegt, welche von den Probanden hinsichtlich ihrer Zufriedenheitswirkung und anderer interessierender Fragestellungen bewertet werden sollen. Das erste Szenario beschreibt eine Situation, in der es zu Wahrnehmungen kontingentierungsbedingter interpersoneller Preisunterschiede kommt, während das zweite Szenario auf die zufriedenheitsrelevanten Konsequenzen der Überbuchung beschränkter Kapazitäten abzielt. Jörg Lindenmeier demonstriert im Rahmen aller empirischen Untersuchungen große Umsicht und seine mehrjährige Erfahrung hinsichtlich der Gestaltung experimenteller Designs.

Die Ergebnisse der empirischen Untersuchung sind äußerst interessant: So zeigt Jörg Lindenmeier, dass die Preiszufriedenheit sowohl durch die Zugehörigkeit zu einer höher bepreisten Tarifklasse, als auch durch individuell ungünstige interpersonelle Preisunterschiede negativ beeinflusst wird. Mit Hilfe regressions- und varianzanalytischer Betrachtungen zeigt er weiter, dass aufgrund ungleicher relativer Abweichungen vom selbst gezahlten Preis die durch die absolut gleich hohen interpersonellen Preisunterschiede bedingten Zufriedenheitsreaktionen in verschiedenen Tarifklassen unterschiedlich ausfallen. Genauso führen entsprechend der Prospect-Theorie ungünstige kontingentierungsbedingte interpersonelle Preisunterschiede zu absolut stärkeren Zufriedenheitsreaktionen als günstige. Weiter wird auf der Grundlage ein- und zweifaktorieller Varianzanalysen sowie mit Hilfe von Regressionsanalysen gezeigt, dass die durch die Überbuchung beschränkter Kapazitäten bedingte unfreiwillige Abweisung von Kunden einen negativen Einfluss auf die Kundenzufriedenheit hat. Da sich im Kontext des „Denied Boarding" in verschiedenen Tarifklassen keine divergierenden Abweichungen von zugrunde liegenden Referenzstandards ergeben, konstatiert er weiter, dass die durch die Abweisung induzierten Zufriedenheitsreaktionen nicht über verschiedene Tarifklassen variieren. Genauso wenig variieren die individuelle Zufriedenheit mit den Kompensationsbemühungen und die Unzufriedenheit mit den durch die Überbuchung bedingten Unannehmlichkeiten über die Tarifklassen.

Jörg Lindenmeier präsentiert ein eindrucksvolles Beispiel dafür, wie eine konkrete wissenschaftliche Fragestellung mit Dokumentation der Problemstellung, Aufarbeitung der vorhandenen Literatur, Darstellung der theoretischen Konstrukte, Ableitung forschungsleitender Hypothesen, Erarbeitung eines zielgerichteten Studiendesigns und Durchführung der empirischen Analyse bearbeitet werden sollte. Jörg Lindenmeier geht bei allen genannten Punkten sehr sorgfältig und stringent vor. Sein State-of-the-Art ist vorbildlich. Er präsentiert auf innovative Weise ein Untersuchungsdesign, das äußerst sorgfältig und anspruchsvoll konstruiert ist. Die Ergebnisse seiner empirischen Untersuchung repräsentieren einen wichtigen Beitrag zum wissenschaftlichen Fortschritt auf dem Gebiet des Marketings und der Produktionswirtschaft.

Mit Jörg Lindenmeiers Arbeit werden sowohl Marketingwissenschaftler als auch Praktiker angesprochen. Der Forscher erhält einen guten Einblick in den Aufbau einer systematischen Studie zur Abschätzung der kundenzufriedenheitsrelevanten Effekte des Yield-Managements. Der Marketing-Praktiker erhält nicht nur einen guten Überblick über die Elemente eines Yield-Management-Systems, vielmehr werden Ergebnisse für den Airline-Sektor abgeleitet, die für die gesamte Tourismusbranche von Interesse sind. Möge diese Arbeit weitere Studien zum Yield-Management initiieren.

Prof. Dr. Dieter K. Tscheulin

Vorwort

Die vorliegende Arbeit wurde von der Wirtschafts- und Verhaltenswissenschaftlichen Fakultät der Albert-Ludwigs-Universität Freiburg im Wintersemester 2004/2005 als Dissertation angenommen. Da ich während der Erstellung der Arbeit von meinem persönlichen und beruflichen Umfeld weitreichende Unterstützung erfahren habe, will ich die folgenden Zeilen dazu nutzen, diesen Personen zu danken. Zuallererst will ich meinem akademischen Lehrer und Doktorvater Herrn Professor Dr. Dieter K. Tscheulin danken. Vom Zeitpunkt der Themenfindung über die Konzeptionalisierung der Arbeit und der Gestaltung des Forschungsdesigns bis hin zur Abgabe der Arbeit stand er mir stets sowohl als kritischer und fordernder Betreuer als auch als unterstützender Mentor zur Seite. Mit seinem umfangreichen Wissens- und Erfahrungsschatz führte er mich in die wissenschaftliche Denk- und Arbeitsweise ein und eröffnete mir somit den Zugang zur akademischen Landschaft. Ohne die Unterstützung von Herrn Professor Dr. Dieter K. Tscheulin hätte ich meine Promotion in der vorliegenden Form nicht realisieren können.

Neben Herrn Professor Dr. Dieter K. Tscheulin möchte ich insbesondere auch Herrn Prof. Dr. Franz Schober für die zeitnahe Erstellung des Korreferats danken, welche nicht unerheblich zu einem zügigen Abschluss meiner Promotion beigetragen hat.

Zu großem Dank bin ich auch Herrn Hadbawnik und Herrn Ley von der Flughafen Stuttgart GmbH verpflichtet, welche mir durch ihre freundliche Unterstützung die Befragung von Fluggästen am Flughafen Stuttgart und somit den empirischen Teil der vorliegenden Arbeit ermöglicht haben.

Ferner gilt auch allen Mitarbeitern des Betriebswirtschaftlichen Seminars, Abteilung IV, die mich während der Erstellung meiner Dissertation begleitet haben, mein Dank. An dieser Stelle soll zuerst mein langjähriger Freund und Kollege Herr Dr. Martin Dietrich genannt werden, der mir stets als wissensreicher und kritischer Gesprächspartner zur Verfügung stand und seine Promotion im Gleichschritt mit mir abschloss. Weitere fachliche und moralische Unterstützung fand ich in meinem beruflichen Umfeld bei Frau Diplom-Volkswirtin Sylvie Römer und meinem Büropartner Herrn Dr. Ralf Haderlein, die mich beide freundschaftlich begleitet haben. Gleiches gilt für Herrn Prof. Dr. Bernd Helmig und Herrn Diplom-Volkswirt Florian Drevs, die nur die Anfangs- bzw. Endphase meiner Dissertation miterlebten. Darüber hinaus dürfen sowohl Frau Petra Bollinger, die durch Korrekturlesen zum Erfolg meines Dissertationsvorhabens beigetragen hat, als auch Frau stud. rer. pol. Simone Renner, Herr cand. rer. pol. Peter Heß und Herr cand. rer. pol. Sebastian Hock, die mich im Rahmen der umfangreichen Literaturrecherche zu der vorliegenden Arbeit unterstützt haben, nicht vergessen werden.

Weitere freundschaftliche Unterstützung im Rahmen meines beruflichen Umfelds erhielt ich von Herrn Diplom-Volkswirt Jochen Henn, mit dem ich tagtäglich meine Mittagspause verbringen durfte, und von meinen ehemaligen Mitarbeiterinnen in der Geschäftsstelle des

Prüfungsausschusses für Diplom-Volkswirte Frau Andrea Göpfert und Frau Margit Kaiser, welche mich allmorgendlich mit einer Tasse Kaffee versorgten.

Aus meinem universitätsnahen persönlichen Umfeld will ich meinen Studienkollegen und Freunden Diplom-Volkswirt Zoran Adamovic, Dr. Michael Albrecht, Dr. Martin Dietrich, Diplom-Volkswirt Michael Grass, Diplom-Volkswirtin Katja Weis und Diplom-Volkswirt Andreas Weisser danken. Sie alle haben die „Last" des Studiums für mich signifikant verringert. Ferner will ich meinen „Kumpels" Christian Feudel, Dirk Fischer, Jörg Hiller, Daniel Huber, Christopher Kreiss und Jörg Schwendenmann danken. Leider konnten wir während der Erstellung meiner Dissertation aus Zeitmangel oder schwer überwindbarer geographischer Distanzen nicht mehr soviel Zeit miteinander verbringen wie früher.

Nachdem ich meinem beruflichen Umfeld sowie meinem Freundkreis meinen Dank ausgesprochen habe, verbleibt mir, meiner Familie zu danken. Hier sind zuerst meine Eltern, Thea und Anton Lindenmeier, zu nennen. Beide haben mich während der Zeit meiner Ausbildung über die Maßen finanziell und moralisch unterstützt. Ohne diese jahrelange Unterstützung hätte ich die vorliegende Arbeit nicht erstellen können. Neben meinen Eltern bin ich auch meinen Großeltern, Gertrud und Ludwig Lindenmeier sowie Elisabeth und Paul Schwendemann, zu Dank verpflichtet. Leider konnten Elisabeth und Paul Schwendemann den Abschluss meiner Promotion nicht mehr miterleben. Auch meiner Schwester Anne Lindenmeier und ihrem Lebenspartner Rolf Klarmann sowie meiner Nichte Pauline Lindenmeier und meinem Neffen Moritz Lindenmeier will ich für ihre Unterstützung und Ablenkung von den Anstrengungen der Promotion danken. Gleiches gilt für meine Patentante Irene Schwendemann und meinen Patenonkel Pius Lindenmeier, die stellvertretend für meine restliche Verwandtschaft genannt werden sollen.

Mein umfassender Dank gilt meiner lieben Lebensgefährtin Marina Krumm, die mich vom ersten bis zum letzten Tag meiner Promotion begleitet hat („Das sind wir!"). Die vorliegende Arbeit will ich den Menschen widmen, die – neben meinem Doktorvater – den größten Anteil am Gelingen derselben hatten: Meinen Eltern und Marina.

Abschließend will ich auch der Wissenschaftlichen Gesellschaft aus Freiburg im Breisgau danken, die den Druck meiner Dissertation durch einen großzügigen Zuschuss gefördert hat.

Jörg Lindenmeier

Inhaltsverzeichnis

Abildungsverzeichnis XIII

Tabellenverzeichnis XV

Abkürzungsverzeichnis XVII

1	**Einleitung**	1
1.1	Problemstellung	1
1.2	Gang der Untersuchung	2
2	**Yield-Management – Ein Instrument zur ertragsorientierten Preis- und Kapazitätssteuerung**	5
2.1	Begriffsabgrenzung	5
2.2	Die historische Entwicklung des Yield-Managements	6
2.3	Anwendungsvoraussetzungen des Yield-Managements	8
2.4	Die elementare Struktur des Yield-Management-Planungsprozesses	11
2.5	Ansatzpunkte quantitativer Planungsmethoden des Yield-Managements	15
2.5.1	Differenzierte Bepreisung beschränkter Kapazitäten als Grundlage der Anwendung des Yield-Managements	15
2.5.2	Die Kontingentierung beschränkter Kapazitäten	18
2.5.3	Überbuchung beschränkter Kapazitäten als Erweiterung der Kontingentierung	21
2.6	Modelle des Yield-Managements	25
2.6.1	Typographie von Modellen des Yield-Managements	25
2.6.2	Wesentliche Annahmen in Yield-Management-Modellen	28
2.6.3	Beispiele quantitativer Planungsmodelle	31
3	**Stand der Forschung und ausstehender Forschungsbedarf**	39
3.1	Stand der Forschung auf dem Gebiet des Yield-Managements	39
3.1.1	Kontingentierung mit statischen Planungsansätzen	40
3.1.2	Kontingentierung mit dynamischen Planungsansätzen	43
3.1.3	Kontingentierungsansätze zur Berücksichtigung einer vernetzten Leistungserstellung	45
3.1.4	Überbuchung mit statischen Planungsansätzen	47
3.1.5	Überbuchung mit dynamischen Planungsansätzen	49
3.1.6	Planungsansätze der Preissteuerung	51
3.1.7	Sektorspezifische Anwendung des Yield-Managements ...	56
3.1.8	Arbeiten in sonstigen Bereichen	68
3.2	Bestehende Forschungsdefizite und verbleibender Forschungsbedarf	71

4	**Die Bedeutung der Kundenzufriedenheit für die Unternehmensführung**	77
4.1	Grundlegende Problemstellung: Yield-Management und Kundenzufriedenheit	77
4.2	Konzeptionelle Betrachtung der Kundenzufriedenheit	78
4.2.1	Begriffsabgrenzung	78
4.2.2	Das Diskonfirmations-Paradigma als integrativer Modellrahmen der Kundenzufriedenheit	80
4.2.3	Attributionstheoretische Fundierung von Zufriedenheitsurteilen	89
4.2.3	Gerechtigkeitstheoretische Fundierung von Zufriedenheitsurteilen	91
4.2.4	Die emotionale Komponente von Zufriedenheitsurteilen	94
4.3	Gegenstandsbereich der Kundenzufriedenheit	96
4.3.1	Sachliche Ebene des Gegenstandsbereichs: Merkmalsorientierte Betrachtung	96
4.3.2	Zeitliche Ebene des Gegenstandsbereichs: Prozessuale Betrachtung	98
4.3.3	Zwischen sachlicher und zeitlicher Ebene: Die Bedeutung von Servicedefekten und Wiedergewinnungsstrategien	101
4.4	Konsequenzen der Kundenzufriedenheit	103
4.4.1	Die Bedeutung des Beschwerdeverhaltens im Zusammenhang mit der Kundenzufriedenheit	104
4.4.2	Kundenzufriedenheit, Kundenloyalität und Ertragskraft von Unternehmen	106
5	**Zufriedenheitsrelevante Effekte des Yield-Managements und Ableitung forschungsleitender Fragestellungen**	111
5.1	Überblick über das im Bereich der kundenbeziehungsrelevanten Wirkung des Yield-Managements vorhandene Schrifttum	111
5.2	Darstellung des Gegenstandsbereichs der Kundenzufriedenheit im Kontext des Yield-Managements	113
5.3	Verhaltenswissenschaftlich fundierter Zugang zu den zufriedenheitsrelevanten Effekten des Yield-Managements	120
5.4	Yield-Management in der Service-Profit-Chain	124
5.5	Darstellung forschungsleitender Hypothesen	125
6	**Studiendesign und -ergebnisse**	133
6.1	Studiendesign	133
6.2	Reliabilitäts- und Validitätsprüfung	138
6.3	Zufriedenheitsrelevante Effekte der Kontingentierung unter Berücksichtigung interpersoneller Preisunterschiede	140
6.4	Zufriedenheitsrelevante Effekte der Kontingentierung und Überbuchung beschränkter Kapazitäten	148

6.4.1	Analyse kundenzufriedenheitsrelevanter Effekte unter Berücksichtigung aller Experimentalgruppen	148
6.4.2	Analyse kundenzufriedenheitsrelevanter Effekte unter ausschließlicher Berücksichtigung unfreiwillig abgewiesener Probanden	155
7	**Abschlussbetrachtungen**	**159**
7.1	Zusammenfassung der Studienergebnisse	159
7.2	Empfehlungen für die Unternehmenspraxis	161
7.3	Zukünftiger Forschungsbedarf	162
Anhang: Inhalt des Fragebogens		**165**
Literaturverzeichnis		**171**

Abildungsverzeichnis

Abbildung 1: Die elementare Struktur des Yield-Managements-Planungsprozesses ... 12

Abbildung 2: Urlaubs- und Geschäftsreisende als elementare Kundengruppen in der Tourismusindustrie ... 16

Abbildung 3: Die elementare Struktur des Problems der Kontingentierung beschränkter Kapazitäten ... 18

Abbildung 4: Geschachtelte Buchungsgrenzen und Schutz-Level für drei Buchungsklassen ... 21

Abbildung 5: Idealtypische Reservierungsverläufe bei unterschiedlichen Überbuchungsstrategien ... 23

Abbildung 6: Graphische Bestimmung der optimalen Überbuchung einer beschränkten Leistungserstellungskapazität ... 25

Abbildung 7: Idealtypische Beispiele einer ein-, mehrstufigen und vernetzten Leistungserstellung ... 27

Abbildung 8: Graphische Darstellung des Expected-Marginal-Revenue-Ansatzes ... 32

Abbildung 9: Vereinfachtes Beispiel einer vernetzten Leistungserstellung – Bid-Price-Ansatz ... 36

Abbildung 10: Antezedenten der Kundenzufriedenheit im Rahmen des Diskonfirmations-Paradigmas ... 82

Abbildung 11: Variation von Zufriedenheitsreaktionen entsprechend der Prospect-Theorie ... 87

Abbildung 12: Yield-Management in der Service-Profit-Chain ... 126

Abbildung 13: Durchschnittliche attributspezifische Zufriedenheiten – Preiszufriedenheit ... 140

Abbildung 14: Durchschnittliche attributspezifische Zufriedenheiten – Zufriedenheit mit den Flexibilitätsleistungen ... 141

Abbildung 15: Graphische Darstellung des Interaktionseffektes zwischen den Faktoren „Kontingentierungsbedingte Tarifklassenzugehörigkeit" und „Kontingentierungsbedingte interpersonelle Preisabweichung" ... 148

Abbildung 16: Durchschnittliche attributspezifische Zufriedenheiten – Preiszufriedenheit ... 149

Abbildung 17: Durchschnittliche attributspezifische Zufriedenheiten – Zufriedenheit mit den Flexibilitätsleistungen ... 150

Abbildung 18: Durchschnittliche transaktionsspezifische Globalzufriedenheit – Szenario 2 ... 153

Tabellenverzeichnis

Tabelle 1:	Intrasektorales Anwendungspotenzial des Yield-Managements am Beispiel unterschiedlicher Sparten der Tourismus- und Freizeitindustrie	11
Tabelle 2:	Arbeiten im Forschungsbereich Kontingentierung – Statische Problemlösungsansätze	42
Tabelle 3:	Arbeiten im Forschungsbereich Kontingentierung – Dynamische Problemlösungsansätze	44
Tabelle 4:	Arbeiten im Forschungsbereich Kontingentierung bei vernetzter Leistungserstellung – Statische und dynamische Problemlösungsansätze	47
Tabelle 5:	Arbeiten im Forschungsbereich Überbuchung – Statische Problemlösungsansätze	48
Tabelle 6:	Arbeiten im Forschungsbereich Überbuchung – Dynamische Problemlösungsansätze	50
Tabelle 7:	Arbeiten im Forschungsbereich der Preissteuerung – Statische und dynamische Problemlösungsansätze	55
Tabelle 8:	Beiträge zur transportwirtschaftlichen Anwendung des Yield-Managements	58
Tabelle 9:	Beiträge zur Anwendung des Yield-Managements in der Beherbergungsbranche	62
Tabelle 10:	Beiträge zur Anwendung des Yield-Managements in sonstigen Wirtschaftsbranchen	67
Tabelle 11:	Überblick über Ansatzpunkte zukünftiger Forschungsarbeiten	75
Tabelle 12:	Zufriedenheitsrelevante Produktmerkmale des Leistungsangebots von Fluglinien	115
Tabelle 13:	Serviceepisoden und -kontaktpunkte im Kontext von Servicetransaktionen zwischen Airlines und ihren Kunden	118
Tabelle 14:	Faktorielles Design und Verteilung der Probanden auf die Experimentalgruppen	135
Tabelle 15:	Rotierte Faktorladungsmatrix – Attributspezifische Zufriedenheiten (Szenario 1 und 2)	137
Tabelle 16:	Rotierte Faktorladungsmatrix – Attributspezifische Zufriedenheiten (Szenario 2, Abgewiesene Kunden)	139
Tabelle 17:	Einfaktorielle Varianzanalysen – Einfluss der Kontingentierung auf attributspezifische standardisierte Zufriedenheiten (Szenario 1)	142
Tabelle 18:	Regressionsanalyse – Zufriedenheitsrelevante Effekte der Kontingentierung unter Berücksichtigung interpersoneller Preisunterschiede	144
Tabelle 19:	Deskriptive Statistiken – Durchschnittliche transaktionsspezifische Globalzufriedenheit in den Experimentalgruppen	146

Tabelle 20:	Zweifaktorielle Varianzanalyse – Zufriedenheitsrelevante Effekte der Kontingentierung unter Berücksichtigung von Interaktionseffekten	146
Tabelle 21:	Mehrfachvergleiche (Post hoc-Tests, Tamhane's T2) – Szenario 1	147
Tabelle 22:	Einfaktorielle Varianzanalysen – Einfluss der Kontingentierung und überbuchungsbedingter Abweisungen auf attributspezifische standardisierte Zufriedenheiten (Szenario 2)	151
Tabelle 23:	Regressionsanalyse – Zufriedenheitsrelevante Effekte der Kontingentierung unter Berücksichtigung überbuchungsbedingter Abweisungen	152
Tabelle 24:	Deskriptive Statistiken – Durchschnittliche transaktionsspezifische Globalzufriedenheit in den Experimentalgruppen	154
Tabelle 25:	Zweifaktorielle Varianzanalyse – Zufriedenheitsrelevante Effekte der Kontingentierung unter Berücksichtigung überbuchungsbedingter Abweisungen	154
Tabelle 26:	Mehrfachvergleiche (Post hoc-Tests, Tamhane's T2) – Szenario 2	155
Tabelle 27:	Einfaktorielle Varianzanalysen – Attributspezifische standardisierte Zufriedenheiten (Unfreiwillig Abgewiesene)	156
Tabelle 28:	Regressionsanalyse – Zufriedenheitsrelevante Effekte der Kontingentierung unter Berücksichtigung überbuchungsbedingter Abweisungen (Unfreiwillig Abgewiesene)	157
Tabelle 29:	Forschungsleitende Fragestellungen – Effekte multiattributive Zufriedenheiten und Loyalitätswirkung transaktionsspezifischer Globalzufriedenheiten	159
Tabelle 30:	Forschungsleitende Fragestellungen – Direkte Effekte der Kontingentierung beschränkter Kapazitäten (Kontingentierungsbedingte Tarifklassenzugehörigkeit)	160
Tabelle 31:	Forschungsleitende Fragestellungen – Indirekte Effekte der Kontingentierung beschränkter Kapazitäten (Kontingentierungsbedingte interpersonelle Preisunterschiede)	160
Tabelle 32:	Forschungsleitende Fragestellungen – Effekte der Überbuchung beschränkter Kapazitäten (Überbuchungsbedingte unfreiwillige Abweisung von Kunden)	161

Abkürzungsverzeichnis

B2B	Business-to-Business
BFuP	Betriebswirtschaftliche Forschung und Praxis
CAB	Civic Aviation Board
CRS	Computer-Reservation-System
EMR	Expected-Marginal-Revenue
EMSR	Expected-Marginal-Seat-Revenue
DBW	Die Betriebswirtschaft
d. h.	das heisst
f.	folgende
ff.	fortfolgende
GDS	Global-Distribution-System
o. ä.	oder ähnliches
o. g.	oben genannt
o. S.	ohne Seitenangabe
u. a.	unter anderem
z. B.	zum Beispiel
ZfB	Zeitschrift für Betriebswirtschaft
ZfbF	Zeitschrift für betriebswirtschaftliche Forschung
ZFP	Zeitschrift für Forschung und Praxis
WiSt	Wirtschaftwissenschaftliches Studium
WISU	Das Wirtschaftsstudium
z. T.	zum Teil

1 Einleitung

1.1 Problemstellung

Die Entwicklung des Yield-Managements lässt sich über annähernd drei Jahrzehnte zurückverfolgen. Seit den 80er Jahren, in denen die damals etablierten US-amerikanischen Fluglinien Methoden des Yield-Managements als Reaktion auf den Markteintritt der ersten Billig-Fluglinien implementierten, konnten mit diesem Instrument der Preis- und Kapazitätssteuerung massive Umsatzzuwächse realisiert werden. So sprechen z. B. Smith et al. (1992) von einem Erlös von ca. 500 Millionen Dollar, den American Airlines aufgrund der Implementierung des Yield-Managements zusätzlich pro Jahr erzielt. Über die Anwendung bei Fluggesellschaften hinaus wurde auch eine Vielzahl weiterer branchenspezifischer Implementierungen realisiert. Diese reichen von typischen Anwendungen bei Beherbergungs- und Transportunternehmen bis hin zu Ansätzen des Yield-Managements im Einzelhandel.[1] Zusammen mit der Vergrößerung des branchenspezifischen Anwendungsspektrums entwickelte sich in letzter Zeit, neben dem klassischen kapazitätsbasierten Yield-Management, der Zweig des preisbasierten Revenue-Managements.[2] Im Rahmen des preisbasierten Revenue-Managements ist die zentrale Steuerungsvariable hierbei nicht mehr die Verfügbarkeit beschränkter Kapazitäten in multiplen Tarifklassen, sondern alleine der Preis knapper Unternehmensleistungen. In einer Reihe branchenspezifischer Anwendungen ist der preisbasierte Ansatz dem klassischen, kapazitätsbasierten Yield-Management überlegen. Generell kann davon ausgegangen werden, dass die Einführung des Yield-Managements eine der bedeutendsten Erfolge der Anwendung von Methoden der Fachgebiete des Marketings und Operations Research darstellt.

Wie jede Erfolgsgeschichte hat die Implementierung des Yield-Managements aber auch ihre negativen Seiten. Neben vergleichsweise hohen Investitionskosten sowie z. T. massiven operativen Problemen in der Implementierungsphase, zählen u. a. auch ungünstige personalpolitische Konsequenzen zu diesen negativen Aspekten. Der wesentlichste Punkt, der gegen eine „naive" Anwendung des Yield-Managements spricht, sind die vermuteten negativen kundenbeziehungsrelevanten Effekte der simultanen Preis- und Kapazitätssteuerungsmaßnahmen. So können etwa die durch die Anwendung des Yield-Managements induzierten Preisschwankungen zu Zufriedenheitsreaktionen seitens der Kunden führen. Dies ist insbesondere dann zu erwarten, wenn Kunden eine von ihnen gewünschte Unternehmensleistung nicht zum eigentlich erwarteten Preis, sondern nur teurer erhalten können. Ferner kann es zu Zufriedenheitsreaktionen kommen, wenn Kunden Abweichungen zwischen dem selbst geleisteten Entgelt und dem Preis, den andere Kunden für die selbe Unternehmensleistung gezahlt haben, feststellen. Diese kundenseitig wahrnehmbaren Preisschwankungen und interpersonellen Preisunterschiede sind im vorliegenden Kontext durch die Kontingentierung

---

[1] Für einen Überblick über verschiedene Anwendungsgebiete vgl. Tscheulin/Lindenmeier (2003a).
[2] Für einen Überblick vgl. Elmaghraby/Keskinocak (2003).

beschränkter Kapazitäten bedingt, welche die Kernkomponente des klassischen, kapazitätsbasierten Yield-Managements darstellt. Über die klassische Anwendung des Yield-Managments hinaus, können entsprechende kundenseitig wahrnehmbare Preisschwankungen auch durch die bereits erwähnten preisbasierten Revenue-Management-Ansätze ausgelöst werden. Wenn man den Begriff des kapazitätsbasierten Yield-Managements weiter fasst, müssen neben der kundenseitigen Wirkung der simultanen Bepreisung und Kontingentierung auch die entsprechenden Effekte der Überbuchung beschränkter Leistungserstellungskapazitäten berücksichtigt werden. Die durch die Überbuchung bedingte unfreiwillige Abweisung von Kunden stellt hierbei ein idealtypisches Beispiel für Servicedefecte dar, die grundsätzlich nur in Unzufriedenheitsreaktionen resultieren können. Wenn man zusätzlich berücksichtigt, dass eine überbuchungsbedingte Abweisung stets mit unternehmensseitigen, potentiell zufriedenheitssteigernden Rückgewinnungsmaßnahmen verbunden ist, kann vorab aber nicht vorausgesagt werden, ob in diesem Zusammenhang letztendlich mit positiven oder negativen Nettozufriedenheitseffekten zu rechnen ist.

Wie Tscheulin/Lindenmeier (2003a) in ihrem Forschungsüberblick zeigen, bestehen auf dem Gebiet der Analyse kundenbeziehungsrelevanter Effekte des Yield-Managements Forschungsdefizite. So werden insbesondere die Konsequenzen des Yield-Managements für die Kundenzufriedenheit, welche von entscheidender Bedeutung für den ökonomischen Erfolg von Unternehmen sein können, nicht oder wenn dann nur am Rande berücksichtigt. Weiterhin fehlt in den vorliegenden Publikationen, neben einer expliziten konzeptionellen Erfassung des konkreten Gegenstandsbereichs der Kundenzufriedenheit sowie einer verhaltenswissenschaftlichen Fundierung der entsprechenden Zufriedenheitseffekte, eine umfassende empirische Analyse der Zufriedenheitskonsequenzen des Einsatzes des Yield-Managements mithilfe von multivariaten Analysemethoden. Indem die zufriedenheitsrelevante Wirkung des Yield-Managements im Rahmen konzeptioneller Überlegungen und einer kausalanalytischen Betrachtung thematisiert wird, versucht die vorliegende Arbeit, einen Beitrag zur Verringerung der entsprechenden Forschungsdefizite zu liefern. Hierbei wird explizit auf die Zufriedenheitswirkung der simultanen Bepreisung und Kontingentierung sowie der Überbuchung beschränkter Kapazitäten abgehoben. Besondere Beachtung finden hierbei auch die potentiell über verschiedene Tarifklassen variierenden Zufriedenheitseffekte der Wahrnehmung interpersoneller Preisunterschiede sowie der unfreiwilligen überbuchungsbedingten Abweisung von Kunden.

1.2 Gang der Untersuchung

Die Untersuchung der Zufriedenheitswirkung des Yield-Managements gestaltet sich so, dass im Rahmen des nachfolgenden zweiten Kapitels zuerst der Inhalt des Yield-Managements präsentiert wird. Hierbei werden insbesondere die Ansatzpunkte der simultanen Preis- und Kapazitätssteuerung beleuchtet. Ferner wird ein Kategorisierungsschema entwickelt, nachdem die bestehenden quantitativen Planungsmodelle des Yield-Managements systematisch eingeordnet werden können. Darüber hinaus werden mit der EMSR-Methode und dem Bid-Price-Ansatz die beiden im Rahmen der praktischen Anwendung des Yield-Managements bedeutendsten quantitativen Planungsmodelle vorgestellt. In Kapitel 3 wird danach ein umfassender Überblick über das im Bereich des Yield-Managements bestehende Schrifttum gegeben. Der entsprechende Forschungsüberblick deckt hierbei alle wesentlichen Beiträge ab, die bis zum August 2004 in wissenschaftlich referierten Zeitschriften und praxisnahen Transferjournals erschienen sind. Kapitel 3 schließt mit einer Ableitung bestehender Forschungsdefizite. Da die Analyse der kundenbeziehungsrelevanten Effekte des Yield-Managements als eines der wesentlichen Forschungsdefizite identifiziert wird, beschäftigt sich das vierte Kapitel aus allgemeiner Perspektive mit dem Konstrukt der Kundenzufriedenheit. Dies ist für die Ableitung zu validierender Forschungshypothesen unumgänglich. In Kapitel 5 erfolgt eine Verknüpfung der Bereiche der Kundenzufriedenheit und des Yield-Managements. Hierbei wird grundsätzlich unterstellt, dass die Anwendung des Yield-Managements in Unzufriedenheitsreaktionen resultieren kann. Diese können über die mit ihnen verbundenen negativen Konsequenzen auf das Wiederkauf- und Weiterempfehlungsverhalten des bestehenden Kundenstamms zu einer Konterkarierung der grundsätzlich positiven Erlöswirkung des Yield-Managements führen. Kapitel 5 schließt mit einer Darstellung forschungsleitender Fragestellungen. Auf der Basis dieser Forschungshypothesen erfolgt in Kapitel 6 eine empirische Analyse der unterstellten Zufriedenheitseffekte des Yield-Managements. Vor der eigentlichen empirischen Analyse wird das in der vorliegenden Arbeit verwendete Studiendesign beschrieben. Im abschließenden siebten Kapitel werden die Ergebnisse der empirischen Studie zusammengefasst und darauf aufbauend Empfehlungen für die Unternehmenspraxis und Ansatzpunkte für weitere Forschungsarbeiten präsentiert.

2 Yield-Management – Ein Instrument zur ertragsorientierten Preis- und Kapazitätssteuerung

2.1 Begriffsabgrenzung

Das Yield-Management als ertragsorientiertes Planungsinstrument von Dienstleistungsunternehmen hat in den letzten Jahren insbesondere in der Transport-, Tourismus- und Beherbergungsindustrie eine starke Verbreitung gefunden. Genauso mannigfaltig wie sein Anwendungsspektrum sind auch die Versuche den Begriff des Yield-Managements abzugrenzen. So definieren Gallego/van Ryzin (1997, S. 24) das Yield-Management als eine Verfahrensweise, die unter Zuhilfenahme spezifischer Unternehmensstrategien und eines informationstechnologischen Dateninputs versucht, vorhandene Kapazitäten an die Nachfrage anzupassen und Erlöse zu maximieren. Folgt man den Ausführungen von Kimes (1989, S. 348), so kann man das Yield-Management als eine Methode beschreiben, mit deren Hilfe eine Unternehmung den richtigen Lagerbestand bzw. die richtigen Kapazitätseinheiten zum richtigen Zeitpunkt und Preis an den richtigen Kunden verkauft. Nach Kasilingam (1996, S. 36) ist unter dem Begriff des Yield-Managements die – auf die Maximierung der Ertragskraft einer Unternehmung ausgerichtete – integrierte Steuerung von Preisen und Lagerbeständen bzw. Kapazitäten zu verstehen. Baker/Collier (1999, S. 239) definieren das Yield-Management dagegen als die auf multiplen Marktsegmenten basierende und auf die Maximierung kurzfristiger Erlöse abzielende dynamische Bepreisung, Überbuchung und Allokation verderblicher Lagerbestände. Die angebrachten Beispiele – deren Liste ohne größeren Aufwand deutlich erweitert werden könnte – zeigen auf, dass trotz einer Vielzahl von wissenschaftlichen Beiträgen zur Thematik des Yield-Managements häufig keine eindeutige Begriffsabgrenzung vorzufinden ist.[3] Um zu einer Begriffsvereinheitlichung beizutragen, wird davon ausgegangen, dass im Rahmen des Yield-Managements das Ziel der kurzfristig ausgerichteten Maximierung von Erlösen verfolgt wird. Hierbei umschreibt der Begriff des so genannten Yield, dessen Ursprung in der Praxis des Managements von Fluggesellschaften zu finden ist, den Erlös pro geflogenen Passagierkilometer respektive pro verfügbaren Sitzplatz.[4] Unter Berücksichtigung der im Allgemeinen unterstellten Kostenstruktur kommt die Erlösmaximierung einer Approximation der Gewinnmaximierung gleich[5] und kann nur bei gleichzeitiger Realisierung der Unterziele der höchstmöglichen Kapazitätsauslastung sowie der Maximierung des Erlöses pro verfügbarer Kapazitätseinheit erreicht werden.[6] Als Instrumente zur Erreichung des kombinierten Erlös- und Auslastungsziels stehen im Rahmen des Yield-Managements quantitative Methoden der simultanen und dynamischen Preis- und Kapazitätssteuerung zur Verfügung. Mithilfe dieser quantitativen

---

[3] Vgl. Corsten/Stuhlmann (1998, S. 5ff.) für eine ausführlichere Diskussion verschiedener Definitionsversuchen.
[4] Vgl. Kimes (1989a, S. 348).
[5] Vgl. Simon (1992, S. 582).
[6] Vgl. z. B. Bodily/Weatherford (1992, S. 833) oder Büttgen (1996, S. 261).

Methoden, die sich auf breite Datenbasen stützen, wird versucht, die im Zeitablauf aus unterschiedlichen Marktsegmenten eintreffende Nachfrage optimal auf eine beschränkte, für die Dienstleistungserstellung zurückgehaltene Kapazität zu verteilen.[78] So variieren z. B. Fluggesellschaften im Buchungsverlauf sowohl die Verfügbarkeit von Sitzplatzkapazitäten in unterschiedlichen Buchungsklassen als auch die jeweils gültigen Preise, um das kombinierte Erlös- und Auslastungsziel erreichen zu können.

Im Gegensatz zum Begriff des Yield-Managements schlagen Bodily/Weatherford (1992, S. 833) die Verwendung des Begriffes Perishable-Asset-Revenue-Managements oder seiner Kurzform Revenue-Management vor. Die Autoren führen an, dass sich die Anwendung des Yield-Managements nicht ausschließlich auf die Airline-Industrie beschränke. Daher sei die Verwendung des Airline-spezifischen Begriffs des Yields ungünstig. Im deutschen Sprachgebrauch werden mehrere Übersetzungen des Begriffs Yield- oder Revenue-Managements vorgeschlagen. Die wörtliche Übersetzung ist Erlös- bzw. Ertragssteuerung. Darüber hinaus finden sich z. B. die Begriffe der Preis-Kapazitäts-Steuerung, der Ertragsoptimierungsmethode oder der Preis-Mengen-Steuerung.[9] Auch wenn der Begriff des Revenue-Managements in wissenschaftlichen Publikationen in letzter Zeit verstärkt an Bedeutung gewonnen hat, soll in der vorliegenden Arbeit der Begriff des Yield-Managements Verwendung finden.

2.2 Die historische Entwicklung des Yield-Managements

Wie bereits in Abschnitt 2.1 erwähnt, stellt sich das Yield-Management als ein integrativer Ansatz dar, der Methoden der simultanen und dynamischen Preis- und Kapazitätssteuerung umfasst. Obwohl die entsprechenden quantitativen Planungsansätze z. T. schon seit mehreren Jahrzehnten Gegenstand von Forschungsarbeiten sind,[10] wurden die entsprechenden Ansätze erst Anfang der 80er unter dem Namen des Yield-Managements zusammengeführt. Als einer der entscheidenden Meilensteine in der Entwicklung des Yield-Managements kann hierbei der Airline-Deregulation-Act aus dem Jahre 1978 aufgeführt werden. Der Airline-Deregulation-Act von 1978 beendete die Regulierung des allgemeinen Betriebs von Streckennetzen, der Ausgestaltung des Leistungsangebots sowie der Preissetzung von Fluglinien durch die zivile Luftfahrtsbehörde der Vereinigten Staaten (CAB).[11] Ziel dieser Deregulierungsmaßnahmen war die Stärkung der Marktkräfte auf dem US-amerikanischen zivilen Luftverkehrsmarkt. Diese sollte in einer kosteneffizienteren Unternehmensführung von Fluggesellschaften sowie einer Kappung von Monopolrenten münden. Weiterhin war die Deregulierung auf die Ausweitung des bestehenden Dienstleistungsangebotes ausgerichtet.[12] Als Resultat der

---

[7] Vgl. Tscheulin/Lindenmeier (2003a, S. 630).
[8] Neben Ansätzen der Preisdifferenzierung und dynamischen Preissetzung, welche der Preissteuerung zugerechnet werden können, finden sich in diesem Kontext Ansätze der Überbuchung und Kontingentierung beschränkter Kapazitäten unter dem Überbegriff der Kapazitätssteuerung subsumiert.
[9] Vgl. Friege (1996, S. 616).
[10] Vgl. z. B. Beckmann (1958), Rothstein (1971) oder Glover et al. (1982).
[11] Vgl. Dempsey/Goetz (1992, S. 193f.).
[12] Vgl. ebenda, S. 9.

Deregulierung können – neben der beabsichtigten, allgemeinen Wettbewerbsintensivierung und dem Markteintritt neuer Fluglinien – zwei weitere wesentliche Veränderungen festgehalten werden. So wurde einerseits die Entwicklung hin zu einer Erhöhung des Angebots verbilligter Tarife verstärkt,[13] die bereits durch die Einführung so genannter Super-Saver-Discount-Tarife im Jahre 1977 losgetreten wurde. Auf der anderen Seite begangen die Fluggesellschaften vermehrt Verbindungsflüge auf so genannten Hub-and-Spoke-Netzwerken anzubieten, auf denen über zentrale Hub-Flughäfen eine große Anzahl von Flügen mit Zwischenstopps effizient abgewickelt werden können.[14] Als ein weiterer wesentlicher Meilenstein der Entwicklung des Yield-Managements kann die Implementierung computergestützter Reservierungssysteme (CRS) und globaler Vertriebssysteme (GDS) angeführt werden, welche einen elementaren Wandel in der Distribution von Flugtickets – vom Eigenvertrieb hin zum Absatz über dezentrale Vertriebssysteme – entscheidend vorantrieb. Vor dem Hintergrund der dargestellten Deregulierungsbemühungen wird deutlich, dass sich die etablierten US-amerikanischen Fluggesellschaften in den späten 70ern und frühen 80ern einem verschärften Wettbewerb gegenübersahen. Gleichzeitig stellte sich die Steuerung von Tarifen und Verfügbarkeit von Sitzplatzkapazitäten auf Hub-and-Spoke-Netzwerken komplexer dar. Die beschriebene Problemstellung ging aber mit massiven Entwicklungsschritten informationstechnologischer Anwendungssysteme einher, welche die Suche der Airlines nach Ansätzen zur Sicherung ihrer Ertragsbasis unterstützten. Ein Ergebnis dieser Suche war das Yield-Management.

Seit Anfang der 80er Jahre wurden Anwendungen des Yield-Managements auch in weiteren Dienstleistungsbranchen implementiert.[15] So verweist z. B. Kimes (1989, S. 349) auf Aufwendungsbeispiele in der Beherbergungsindustrie, bei Autoverleihern[16] und im Gütertransportsektor. Weitere Implementierungserfolge ergaben sich bei Eisenbahngesellschaften, Kreuzfahrtreedereien, bei Versorgungsunternehmen und in der Medien- und Telekommunikationsindustrie. Ansätze des Yield-Managements wurden folglich primär in klassischen Dienstleistungsbranchen oder zumindest in dienstleistungsnahen Industrien umgesetzt. Davon abweichend wurde aber auch die Implementierung in der verarbeitenden Industrie sowie im Einzelhandel vorgeschlagen.[17] Im Rahmen des so genannten Retail-Revenue-Managements kommt dabei mit dem preisbasierten Revenue-Management eine vergleichsweise neue Gattung von Yield-Management-Ansätzen zur Anwendung.

---

[13] So nutzten im Jahre 1985 bereits über 80 % der Passagiere auf dem US-amerikanischen Markt für Personenflüge verbilligte Tarife. Vor der Regulierung taten dies lediglich rund 33 %. Vgl. Pfeiffer (1989, S. 149).
[14] Vgl. Smith et al. (1992, S. 10f).
[15] Vgl. z. B. Simon (1992, S. 582).
[16] Vgl. hierzu auch Geraghty/Johnson (1997).
[17] Vgl. Harris/Pinder (1995, S. 299) sowie für Ausführungen zur Umsetzung von Yield-Management-Methoden im Einzelhandel Coulter (1999).

2.3 Anwendungsvoraussetzungen des Yield-Managements

Herausragende Implementierungspotenziale für das Yield-Management finden sich in der Reise- und Tourismusbranche, wo sich die wesentlichen Anwendungsvoraussetzungen insbesondere beim Management von Fluggesellschaften idealtypisch erfüllt finden. Grundsätzlich bietet sich aber die gesamte Dienstleistungsindustrie für Anwendungen des Yield-Managements an. Insbesondere das aus der Immaterialität von Dienstleistungen erwachsende Merkmal der Nichtlagerfähigkeit stellt einen wesentlichen Ansatzpunkt des Yield-Managements dar. Dienstleistungen können aufgrund ihrer Nichtlagerfähigkeit nicht vorproduziert werden. D. h. die Dienstleistungserstellung kann ohne die Integration des externen Faktors „Kunde" nicht erfolgen. Dienstleistungskapazitäten stellen sich im Hinblick auf Nachfrageschwankungen folglich als relativ unflexibel dar. Im Rahmen des Yield-Managements wird durch einen gezielten Ausgleich zwischen der unflexiblen Leistungserstellungskapazität und der stochastischen Nachfrage versucht, diese Problematik abzuschwächen.[18] Eine Abgrenzung bestehender Anwendungsvoraussetzungen des Yield-Managements, die u. a. auch an der Immaterialität bzw. der Nichtlagerfähigkeit von Dienstleistungen ansetzt, findet sich bei Kimes (1989). Insgesamt werden sechs Punkte angeführt, welche eine Umsetzung des Yield-Managements unterstützen bzw. typische Anwendungssituationen des Yield-Managements charakterisieren:

- *Möglichkeit zur effizienten Segmentierung des Gesamtmarktes:* Auf Basis unterschiedlicher Kundenbedürfnisse und Zahlungsbereitschaften muss der zu bearbeitende Gesamtmarkt effizient segmentiert werden können. Die Marktsegmentierung stellt den entscheidenden Ansatzpunkt des Yield-Managements dar. Die Gestaltung des Serviceangebots bzw. der Preise und Tarifbestimmungen muss zum Resultat haben, dass Kunden mit höherer Zahlungsbereitschaft tatsächlich höher bepreiste Unternehmensleistungen kaufen. Weisen Nachfrager keine unterschiedlichen Zahlungsbereitschaften auf oder ist eine effiziente Segmentierung der Kunden nicht möglich, sind eine differenzierte Bepreisung und somit alle Strategien der simultanen Preis- und Kapazitätssteuerung obsolet.
- *Beschränkung bestehender Leistungserstellungskapazitäten:* Zentrale Zielrichtung des Yield-Managements ist die erlösoptimale Allokation von Leistungserstellungskapazitäten auf unterschiedliche Marktsegmente. Dieses Ziel kann lediglich für Unternehmungen von Bedeutung sein, die ihre Kapazitäten nicht kurzfristig an Nachfrageschwankungen anpassen können. Als klassische Beispiele für diese Unternehmen können Hotels genannt werden, die sich zumindest kurzfristig einer dementsprechenden Beschränkung gegenüber sehen.[19]
- *Fehlende Lagerfähigkeit/Verderblichkeit von Dienstleistungen:* Im Gegensatz zu Sachgütern sind Dienstleistungen durch eine hochgradige Verderblichkeit charakteri-

---

[18] Vgl. z. B. Meffert/Bruhn (2003, S. 64 ff.).
[19] Vgl. z. B. Harris/Peacock (1995, S.40).

siert.[20] Dies ist in dem Sinne zu verstehen, dass Kapazitäten der Dienstleistungserstellung, die nicht in Anspruch genommen wurden, nicht lagerbar und somit bei ausbleibender Nutzung für die Zukunft verdorben sind. Die beim Abflug eines Flugzeuges nicht besetzten Sitzplätze bleiben ungenutzt und können im weiteren Verlauf der Leistungserstellung nicht mehr abgesetzt werden.[21] Die fehlende Lagerfähigkeit sowie die Beschränkung der Leistungserstellungskapazitäten kennzeichnen Inflexibilitäten der Leistungserstellung, die es Unternehmen erschweren, ihr Angebot zeitnah an die Nachfrage anzupassen. Mit der Anwendung des Yield-Managements wird versucht, die zwischen Angebot und Nachfrage bestehende Lücke zu schließen.

- *Geringe Grenzkosten der Leistungserstellung bei gleichzeitig hohen Kosten der Kapazitätsausweitung:* Das Vorliegen einer spezifischen Kostenstruktur ist genauso für eine zweckmäßige Anwendung des Yield-Managements entscheidend. Kapazitätserweiterungen stellen sich hier üblicherweise nur unter Aufwendung massiver Investitionen als realisierbar dar. So können Hotels ihre Zimmerkapazitäten etwa lediglich durch Anbauten erweitern. Typische Anwendungsbereiche des Yield-Managements weisen darüber hinaus geringe Grenzkosten der Leistungserstellung auf. Zur Deckung bestehender Fixkostenblöcke können zusätzliche Unternehmensleistungen daher auch unter Zulassung starker Preisnachlässe abgesetzt werden. Aufgrund der vernachlässigbaren marginalen Kosten der Leistungserstellungen kann die im Rahmen des Yield-Managements angestrebte Erlösmaximierung folglich als Approximation einer Gewinnmaximierung angesehen werden.
- *Nachfrageschwankungen und -unsicherheit im Zeitablauf:* Eine Anwendung des Yield-Managements ist nur dann angezeigt, wenn die Nachfrage nach den abzusetzenden Unternehmensleistungen im Zeitablauf stochastischen Schwankungen unterworfen ist. Die simultane Kontingentierung, Überbuchung und Bepreisung beschränkter Kapazitäten sind unnötig, wenn keine Unsicherheit bezüglich des zeitlichen Anfalls der Nachfrage besteht.
- *Möglichkeit des Vorabverkaufes von Unternehmensleistungen:* Die Möglichkeit von Vorabverkäufen bzw. Reservierungen eröffnet dem Yield-Management betreibenden Unternehmen zum einen den Zugang zu einer stets aktuellen Informationsbasis, die der Verbesserung von Nachfrageprognosen und Preis- und Kapazitätssteuerungsmaßnahmen dienen kann. Zum anderen erweitert sie den Planungshorizont, in dem Preise und Kapazitätsverfügbarkeiten gesteuert werden können. Sind Reservierungen nicht zugelassen, können Preise und Kapazitätsverfügbarkeiten nicht über einen bestimmten Reservierungszeitraum an die Nachfrageentwicklung angepasst werden, sondern müssen unmittelbar beim Eintreffen der tatsächlichen Nachfrage festgelegt werden. Ferner kann auf Basis des Zeitraums, der zwischen der Buchung und der tatsächlichen Leistungserstellung liegt auch

---

[20] Vgl. hierzu auch Woratschek (1998, S. 40 ff.).
[21] Vgl. z. B. Harris/Peacock (1995, S. 40).

eine Preisdifferenzierung erfolgen.[22] So werden in der Tourismusbranche Preisnachlässe sowohl für Frühbucher als auch Last-Minute-Reisende gewährt.

Die sechs von Kimes angeführten Anwendungsvoraussetzungen des Yield-Managements werden von Corsten/Stuhlmann (1998) kritisch diskutiert. Die angeführten Anwendungsbedingungen seien zu pauschal und unpräzise formuliert. So würden Instrumente des Yield-Managements und spezifische Rahmenbedingungen, die auf logisch getrennten Ebenen angesiedelt seien, gleichrangig diskutiert. Corsten/Stuhlmann (1998) fordern daher eine trennschärfere Abgrenzung zwischen den Instrumenten und den Anwendungsvoraussetzungen des Yield-Managements sowie eine differenziertere Diskussion potenzieller Anwendungsvoraussetzungen,[23] die insbesondere an Flexibilitätsgesichtspunkten anknüpfen solle. Demnach sei die Voraussetzung für die Anwendung des Yield-Managements dann gegeben, wenn marktseitig aufgrund von Nachfrageschwankungen Flexibilität von Unternehmen verlangt wird, der entsprechende Flexibilitätsgrad aufgrund von Kapazitätsrestriktionen o. ä. aber unternehmensseitig nicht gegeben ist.[24] Analog zu Corsten/Stuhlmann (1998) heben auch Bodily/Weatherford (1995) auf die Notwendigkeit einer situativen Betrachtung potenzieller Anwendungsvoraussetzungen ab.[25] So sei z. B. das Vorliegen beschränkter Kapazitäten zwar ein Merkmal einer typischen Anwendung des Yield-Managements, aber keinesfalls eine notwendige Voraussetzung derselben. So können beispielsweise Eisenbahngesellschaften ihre Dienstleistungserstellungskapazitäten auf unterschiedlichen Strecken durch An- bzw. Abhängen von Waggons flexibler gestalten und dennoch Yield-Management-Techniken anwenden. Darüber hinaus sei die für die Befriedigung von Kundenanfragen zur Verfügung stehende Kapazität im Gegensatz zur physischen Sitzplatzkapazität eines Flugzeuges im Buchungsverlauf nicht konstant. Dies erklärt sich dadurch, dass bezüglich des tatsächlichen Erscheinens der Passagiere u. a. aufgrund der Möglichkeit von Stornierungen Unsicherheit besteht. Die Anzahl der angenommenen Reservierungen kann daher die Anzahl der physisch vorhandenen Kapazität übersteigen.[26]

Tabelle 1 beleuchtet in diesem Kontext exemplarisch das Ausmaß des (intrasektoralen) Anwendungspotenzials des Yield-Managements in unterschiedlichen Branchen der Tourismus- und Freizeitindustrie.[27] Innerhalb der verschiedenen Sparten variieren die Implementierungspotenziale des Yield-Managements. Darüber hinaus ist anzunehmen, dass die Möglichkeiten einer Implementierung auch in unterschiedlichen Geschäftsfeldern einer Branche, wie

---

[22] Vgl. Meffert/Bruhn (2003, S. 532).
[23] Da der Erfolg einer Anwendung des Yield-Managements ohnehin stark von situativen Faktoren abhängt, sprechen Corsten/Stuhlmann (1998) nicht von Anwendungsbedingungen, sondern von Situationsmerkmalen, die dem Implementierungspotenzial des Yield-Managements zuträglich sein können.
[24] Vgl. Corsten/Stuhlmann (1998, S. 7ff.).
[25] Hier wird auf die Nichtlagerfähigkeit und Beschränkung der Anzahl der abzusetzenden Leistungseinheiten sowie die Möglichkeit Kunden mit divergierenden Zahlungsbereitschaften zu segmentieren als typische Charakteristika von Anwendungssituationen des Yield-Managements verwiesen.
[26] Vgl. Bodily/Weatherford (1992, S. 831f.)
[27] Darstellung erfolgt in Anlehnung an Arthur Andersen/Europäische Kommission (1997, S. 21).

z. B. bei Tagungs- im Vergleich zu Kurhotels, divergieren können. Folglich erscheint ein situativer Gebrauch der dargestellten Anwendungsvoraussetzungen – wie ihn auch Corsten/Stuhlmann (1998) vorschlagen – in diesem Zusammenhang sinnvoll. Generell sollen die Anwendungsvoraussetzungen nicht im Sinne bindender Bedingungen interpretiert, sondern weniger strikt ausgelegt werden.

Tabelle 1: Intrasektorales Anwendungspotenzial des Yield-Managements am Beispiel unterschiedlicher Sparten der Tourismus- und Freizeitindustrie

Sektor	Ausprägung der Anwendungsbedingungen				Anwendungspotenzial
	Verderbliche Kapazität	Hohe Fix-, geringe variable Kosten	Beschränkte Kapazität	Vorabverkaufsmöglichkeit	
Fluglinien	ja	ja	ja	ja	hoch
Kreuzfahrt	ja	ja	ja	ja	hoch
Schienenverkehr	ja	ja	teils, teils	teils, teils	mittel-hoch
Autoverleiher	ja	ja	teils, teils	ja	hoch
Hotels	ja	ja	ja	ja	hoch
Golfplätze	ja	ja	ja	teils, teils	mittel
Theater/Kino/Oper	ja	ja	ja	teils, teils	mittel
Museen	ja	ja	teils, teils	teils, teils	mittel
Freizeitparks	ja	ja	teils, teils	teils, teils	mittel
Sehenswürdigkeiten	ja	ja	teils, teils	teils, teils	mittel
Kasino	ja	ja	ja	teils, teils	mittel-hoch

2.4 Die elementare Struktur des Yield-Management-Planungsprozesses

Abbildung 1 gibt einen Überblick über die elementare Struktur des Yield-Management-Planungsprozesses, der unter Berücksichtigung seiner einzelnen Bestandteile dargestellt ist.[28] Das Yield-Management stellt sich als dynamisches und simultanes Planungsproblem dar, welches durch ausgeprägte zeitliche und inhaltliche Interdependenzen zwischen seinen einzelnen Problembestandteilen geprägt ist. So werden z. B. Entscheidungen hinsichtlich der Kontingentierung und Bepreisung der Sitzplatzkapazitäten von Fluggesellschaften auf Basis ständig aktualisierter Nachfrageprognosen simultan getroffen. Um eine bildliche Darstellung des Yield-Management-Planungsprozesses zu ermöglichen, erfolgt diese – unter Berücksich-

---

[28] Die Darstellung erfolgt in Anlehnung an Tscheulin/Lindenmeier (2003a, S. 631).

tigung der aufeinander aufbauenden Ablaufschritte – im Folgenden somit lediglich in stilisierter Weise.

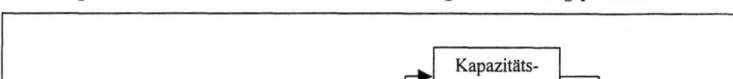

Abbildung 1: Die elementare Struktur des Yield-Management-Planungsprozesses

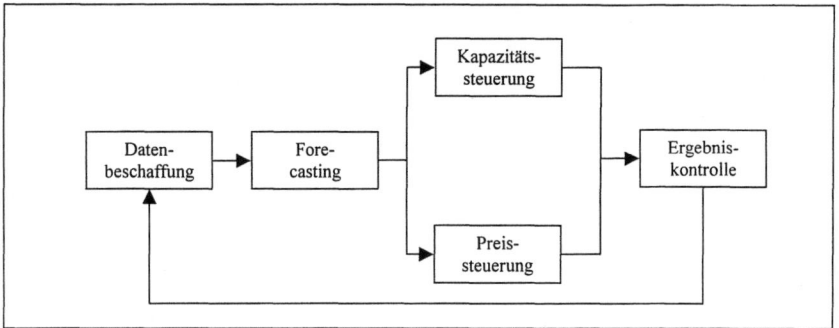

```
                          ┌─────────────────┐
                       ┌─▶│  Kapazitäts-    │──┐
                       │  │  steuerung      │  │
                       │  └─────────────────┘  │
┌──────────────┐  ┌─────────┐              ┌──────────────┐
│    Daten-    │─▶│  Fore-  │              │  Ergebnis-   │
│  beschaffung │  │ casting │─────────────▶│  kontrolle   │
└──────────────┘  └─────────┘              └──────────────┘
    ▲                  │    ┌─────────────────┐  │
    │                  └───▶│     Preis-      │──┘
    │                       │   steuerung     │
    │                       └─────────────────┘
    └──────────────────────────────┘
```

Datenbeschaffung: Die Bereitungsstellung einer Datenbasis ist eine entscheidende Voraussetzung einer zielgerichteten Preis- und Kapazitätssteuerung. Hierbei werden in Yield-Management-Systemen Informationsbestände mittels computergestützter Management-Informationssysteme gesammelt und den Entscheidungsträgern in Echtzeit bereitgestellt. Die Datensammlung umfasst hierbei Informationen, wie z. B. zum Kundenverhalten oder auch zu saisonalen Entwicklungen. Im Tourismussektor erfolgt die Datenbeschaffung primär über computergestützte Reservierungssysteme. Während die Datenbeschaffung in Großunternehmen vollautomatisch erfolgt, können in kleinen und mittelständischen Unternehmen auch halb-automatisierte oder manuelle Verfahren der Datenbeschaffung sinnvoll eingesetzt werden.

Forecasting: Aufbauend auf der zur Verfügung gestellten Datenbasis erfolgen Nachfrageprognosen. In Kombination mit der bestehenden Datenbasis bilden die Ergebnisse des Forecastings die informatorische Grundlage der Preis- und Kapazitätssteuerung. Hierbei können zur Prognose der Nachfrageentwicklung Regressions- und Zeitreihenmodelle eingesetzt werden.[29] Weiterhin wird auch die Anwendung Neuronaler Netze vorgeschlagen.[30,31] Wie im Zusammenhang mit den Ausführungen zur Umsetzung von Verfahren der Datenbeschaffung sei angemerkt, dass eine Anwendung vollautomatisierter Forecasting-Systeme in kleinen und mittleren Unternehmen nicht generell angezeigt ist. Z. T. erscheint

---

[29] Vgl. Witt/Witt (1995, S. 448ff.).
[30] Vgl. z. B. Hormby (1992) oder Sun et al. (1998).
[31] Vgl. Weatherford et al. (2003) für einen Überblick über potenziell anwendbare Forecasting-Methoden.

dort eine Beschränkung auf Expertenurteile zweckmäßig.[32] Die im Rahmen des Yield-Managements bestehenden Zielsetzungen sowie die angewandten Methoden des Forecastings unterscheiden sich grundsätzlich nicht von denen in anderen Anwendungsbereichen.[33] Aus diesem Grunde wird das Thema der Nachfrageprognose in der vorliegenden Arbeit nur am Rande behandelt. Dessen ungeachtet werden im Rahmen des nachfolgenden Forschungsüberblicks einige Arbeiten vorgestellt, die sich mit verschiedenen hier relevanten Aspekten des Forecastings beschäftigen.

Preis- und Kapazitätssteuerung (Optimierungsteil): Der Optimierungsteil eines Yield-Management-Systems ist untergliedert in die Preis- und Kapazitätssteuerung. Im Rahmen der Preissteuerung erfolgt eine Segmentierung des Gesamtmarktes. Die Marktsegmentierung bildet die Grundlage differenzierter Tarifstrukturen. Hinsichtlich der Realisierung von Zahlungsbereitschaften wird z. B. in der Tourismusbranche, insbesondere was Geschäftskunden anbetrifft, typischerweise von einer sich im Zuge des Näherrückens des Leistungserstellungszeitpunktes aufbauenden Zahlungsbereitschaft ausgegangen. Urlaubsreisende, die im Buchungsverlauf früh buchen, besitzen im Gegensatz zu spät buchenden Geschäftsreisenden zumeist eine geringere Zahlungsbereitschaft.[34] So genannte Fences bzw. Restrictions wie etwa Frühbuchungsbestimmungen sollen den Markt effizient segmentieren und Kannibalisierungseffekte zwischen einzelnen Marktsegmenten eindämmen.[35] Die für ein Yield-Management einer Airline typische Tarifstruktur umfasst somit mehrere, unterschiedlich bepreiste und mit unterschiedlichen Tarifbestimmungen assoziierte Buchungsklassen innerhalb einer Beförderungsklasse. So werden Sitzplätze in der Economy-Class einer Fluglinie unter Berücksichtigung unterschiedlicher Tarifbestimmungen zu divergierenden Preisen verkauft. Über die beschriebene differenzierte Bepreisung hinaus, werden die Preise im Rahmen von Ansätzen des preisbasierten Revenue-Managements auch dynamisch angepasst.

Die Kapazitätssteuerung als zweite Komponente des Optimierungsteils des Yield-Managements umfasst die Kontingentierung und Überbuchung von Leistungserstellungskapazitäten. Im Rahmen der Kontingentierung wird die vorgehaltene Leistungserstellungskapazität in Teilkapazitäten (Kontingente) eingeteilt und auf ertragsoptimale Weise auf unterschiedliche Marktsegmente bzw. Buchungsklassen verteilt. Hierbei stellt sich die Problematik, dass

---

[32] Für eine ausführlichere Betrachtung der Bedeutung und Ausgestaltung von Verfahren der Nachfrageprognosen in Yield-Management-Systemen vgl. Sa (1987).
[33] Für einen Überblick die Charakteristika von Prognoseverfahren vgl. Schober (1993).
[34] Vgl. z. B. Weatherford/Bodily (1992, S. 835). Diesem Trend läuft die geringere Zahlungsbereitschaft von Last-Minute-Kunden entgegen.
[35] Vgl. Harris/Peacock (1995, S. 39).

die Nachfrage aus höher bepreisten Buchungsklassen nicht durch eine frühzeitige, übermäßige Annahme von weniger erlösträchtigen Buchungsanfragen verdrängt werden darf. Die sich hierbei ergebende hohe Kapazitätsauslastung würde durch eine Umsatzverdrängung konterkariert werden. Eine zu restriktive Ablehnung von Buchungsanfragen preissensibler Kunden resultiert dagegen in nicht genutzten Kapazitäten und Leerkosten.[36] Stornierungen und so genannte No-Shows, die das Phänomen nicht in Anspruch genommener Reservierungen beschreiben, können Abweichungen des Umfangs der Reservierungen von den Kundenankünften bedingen, die sich im Zeitpunkt der Leistungserstellung tatsächlich ergeben. Hinsichtlich dieser Problemstellung wird versucht, eine Überbuchung der Kapazitäten vorzunehmen, die Leerkosten minimieren soll. Hierbei müssen neben monetären auch nichtmonetäre Kosten der Überbuchung, die beide im Zuge von Überverkäufen auftreten, mit in das Entscheidungskalkül einbezogen werden.[37]

Unter Hinzuziehung der Planungsergebnisse der Preis- und Kapazitätssteuerung erfolgt die Formulierung des Angebots. Das konkrete Angebot von Unternehmen, die Yield-Management betreiben, bezieht sich im Rahmen des klassischen Yield-Managements auf die Bepreisung und Verfügbarkeit von Kapazitätseinheiten in einzelnen Buchungsklassen. Mittels globaler Distributionssysteme, die z. B. in der Tourismusindustrie Reisebüros mit Airlines vernetzen,[38] wird das Angebot an alle angeschlossenen Verkaufsagenten übermittelt.

Erfolgskontrolle: Im Rahmen der Erfolgskontrolle werden die Ergebnisse des Planungsprozesses aufgezeichnet und kontrolliert. Ziel der Erfolgskontrolle ist das Aufzeigen von Planabweichungen, welche die Grundlage für kurzfristige Anpassungen aktueller Preis- und Kapazitätssteuerungsstrategien ist.[39] In Zusammenhang mit der Weiterentwicklung von Yield-Management-Systemen wird darüber hinaus auch die langfristige Performance der Nachfrageprognosen und Optimierungsrechnungen kontrolliert. Gegebenenfalls können strukturelle Modifikationen der verwendeten Prognose- und Optimierungsverfahren vorgenommen werden. Neben der stetigen Aufzeichnung und Kontrolle der Planungsergebnisse dient die Erfolgskontrolle auch der Aktualisierung der verwendeten Datenbasis. Somit wird der iterative Charakter des Yield-Management-Planungsprozesses deutlich, der bedingt, dass sowohl die Informationsgrundlage als auch die Handlungsempfehlungen bis zum Ende des Planungshorizontes nach Abschluss jeder Planungsperiode aktualisiert werden.

---

[36] Vgl. z. B. Belobaba (1987, S. 63).
[37] Vgl. z. B. Rothstein (1971a) und Rothstein (1985).
[38] Vgl. Daudel/Vialle (1992, S. 58ff.).
[39] Zur Bedeutung der Erfolgskontrolle vgl. z. B. Lieberman (2003, S. 105ff.).

2.5 Ansatzpunkte quantitativer Planungsmethoden des Yield-Managements

2.5.1 Differenzierte Bepreisung beschränkter Kapazitäten als Grundlage der Anwendung des Yield-Managements

Als Grundlage der Steuerung beschränkter Kapazitäten stellen sich die Segmentierung des Gesamtmarktes und die darauf fußende Preisdifferenzierung dar. Die Preisdifferenzierung ist definiert als der Verkauf von Einheiten eines Gutes zu unterschiedlichen Preisen an einen oder mehrere Kunden. Im Falle einer vollständigen Erklärung von Preisabweichungen durch Kostenunterschiede, die alleine durch die Bedienung unterschiedlicher Kunden (z. B. Transportkosten) erklärt sind, kann nicht von einer Preisdifferenzierung gesprochen werden. Grundsätzlich können mit der Preisdifferenzierung ersten, zweiten und dritten Grades drei Formen der Preisdifferenzierung unterschieden werden.[40] Im Rahmen der Preisdifferenzierung ersten Grades setzen Anbieter stets den Preis, welcher der maximalen Zahlungsbereitschaft des jeweiligen Kunden entspricht. Dies ist durch individuelle Preisverhandlungen oder Versteigerungen von Sachgütern und Dienstleistungsversprechen realisierbar. Die Preisdifferenzierung zweiten Grades beschreibt das Szenario, in dem Unternehmensleistungen so differenziert werden, dass Nachfrager mit höheren Zahlungsbereitschaften veranlasst sind, zu höheren Preisen zu kaufen, obwohl ihnen grundsätzlich auch Leistungen zu geringeren Preisen zugänglich sind. Diese Selbst-Segmentierung bzw. Selbst-Selektion kann in leistungsbezogener und mengenabhängiger Form sowie mithilfe des Instruments der Preisbündelung umgesetzt werden. Im Zusammenhang mit Fragestellungen des Yield-Managements ist daher eine zentrale Einsicht, dass eine Preisdiskriminierung grundsätzlich auch bei differenzierten Produkten vorliegen kann.[41] Die Preisdifferenzierung dritten Grades setzt im Gegensatz zu der zweiten Grades an harten Kriterien – so genannte Screening-Kriterien – an, anhand derer unterschiedliche Kunden selektiert werden können. Als Beispiele hierfür können Studenten- oder Seniorentarife, differierende Bepreisung auf unterschiedlichen Gebietsmärkten oder eine zeitlich variierende Bepreisung, wie etwa die von Kommunikationsdienstleistungen, angeführt werden.[42]

Im Kontext des Yield-Managements findet die Preisdifferenzierung zweiten und dritten Grades Anwendung. Die Anwendung der Preisdifferierung dritten Grades ist grundsätzlich mit Problemen behaftet. So kann es, wenn Märkte unter Zuhilfenahme harter Screening-Kriterien segmentiert werden, aufgrund der Beschränkung des Verkaufs verbilligter Leistungseinheiten auf bestimmte Gruppen von Nachfragern einerseits zu einer unvorteilhaften Verringerung des Käuferpotenzials bei Kunden mit geringen Zahlungsbereitschaften kommen. Andererseits weisen nicht alle Kunden, die Zugang zu einem verbilligten Leistungsangebot haben, eine entsprechend geringe Zahlungsbereitschaft auf. Aus diesem Grund kann

---

[40] Vgl. Pigou (1929) und Tirole (1988, S. 135).
[41] Vgl. Tirole (1988, S. 133f.).
[42] Vgl. Simon (1992, S. 381).

die Anwendung von Screening-Kriterien in einem Verlust von Ertragspotenzialen münden.[43] U. a. zur Abschwächung dieser negativen Ertragswirkungen der Preisdifferenzierung dritten Grades fußt das Yield-Management auf preispolitischen Strategien, die am Konzept der Preisdifferenzierung zweiten Grades ansetzen. Mithilfe anreizbezogener Tarifsysteme wird eine leistungsbezogene bzw. sachliche Preisdifferenzierung erreicht, die variierende Nutzeneinschätzungen seitens des einzelnen Kunden über wenig kostenwirksame Änderungen von Leistungsumfängen und -qualitäten generiert.[44] Je nach individueller Zahlungsbereitschaft und individuellen Bedürfnissen ordnen sich Kunden, indem sie sich für unterschiedlich bepreiste, differenzierte Unternehmensleistungen entscheiden, verschiedenen Marktsegmenten selbst zu. In der Tourismusindustrie ist die Basis der leistungsbezogenen Preisdifferenzierung die Unterscheidung der Kundengruppen der Geschäfts- und Urlaubsreisenden.[45] Während die erstgenannte Kundengruppe durch kurzfristige Buchungen, eine geringe Preiselastizität und hohe Service- und Flexibilitätsansprüche gekennzeichnet ist, können die preissensibleren Urlaubsreisenden ihre Reisen grundsätzlich früher und flexibler planen.[46]

Abbildung 2: Urlaubs- und Geschäftsreisende als elementare Kundengruppen der Tourismusindustrie

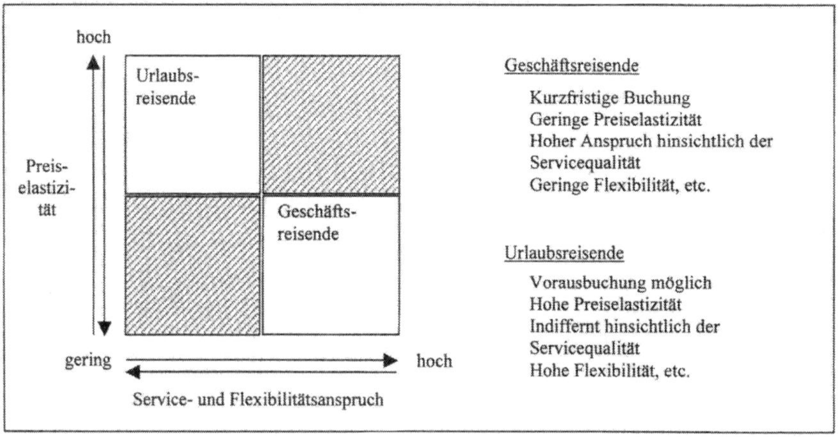

Aufbauend auf der in Abbildung 2 illustrierten Typologie der in der Tourismusindustrie bestehenden elementaren Kundengruppen erfolgt die Preisdifferenzierung bei Fluggesellschaften oder auch in der Hotellerie zu einem großen Teil über Variationen von Flexibilitäts-

---

[43] Vgl. hierzu die Ausführungen von Botimer (2000, S. 103f.) und Dana (1998, S. 395ff.) im Kontext einer Betrachtung der Sinnhaftigkeit von Frühbucherrabatten als Form der Preisdifferenzierung zweiten Grades.
[44] Vgl. Diller, 2000 (S. 287 und 300ff.).
[45] Eine weitere bedeutende Kundengruppe in der Tourismusbranche sind die institutionellen Nachfrager, wie z. B. Reiseveranstalter oder Firmenkunden, die Kapazitäten in größerem Umfange kaufen und mit denen Preise verhandelt werden. Vgl. hierzu z. B. Botimer (2000, S. 105).
[46] Vgl. Hanks et al. (1992, S. 19ff.) oder Simon/Dolan (1997, S. 291).

leistungen.⁴⁷ Airlines bieten so genannte Fare-Products an, die sich ausgehend von einem Grundtarif als Kombination unterschiedlicher Preisnachlässe bzw. -aufschläge und Verfügbarkeits- bzw. Flexibilitätsrestriktionen darstellen. Das Konzept der Fare-Products trägt der beschriebenen Idee Genüge, dass Reisende, die höhere (niedrigere) Flexibilitäts- und Verfügbarkeitsanforderungen stellen, eine höhere (niedrigere) Preisbereitschaft aufweisen. Die Segmentierung des Marktes erfolgt daher über die Festlegung von Tarifbestimmungen, die den Zugang zu verbilligten Unternehmensleistungen nur den Personen öffnet, die den Ansprüchen diverser flexibilitätsreduzierender Restriktionen entsprechen können.⁴⁸ So können Geschäftsreisende bei kurzfristigen eintretenden Terminen Frühbuchungsbedingungen nicht einhalten. Dagegen ist dies Urlaubsreisenden zumeist möglich, da diese Reisen langfristig planen können. Bei Fluggesellschaften finden typischerweise folgende Tarifbestimmungen Anwendung:⁴⁹

- *Vorausbuchungsbestimmungen:* Preisabschläge werden nur bei Einhaltung bestimmter Frühbuchungsanforderungen gewährt.
- *Mindest- und Höchstaufenthaltsbestimmungen:* Preisabschläge werden nur bei bestimmten Aufenthaltsdauern zwischen Hin- und Rückflug gewährt. Häufig muss zwischen Hin- und Rückflug ein Wochenende liegen.
- *Buchung von Hin- und Rückflug- oder Rundflugtickets:* Passagiere, die Einfach- sowie Dreiecksflüge als auch komplexe Reiserouten buchen wollen, werden vom Zugang zu verbilligten Leistungsangeboten ausgeschlossen.
- *Zurückerstattungsgebühr oder -ausschluss:* Bei verbilligten Tickets wird die Stornierung oder Umbuchung häufig ausgeschlossen bzw. es wird eine Stornierungs- oder Umbuchungsgebühr erhoben.
- *Einschränkung oder Ausschluss von Serviceleistungen:* Einschränkung des Serviceumfangs; wie z. B. des Verpflegungs- und Unterhaltungsangebots.
- *Einschränkung von Upgrade-Möglichkeiten:* Ausschluss von Upgrades⁵⁰ in eine höhere Buchungsklasse.

Folglich werden von Fluglinien Dienstleistungen zu unterschiedlichen Preisen abgesetzt, obwohl die Kernleistungselemente nur geringe bzw. keine Unterschiede aufweisen. So werden z. B. Sitzplätze in dem gleichen Flugzeugabteil unterschiedlich bepreisten Buchungs-

---

[47] Vgl. Diller (2000, S. 303).
[48] Vgl. Botimer/Belobaba (1999, S. 1086). Botimer/Belobaba (1999) ordnen die entsprechenden Preisstrategien der Fluglinien nicht alleinig der Preisdifferenzierung zu. Die Autoren sprechen von einer so genannten Airline-Fare-Differentation, die Merkmale der Preis- und Produktdifferenzierungen vereinigt. Da Autoren wie z. B. Tirole (1988, S. 133ff.) aber davon ausgehen, dass auch bei differenzierten Produkten Preise diskriminiert werden können, werden diese für das Yield-Management elementaren Preisstrategien auch im Folgenden weiterhin unter dem Begriff der Preisdifferenzierung subsumiert.
[49] Vgl. Kraft et al. (1986, S. 120ff.).
[50] Im Falle eines Upgrades wird Passagieren der Mitflug in einer besseren Beförderungsklasse ohne Aufpreis gewährt.

klassen zugeordnet, so dass zwischen direkten Sitznachbarn massive Preisunterschiede bestehen können. Die entsprechenden Preisunterschiede sind hierbei durch die Einhaltung divergierender Tarifbestimmungen zu erklären.

Die dargestellten preispolitischen Strategien resultieren zum einen in einer Abschöpfung individueller Konsumentenrenten und der damit verbundenen Steigerung der Unternehmenserlöse. Zum anderen wird über die differenzierte Preissetzung z. T. auch eine Abschwächung von Nachfragefluktuationen erzielt.[51] Als zentraler Beitrag der differenzierten Bepreisung im Rahmen des Yield-Managements muss aber angesehen werden, dass die resultierende Segmentierung von Märkten die im nächstfolgenden Abschnitt dargestellte Kontingentierung beschränkter Kapazitäten erst ermöglicht. Würden Unternehmensleistungen ausschließlich zu einem Preis verkauft werden, würde das Yield-Management-inhärente Problem einer erlösoptimalen Zuordnung beschränkter Leistungserstellungskapazitäten auf unterschiedliche Marktsegmente nicht bestehen.

2.5.2 Die Kontingentierung beschränkter Kapazitäten

a) Die Kontingentierung als Kernproblem des Yield-Managements

Das Kernproblem des kapazitätsbasierten Yield-Managements ist die auf der Preisdifferenzierung aufbauende Kontingentierung beschränkter Kapazitäten.[52] Im Rahmen der Kontingentierung wird eine beschränkte Leistungserstellungskapazität erlösoptimal auf die Nachfrage aus unterschiedlichen Marktsegmenten verteilt. Die Nachfrage der Kunden ist dadurch gekennzeichnet, dass sie als Reservierungsanfragen über einen bestimmten Zeitraum bis zur Leistungserstellung eintrifft. Die elementare Struktur des hieraus resultierenden Kontingentierungsproblems wird in Abbildung 3 illustriert.[53]

Abbildung 3: Die elementare Struktur des Problems der Kontingentierung beschränkter Kapazitäten

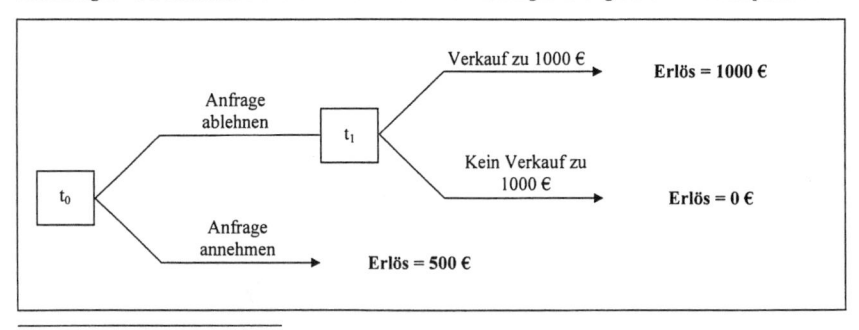

```
                          Verkauf zu 1000 €
               Anfrage                          Erlös = 1000 €
               ablehnen      t₁
      t₀                       Kein Verkauf zu
                                    1000 €       Erlös = 0 €
               Anfrage
               annehmen    Erlös = 500 €
```

---

[51] Der Ansatz des Peak-Load-Pricings, welcher ebenfalls auf eine Glättung von Nachfragespitzen abzielt und folglich auch zu einer effizienteren Kapazitätsnutzung führen kann, ist bei Fluggesellschaften nur von geringer Relevanz. Vgl. Botimer (2000, S. 106f.).

[52] Im angloamerikanischen Sprachraum findet in diesem Zusammenhang der Begriff der Seat- oder Room-Inventory-Control Verwendung. In Ermangelung einer adäquaten Übersetzung erscheint, in Anlehnung an z. B. Büttgen (1996), die Festlegung auf den Begriff der Kontingentierung sinnvoll.

[53] Die Darstellung erfolgt in Anlehnung an Smith et al. (1992, S. 14).

Das hier dargestellte Planungsproblem bezieht sich auf die Allokation lediglich einer Kapazitätseinheit. Im vorliegenden Beispiel trifft zum Zeitpunkt t_0 eine Reservierungsanfrage nach einer mit 500 € bepreisten Kapazitätseinheit ein. Wird die Anfrage abgelehnt, so trifft in einem der Entscheidung nachgelagerten Zeitpunkt t_1 mit einer Wahrscheinlichkeit von p eine Reservierungsnachfrage zu 1000 € ein. Im Gegensatz dazu bleibt die Reservierungsnachfrage zu 1000 € mit einer Wahrscheinlichkeit von 1 − p aus. Bei Ablehnung der Anfrage im Zeitpunkt t_0 würde in diesem Falle die zur Leistungserstellung bereitgestellte Kapazitätseinheit ungenutzt bleiben und verderben. Der Entscheidungsträger muss somit beim Eintreffen der Reservierungsnachfrage aus dem weniger erlöskräftigen Marktsegment über Annahme oder Ablehnung derselben entscheiden und zwischen der sicheren Realisierung des Erlöses von 500 € und einem mit Unsicherheit behafteten Erlös von 1000 € abwägen. Im vorliegenden Planungsproblem muss die in t_0 eintreffende Anfrage angenommen werden, solange der mit ihr verbundene, sicherere Ertrag größer ist als der mit der Wahrscheinlichkeit von p gewichtete, unsichere Erlös.

Überträgt man dieses abstrahierte Kontingentierungsproblem auf reale Entscheidungssituationen, so müssen neben Reservierungsanfragen aus drei und mehr Marktsegmenten auch die Allokation von mehr als einer Kapazitätseinheit berücksichtigt werden. Da Reservierungsanfragen über einen längeren Zeitraum vor der Leistungserstellung eintreffen, bleibt das Planungsproblem ferner nicht auf zwei Zeitperioden beschränkt. Die Kontingentierung ergibt sich daher als sequentielles, stochastisches Planungsproblem, im Rahmen dessen der Entscheidungsträger versuchen muss, eine beschränkte Kapazität in Teilkapazitäten (Kontingente) aufzuteilen und diese den aus unterschiedlichen Marktsegmenten eintreffenden Reservierungsanfragen auf ertragsoptimale Weise zuzuordnen. Hierbei muss beachtet werden, dass die Nachfrage nach Unternehmensleistungen in höher bepreisten Tarifklassen nicht durch eine frühzeitige, übermäßige Annahme von weniger erlösträchtigen Reservierungsanfragen verdrängt wird. Die im Zeitablauf eintreffenden erlösträchtigen Reservierungsanfragen könnten in der Folge aufgrund hoher Kapazitätsauslastungen ansonsten nicht oder nur unzureichend berücksichtigt werden. Aufgrund des übermäßigen Verkaufs verbilligter Unternehmensleistungen würde ein Teil des bestehenden Erlöspotenzials verdrängt werden. Dem entgegengesetzt dürfen weniger erlöskräftige Anfragen nicht zu restriktiv abgelehnt werden, da dies in ungenützten Kapazitäten und dem Verlust von Umsatzpotenzialen resultieren würde. Folglich stellt sich die Kontingentierung beschränkter Kapazitäten als Trade-Off zwischen der Verdrängung und dem Verlust von Umsatzpotenzialen dar.[54,55]

Da sich unterschiedlich bepreiste Unternehmensleistungen aufgrund variierender Tarifbestimmungen nur gering unterscheiden, werden die Konsequenzen der Kontingentierung beschränkter Kapazitäten kundenseitig lediglich als Variation des Preises eines Produktes

---

[54] Vgl. z. B. Belobaba (1987, S. 63) oder Friege (1996, S. 616f.).
[55] Beachtet werden sollte, dass die Kontingentierung beschränkter Kapazitäten durch die simultan zu lösenden Probleme der Überbuchung und dynamischen Bepreisung beschränkter Kapazitäten erweitert werden kann. Vgl. hierzu z. B. die Ausführungen von Badinelli/Olsen (1990, S. 2) oder Baker/Collier (1999, S. 239).

wahrgenommen. Die vom Kunden wahrgenommenen Preisänderungen kommen hierbei aber ausschließlich aufgrund der Variation der Verfügbarkeit von Sitzplatzkapazitäten in unterschiedlichen Preisklassen zustande. Sitzplätze sind entweder zu bestimmten Tarifen verfügbar oder nicht. Botimer (2000, S. 106f.) verweist in diesem Zusammenhang darauf, dass bei Fluggesellschaften alle Preise vor Beginn des Buchungszeitraumes festgesetzt sind und demnach bis zum Abflug keine weiteren Preisanpassungen vorgenommen werden. Dies wird mit praktischen Restriktionen, wie z. B. den Ausschluss der Änderung bereits veröffentlichter Tarife, begründet, die eine dynamische Bepreisung im größeren Umfange verhindern. Im Gegensatz dazu verweisen Desiraju/Shugan (1999) oder Talluri/van Ryzin (2004a) darauf, dass – neben dem klassischen, kapazitätsbasierten Yield-Management – auch Ansätze eines preisbasierten Yield-Managements bestehen.[56] Im Rahmen preisbasierter Ansätze wird die Verfügbarkeit von Kapazitätseinheiten für Kunden mit unterschiedlichen Zahlungsbereitschaften durch die dynamische Variation lediglich eines Preises erreicht. Steigt der Preis über den Reservationspreis der Kunden eines Marktsegments, so fragen diese die Unternehmensleistung nicht mehr nach. Dies hat die gleichen Konsequenzen wie das Schließen einer Tarifklasse im Rahmen des kapazitätsbasierten Yield-Managements.

b) Kontingentierung in Systemen geschachtelter und nicht-geschachtelter Buchungsklassen

Aufbauend auf multiplen Marktsegmenten kann die Kontingentierung beschränkter Kapazitäten in Systemen geschachtelter oder nicht-geschachtelter Buchungsklassen erfolgen. Im Rahmen geschachtelter Buchungsklassensysteme wird ein Teil der abzusetzenden Gesamtkapazität vor dem Zugriff aus niedriger bepreisten Buchungsklassen geschützt und für Nachfrage aus höher bepreisten Buchungsklassen zurückgehalten.[57] In nachfolgender Abbildung 4 wird die Idee geschachtelter Buchungsklassen für den Fall dreier Buchungsklassen und einer Gesamtkapazität von 24 Kapazitätseinheiten exemplarisch illustriert. Im Beispiel sei Klasse 1 die am höchsten, Klasse 2 die am zweithöchsten und Klasse 3 die am geringsten bepreiste Buchungsklasse. BG^{GS}_1, BG^{GS}_2 und BG^{GS}_3 repräsentieren die geschachtelten Buchungsgrenzen der drei Buchungsklassen. Buchungsgrenzen legen die Anzahl an Kapazitätseinheiten fest, die in einer Buchungsklasse maximal verkauft werden darf. Buchungsgrenze BG^{GS}_3 legt folglich fest, dass in Buchungsklasse 3 maximal sieben Kapazitätseinheiten verkauft werden dürfen. Zu diesen sieben können in Buchungsklasse 2 zusätzlich ebenfalls sieben Kapazitätseinheiten abgesetzt werden. Weil in geschachtelten Systemen höher bepreiste Buchungsklassen stets Zugriff auf die Kapazitätseinheiten niedrig bepreister Klassen haben, entspricht die Buchungsgrenze BG^{GS}_2 vierzehn Einheiten. Da im Idealfall alle Kapazitätseinheiten in Klasse 1 zum höchsten Preis verkauft werden, ist die

---

[56] Vgl. Desiraju/Shugan (1999, S. 45). Auch Chatwin (1999, S. 188) sieht die Inkorporierung der dynamischen Preissetzung von Fluggesellschaften in Kapazitätssteuerungsmodellen als ein zentrales Ziel der zukünftigen Forschung an.
[57] Vgl. z. B. Daudel/Vialle (1992, S. 116ff.).

Buchungsgrenze BG^{GS}_1 folglich gleich der Gesamtkapazität von 24 Einheiten. Im Gegensatz zu den Buchungsgrenzen geben die geschachtelten Schutz-Levels an, wie viele Kapazitätseinheiten vor dem Zugriff aus niedriger bepreisten Buchungsklassen geschützt sind. SL_1 und SL_{1+2} repräsentieren die geschachtelten Schutz-Levels der drei Buchungsklassen. In Klasse 1 sind insgesamt zehn Einheiten (SL_1) vor der Nachfrage nach Leistungen aus den Buchungsklassen 2 und 3 geschützt. SL_{1+2} gibt an, dass siebzehn Einheiten in den Buchungsklassen 1 und 2 vor der Nachfrage aus der am geringsten bepreisten Klasse geschützt sind, in der keine Einheiten geschützt werden müssen und deren Schutz-Level SL_{1+2+3} daher irrelevant ist.

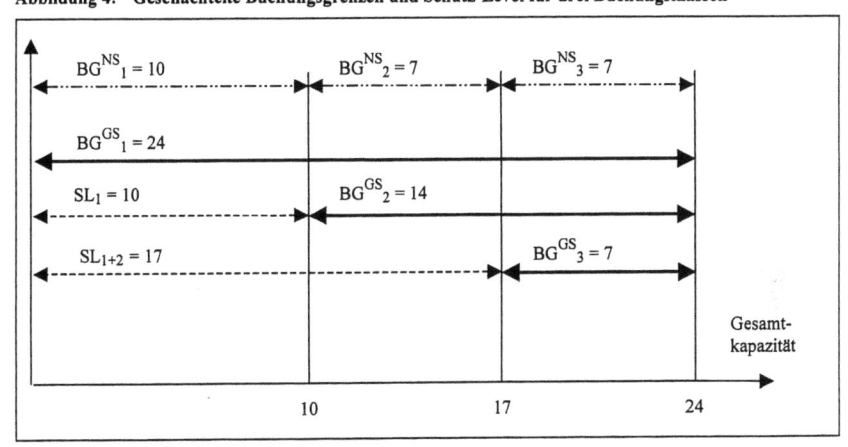

Abbildung 4: Geschachtelte Buchungsgrenzen und Schutz-Level für drei Buchungsklassen

```
    BG^NS_1 = 10        BG^NS_2 = 7        BG^NS_3 = 7
 |<------------->|<--------------->|<--------------->|

    BG^GS_1 = 24
 |<----------------------------------------------->|

    SL_1 = 10           BG^GS_2 = 14
 |<--------->|<--------------------------------->|

    SL_{1+2} = 17                       BG^GS_3 = 7
 |<---------------------->|<--------------------->|

                                               Gesamt-
                                               kapazität
 |_____|_____|_____|
       10          17              24
```

Im Gegensatz zu Systemen geschachtelter Buchungsklassen werden Kapazitätseinheiten in nicht-geschachtelten Systemen eindeutig einer Buchungsklasse zugeordnet. In Abbildung 5 sind mit BG^{NS}_1 (= 10 Einheiten), BG^{NS}_2 (= 7 Einheiten) und BG^{NS}_3 (= 7 Einheiten) die nicht-geschachtelten Buchungsgrenzen eingezeichnet. Aufgrund der eindeutigen Zuordnung von Kapazitätseinheiten zu Buchungsklassen kann es hierbei zu dem Problem kommen, dass Anfragen nach Kapazitätseinheiten in ertragsträchtigen Buchungsklassen abgelehnt werden müssen, obwohl in weniger ertragsträchtigen Buchungsklassen Einheiten verfügbar sind. Im vorliegenden Beispiel könnte dies z. B. der Fall sein, wenn in Buchungsklasse 1 bereits zehn Einheiten verkauft, in Buchungsklasse 2 aber etwa nur fünf Einheiten abgesetzt wären. Entsprechende Ineffizienzen werden durch die Implementierung von Systemen geschachtelter Buchungsklassen vermieden.

2.5.3 Überbuchung beschränkter Kapazitäten als Erweiterung der Kontingentierung

Nach Kimes (1989) stellt die Möglichkeit eines Vorabverkaufs von Unternehmensleistungen eine wesentliche Voraussetzung für die Anwendung des Yield-Managements dar. Die Annahme von Reservierungen verlängert zum einen den Planungshorizont des Entscheidungsträgers, zum anderen können Entscheidungen hinsichtlich der Preissetzung und der Festlegung von Kapazitätsverfügbarkeiten in Abhängigkeit aktueller Reservierungsstände getroffen werden. Als Problem stellt sich dar, dass bestehende Reservierungen von den Kunden häufig nicht in Anspruch genommen werden. Stornierungen und No-Shows, die kundenseitig größtenteils ohne Kosten bzw. gegen eine vergleichsweise geringe Gebühr durchgeführt werden können, können im Zeitpunkt der Leistungserstellung negative Abweichungen der tatsächlichen Nachfrage von den vorab getätigten Reservierungen bedingen. Aufgrund der Verderblichkeit nicht genutzter Leistungserstellungskapazitäten können Leerstände im Falle des Auftretens kurzfristiger Stornierungen nicht vermieden werden. Nach Alstrup et al. (1989) kann die No-Show-Rate bei europäischen bzw. US-amerikanischen Fluglinien mit 20 % respektive mit 15 bis 30 % beziffert werden. Aufgrund der Stornierungs- bzw. No-Show-Problematik wird z. B. durch Fluggesellschaften versucht, eine Überbuchung von Sitzplatzkapazitäten vorzunehmen. D. h., dass Reservierungen in einem größeren Umfang angenommen werden als die physische Sitzplatzkapazität tatsächlich erlaubt. Dadurch wird die Leistungserstellungskapazität quasi künstlich erweitert. Da die Grenzkosten der Leistungserstellung in typischen Anwendungen des Yield-Managements annähernd vernachlässigbar sind, stellen die durch die Überbuchung zusätzlich generierten Erlöse, soweit die Fixkosten gedeckt sind, Gewinn dar.[58] Eine erfolgreiche Überbuchung von Leistungserstellungskapazitäten kann somit nicht nur eine Steigerung der durchschnittlichen Kapazitätsnutzung, sondern auch eine wesentliche Verbesserung des Unternehmenserfolgs bedingen.[59]

In Abbildung 5 werden die aus unterschiedlichen Überbuchungsstrategien resultierenden Reservierungsbestände in idealtypischer Weise dargestellt. Bei ausbleibender Überbuchung können nur so viele Reservierungen angenommen werden, wie es die Gesamtkapazität erlaubt. Nachdem die Reservierungen die Gesamtkapazität erreicht haben, gleichen sich die Stornierungen und neu eintreffenden Reservierungen über einen gewissen Zeitraum entweder aus bzw. zusätzlich eintreffende Reservierungen werden nicht berücksichtigt. Zum Ende des Reservierungszeitraums übersteigen die Stornierungen (No-Shows) typischerweise die neu eintreffenden Reservierungen, so dass der endgültige Reservierungsstand unterhalb der bestehenden Gesamtkapazität liegt. Ein Teil der vorgehaltenen Kapazität bleibt im Zeitpunkt der Leistungserstellung daher ungenutzt (Strategie III). Werden alle eintreffenden Reservierungsanfragen angenommen, so steigt der Reservierungsstand deutlich über die Gesamtkapazität. Bis zum Ende des Reservierungshorizonts können Stornierungen und No-Shows diesen Überschuss nicht ausgleichen. Im Zeitpunkt der Leistungserstellung übersteigt die Anzahl der Kunden mit Reservierungen daher die Leistungserstellungskapazität und ein Teil der Kunden muss abgewiesen oder umgebucht werden (Strategie I). Im Rahmen einer erlösorientierten Überbuchungsstrategie wird versucht, einen Ausgleich zwischen der Realisierung von Leerständen und Überverkäufen zu erreichen. Die Überbuchung wird gezielt auf ein Ausmaß

---

[58] Dies gilt auch für den Fall, in dem Stornierungen nicht oder nur gegen eine Gebühr möglich sind.
[59] Vgl. Rothstein (1985, S. 237).

beschränkt, welches bedingt, dass sich die über die Kapazitätsgrenze hinaus angenommenen Reservierungen und die Stornierungen bzw. No-Shows zum Ende des Reservierungszeitraumes nivellieren. Die Anzahl an Reservierungen entspricht zum Zeitpunkt der Leistungserstellung idealerweise der tatsächlich verfügbaren Kapazität (Strategie II).

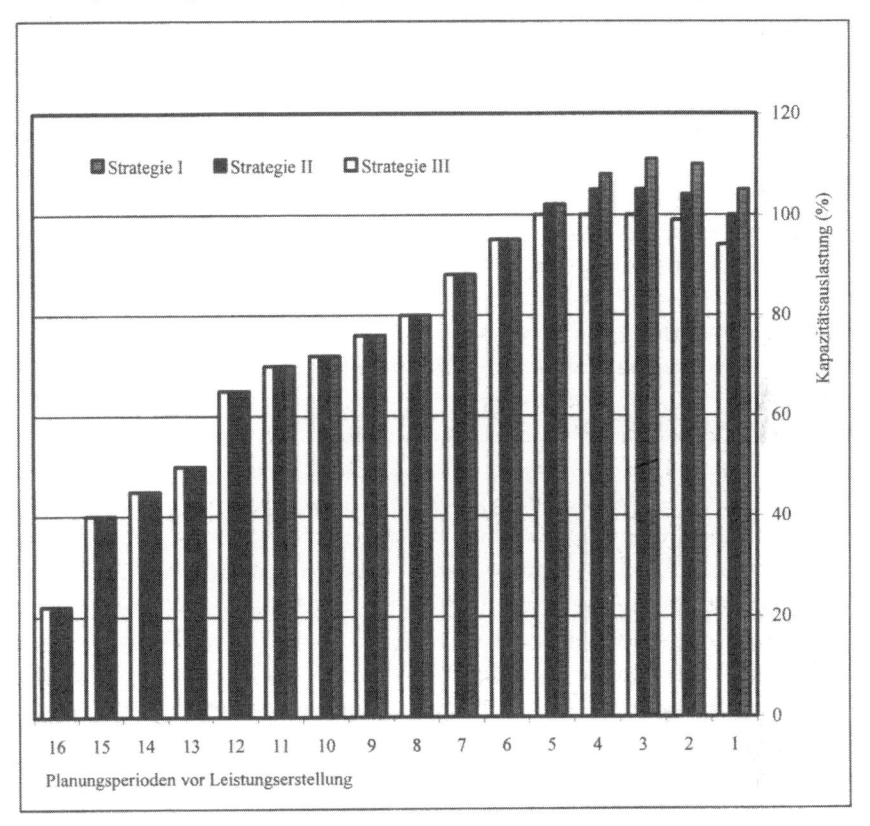

Abbildung 5: Idealtypische Reservierungsverläufe bei unterschiedlichen Überbuchungsstrategien

[Balkendiagramm: Strategie I, Strategie II, Strategie III; x-Achse: Planungsperioden vor Leistungserstellung (16 bis 1); y-Achse: Kapazitätsauslastung (%) von 0 bis 120]

Aufgrund von Planungsunsicherheiten können auch bei gezielter Überbuchung beschränkter Kapazitäten Überverkäufe nicht vermieden werden. D. h., dass Kunden trotz bestehender Reservierungen zum Zeitpunkt der Leistungserstellung abgewiesen werden müssen. Traditionell versuchen z. B. Fluggesellschaften den Ansprüchen „überbuchter" Passagiere etwa durch das Upgrading von Tickets (z. B. von der Economy- in die Business-Class), die Umbuchung auf einen Flug einer konkurrierenden Fluglinie, das Angebot einer kostenlosen Beförderung auf einem nachfolgenden Flug bei Gewährung einer finanziellen Kompensation oder die Übernahme von Übernachtungs- und Verpflegungskosten zu entsprechen. Während die Upgrading-Lösung keine Kosten verursacht und die Zufriedenheit der „überbuchten"

Passagiere höchstwahrscheinlich sogar erhöht, bedingen die anderen Vorgehensweisen finanzielle Aufwendungen.[60] Entsprechend einer Verordnung des Europäischen Rates sind Fluglinien unabhängig von freiwillig angebotenen Kompensationsleistungen dazu verpflichtet, eine Mindestkompensation von 150 € bei Flügen bis zu einer Strecke von 3500 Kilometer und 300 € bei Flügen auf einer Strecke von über 3500 Kilometer zu zahlen.[61] Somit ist ersichtlich, dass die Abweisung von Kunden aufgrund einer Überbuchung monetäre Überbuchungskosten verursacht. Zusätzlich zu den direkt quantifizierbaren Kosten der Überbuchung müssen auch die schwer zu quantifizierenden negativen Konsequenzen der Überbuchung auf das Unternehmensimage, den Goodwill sowie die Zufriedenheit der Kunden in das Entscheidungskalkül miteinbezogen werden.[62] Verärgerte bzw. unzufriedene Kunden können in Folge einer durch Überbuchung beschränkter Sitzplatzkapazitäten bedingten Abweisung zu anderen Anbietern abwandern. Zukünftige Erlöspotenziale werden folglich geschmälert. Durch die Effekte negativer Mund-zu-Mund-Werbung können sich diese negativen Erlöseffekte darüber hinaus auch potenzieren.

Die Überbuchungsproblematik kann in ihrem Kern demgemäß als Trade-Off zwischen der Realisierung von Über- und Unterbuchungskosten konkretisiert werden, dem durch eine gezielte Überbuchung beschränkter Kapazitäten entsprochen wird. In Abbildung 6 wird das hinter der optimalen Überbuchung beschränkter Leistungserstellungskapazitäten stehende Kostenkalkül beispielhaft illustriert. Die Erlöse des Anbieters steigen mit zunehmender Höhe eintreffender Reservierungen (Kurve 1). Übersteigen die Reservierungen lediglich in einem geringen Ausmaß die Gesamtkapazität, werden die überbuchten Kapazitätseinheiten durch Stornierungen und No-Shows ausgeglichen. Ab einer bestimmten Höhe der Überbuchung können Überverkäufe nicht vermieden werden. Es realisieren sich die bereits beschriebenen Kosten der Überbuchung. Mit steigender Überbuchung nehmen darüber hinaus auch die negativen Mund-Werbung sowie die Abwanderung von Kunden zu anderen Fluglinien zu. Folglich potenzieren sich die durch die Überbuchung bedingten Kosteneffekte, so dass angenommen werden kann, dass die Überbuchungskosten überproportional steigen (Kurve 2). Die optimale Anzahl zu überbuchender Kapazitätseinheiten findet sich im Maximum der Nettoerlöskurve, die sich aus der Subtraktion der Überbuchungskosten von den Erlösen ergibt (Kurve 3).

---

[60] Vgl. z. B. Bierman/Thomas (1973, S. 601f.).
[61] Vgl. EWG-Verordnung Nr. 295/91, Artikel 4. Die Ausgleichszahlung wird um 50 % gekürzt, wenn ein Fluggast auf einem Flug von bis zu (von über) 3500 Kilometer höchstens zwei (vier) Stunden überbuchungsbedingt später ankommt.
[62] Vgl. z. B. Rothstein (1971b, S. 97).

Abbildung 6: Graphische Bestimmung der optimalen Überbuchung einer beschränkten Leistungserstellungskapazität

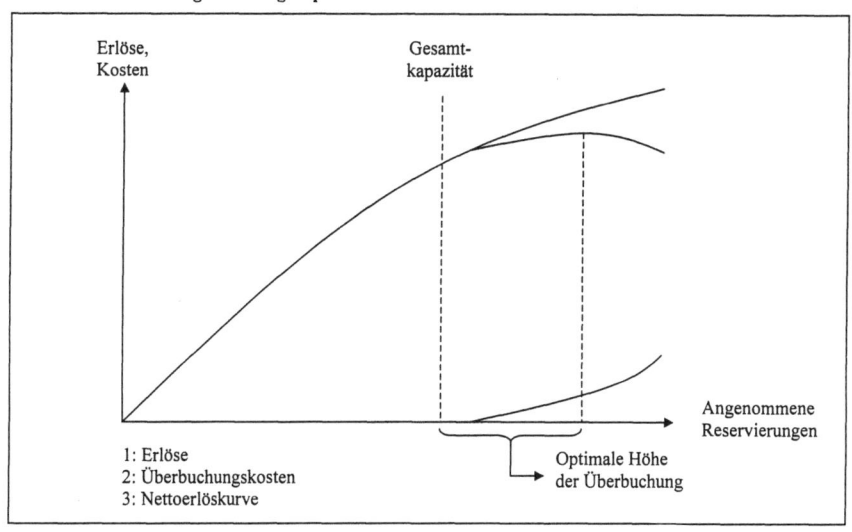

```
Erlöse,                Gesamt-
Kosten                 kapazität




                                                    Angenommene
                                                    Reservierungen
1: Erlöse                    Optimale Höhe
2: Überbuchungskosten        der Überbuchung
3: Nettoerlöskurve
```

2.6 Modelle des Yield-Managements

2.6.1 Typographie von Modellen des Yield-Managements

Modelle des Yield-Managements lassen sich nach diversen Unterscheidungskriterien kategorisieren. Für die nachfolgenden Ausführungen zum Stand der Forschung auf dem Gebiet des Yield-Managements erscheint es zweckmäßig, die entsprechenden Planungs- und Entscheidungsmodelle in statische oder dynamische, heuristische oder optimale sowie in Ansätze einzuteilen, die eine ein- oder mehrstufige Leistungserstellung und eine, zwei oder multiple Buchungsklasse(n) berücksichtigen:

a) Statische vs. dynamische Planungsansätze

Bei statischen Preis- und Kapazitätssteuerungsmodellen bleibt die Zeit, die zwischen der Entscheidung hinsichtlich der Verfügbarkeit und Bepreisung von beschränkten Kapazitäten und dem Zeitpunkt der tatsächlichen Leistungserstellung vergeht, unberücksichtigt. Im Rahmen dieser statischen Planungsprobleme werden zu einem Zeitpunkt Entscheidungen getroffen, die für die gesamte Planungsperiode ihre Gültigkeit behalten. Veränderungen, die z. B. im Hinblick auf die unterstellten Ankunftsprozesse auftreten können, werden vernachlässigt. Statische Modelle der Preis- und Kapazitätssteuerung können daher nur dann richtige Entscheidungsempfehlungen geben, wenn die entsprechenden Änderungen nicht auftreten bzw. nicht von Relevanz sind.[63] Da sich das Yield-Management jedoch als stochastisches,

---

[63] Vgl. z. B. auch Daudel/Vialle (1992, S. 115f), hierbei insbesondere zur statischen Kontingentierung.

sequentielles Planungsproblem darstellt, können statische Entscheidungsverfahren lediglich Annäherungen an die bestmöglichen Handlungsempfehlungen vorgegeben. Auch wenn eine durch die wiederholte Neuberechnung vorgegebener Handlungsempfehlungen erreichte Quasi-Dynamisierung statischer Entscheidungsregeln diese Problematik abschwächen kann,[64] ist auch eine Anwendung dynamischer Planungsverfahren im Rahmen eines Yield-Managements möglich. Entsprechende dynamische Verfahren berücksichtigen den zwischen dem Beginn eines Buchungszeitraumes und der Leistungserstellung bestehenden Zeitraum explizit. Im Gegensatz zu statischen Verfahren wird die Steuerung und Bepreisung beschränkter Kapazitäten nicht als einmalige (statische) Entscheidung, sondern als Sequenz interdependenter Entscheidungen modelliert. Die zu treffenden Entscheidungen sind daher nicht nur von aktuellen und zukünftig erwarteten Reservierungsständen o. ä., sondern auch von zeitlich nachgelagerten Entscheidungen abhängig. Grundsätzlich bleibt festzuhalten, dass sich statische Entscheidungsregeln aufgrund ihrer methodischen Einfachheit einer Implementierung in praktischen Anwendungsbereichen leichter eröffnen. Die durch die Anwendung dynamischer Modelle eröffneten Vorteile einer realitätsnahen Abbildung von Reservierungsprozessen können dagegen durch die nicht unerhebliche Komplexitätserhöhung der Rechenalgorithmen konterkartiert werden.[65]

b) Heuristische vs. optimierende Planungsansätze

Neben statischen und dynamischen Modellansätzen können im Rahmen der Modelle des Yield-Managements heuristische Problemlösungs- und Optimierungsverfahren unterschieden werden.[66] Unter den jeweils vorgegebenen Modellannahmen geben Optimierungsverfahren exakte Lösungen für Planungs- und Entscheidungsprobleme vor. Heuristiken sind dagegen Entscheidungsregeln, die nicht darauf abstellen, exakte Lösungen abzuleiten. Vielmehr wird versucht, zweckmäßige Näherungslösungen mit vergleichsweise geringem Rechenaufwand zu ermitteln. Der Einsatz von Heuristiken im Rahmen eines Yield-Managements ist insbesondere in Anwendungssituationen sinnvoll, die durch einen hohen Komplexitätsgrad gekennzeichnet sind. Typische Probleme des Yield-Managements sind sehr komplex. Folglich sind Optimierungsalgorithmen in realen Entscheidungssituationen häufig nicht anwendbar, so dass die mit der Anwendung von Heuristiken verbundene Abweichung von optimalen Handlungsempfehlungen hingenommen werden muss.

c) Planungsansätze einer ein- und mehrstufigen Leistungserstellung

Modelle des Yield-Managements können weiterhin auch danach differenziert werden, ob in ihrem Rahmen Probleme ein- oder mehrstufiger Leistungserstellung berücksichtigt werden.

---

[64] Vgl. Belobaba (1989, S. 187ff.).
[65] Vgl. im Allgemeinen z. B. Stahlecker et al. (2003, S. 15 und 109) oder für eine Unterscheidung statischer und dynamischer Modell- bzw. Kontingentierungsansätze Tscheulin/Lindenmeier (2003a, S. 634f. und 635f.).
[66] Für eine knappe Betrachtung der wesentlichen Aspekte von Optimierungsmodellen vgl. Schober (1993).

Erwähnt werden sollte, dass synonym zu dem Begriff der ein- und mehrstufigen Leistungserstellung auch von Single-Ressource- bzw. vom Multiple-Ressource-Problemen gesprochen wird.[67] Abbildung 7 stellt Varianten ein-, mehrstufiger und vernetzt mehrstufiger Leistungserstellung idealtypisch dar. Klassische Beispiele einstufiger Leistungserstellungen sind Nonstopp-Flüge oder ein Hotelaufenthalt mit lediglich einer Übernachtung (Fall a: Single-Leg-Problematik). Flüge oder Zugfahrten mit Zwischenstopps ohne Umsteigemöglichkeiten können als Beispiele für einfache mehrstufige Leistungserstellungen genannt werden (Fall b: Multiple-Leg-Problematik). Über die einstufige und einfach mehrstufige Leistungserstellung hinaus, müssen auch Problemstellungen mehrstufig vernetzter Leistungserstellung berücksichtigt werden. So erfolgen z. B. Lufthansa-Flüge zwischen norddeutschen Flughäfen und am Mittelmeer gelegenen Städten nicht als Direktflüge, sondern mit einem Zwischenstopp auf einem der Hub-Flughäfen in Frankfurt oder München.[68] Ein Flug auf einem Streckennetz einer Fluglinie ist somit durch seine einzelnen Teilstrecken, wie etwa Hamburg – Frankfurt und Frankfurt – Nizza, spezifiziert. Eine Teilstrecke (Flight-Leg) ist somit ein Bestandteil eines Fluges, zwischen dem kein Stopp liegt. Ein Flug auf einem Streckennetzwerk kann folglich aus mehreren Teilstrecken bestehen. (Fall c: Origin & Destination-Problem). Im Falle der vernetzt sowie einfach mehrstufigen Leistungserstellung stellt sich z. B. für Fluggesellschaften die Frage, ob Reservierungsanfragen für Flüge angenommen werden sollen, die entweder auf eine oder gleichzeitig auf mehrere Teilstrecken zugreifen. Die Annahme von Reservierungen für einzelne Teilstrecken kann dazu führen, dass Sitzplätze für die Reservierung von Flügen mit Zwischenstopps blockiert sind.[69]

Abbildung 7: Idealtypische Beispiele einer ein-, mehrstufigen und vernetzten Leistungserstellung

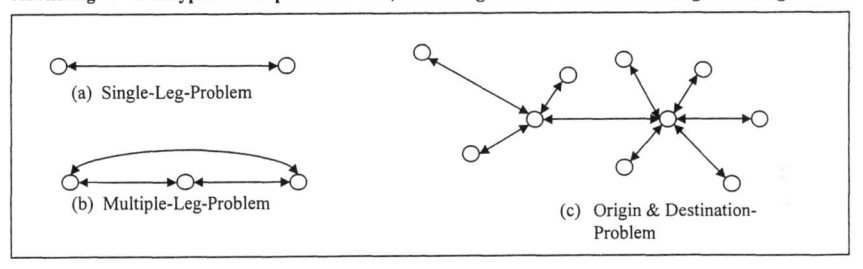

(a) Single-Leg-Problem

(b) Multiple-Leg-Problem

(c) Origin & Destination-Problem

Auch in den Fällen in denen sich Yield-Management-Probleme als mehrstufig charakterisieren lassen, kann eine Preis- und Kapazitätssteuerung mit Verfahren erfolgen, die lediglich eine einstufige Leistungserstellung berücksichtigen. Die zwischen den einzelnen Stufen der Leistungserstellung bestehenden Interdependenzen können in diesen Fällen nicht berücksichtigt werden.

---

[67] Vgl. Talluri/van Ryzin (2004b).
[68] Vgl. Tscheulin/Lindenmeier (2003a, S. 638f.).
[69] Vgl. Dror et al. (1988, S. 239f.).

d) Modelle zur Berücksichtigung von ein/zwei oder multiplen Buchungsklassen

Wie bereits dargestellt, fußt das Yield-Management auf einer Segmentierung des Gesamtmarktes sowie einer differenzierten Bepreisung von Leistungen, die in unterschiedlichen Teilmärkten abgesetzt werden. D. h., dass Unternehmensleistungen zu unterschiedlichen Preisen bzw. in unterschiedlichen Tarif- bzw. Buchungsklassen verkauft werden. Dies bedingt, dass Kontingentierungs- und Überbuchungsentscheidungen grundsätzlich für multiple Buchungsklassen festgelegt werden müssen. Im Gegensatz zu diesen Überlegungen berücksichtigen frühe Kontingentierungs- (z. B. Littlewood, 1972) oder Überbuchungsverfahren (z. B. Beckmann, 1958) lediglich zwei bzw. eine Buchungsklasse(n).[70] Diese Vorgehensweise vereinfacht das Planungsproblem einerseits stark. Auf der anderen Seite kann eine differenzierte Preis- und Kapazitätssteuerung unter Berücksichtigung multipler Buchungsklassen die Erlös-Performance deutlich verbessern.

2.6.2 Wesentliche Annahmen in Yield-Management-Modellen

Im Rahmen von Modellen der Kapazitätssteuerung kann eine Vielzahl von vereinfachenden Annahmen gesetzt werden, welche die Komplexität der Planungsprobleme verringern oder eine Entscheidungsfindung z. T. erst ermöglichen. Mit der Beschränkung auf statische Ansätze, auf die Berücksichtigung lediglich einer bzw. von zwei Buchungsklasse(n) sowie auf Modelle, die ausschließlich eine einstufige Leistungserstellung einbeziehen, wurden im vorangegangen Abschnitt bereits Beispiele vereinfachender Annahmen aufgezeigt. Ausgehend vom Problem der Kontingentierung werden nachfolgend weitere vereinfachende Annahmen aufgeführt:[71]

- *Keine Stornierungen, No-Shows und Umbuchungen:* Annahmegemäß resultieren in entsprechenden Modellen alle im Buchungsverlauf angenommenen Reservierungen in tatsächlichen Buchungen.[72] D. h., dass einmal getätigte Reservierungen nicht mehr storniert oder umgebucht werden. Folglich muss keine Überbuchung beschränkter Kapazitäten vorgenommen werden.
- *Keine Preisvariationen*: Die in den verschiedenen Buchungsklassen gesetzten Preise behalten über den gesamten Planungshorizont ihre Gültigkeit und werden nicht dynamisch an die jeweilige Nachfrageentwicklung angepasst. Ausgehend vom Problem der Kontingentierung würde eine Aufhebung dieser beiden vereinfachenden Annahmen dazu führen, dass einerseits Kontingentierungs- und Überbuchungsentscheidungen bzw. andererseits Kontingentierungs- und (dynamische) Preissetzungsentscheidungen simultan getroffen werden müssten. In beiden Fällen würde dies mit einer massiven Erhöhung der Komplexi-

---

[70] Im Gegensatz zur Kontingentierung ist eine Überbuchung von Kapazitäten auch bei Berücksichtigung lediglich einer Buchungs- bzw. Tarifklasse möglich.
[71] Vgl. Tscheulin/Lindenmeier (2003a, S. 634).
[72] Vgl. z. B. Brumelle et al. (1990, S. 183).

tät der Planungsprobleme einhergehen. Weitere wesentliche vereinfachende Annahmen sind:

- *Sequentielles Eintreffen von Reservierungsanfragen aus unterschiedlichen Buchungsklassen:* Entsprechend dieser Annahme treffen Reservierungsanfragen aus diversen Buchungsklassen sequentiell in voneinander getrennten Blöcken ein. Von zeitlich konkurrierend eintreffenden Reservierungsanfragen aus unterschiedlichen Buchungsklassen wird abstrahiert. D. h., dass zwischen der Ankunft von zwei Kunden aus der Economy-Class einer Airline nie ein Business-Class-Kunde eintreffen kann. Auch wenn diese Annahme recht restriktiv ist, so ist sie z. B. bei Airlines angemessen, weil dort die Buchung preisreduzierter Flüge häufig nur bei Einhaltung bestimmter Früh- bzw. Vorausbuchungsfristen möglich ist.[73]

- *Monotone Ankunftsreihenfolge von Reservierungsanfragen aus unterschiedlichen Buchungsklassen:* Entsprechend dieser Annahme treffen Reservierungsanfragen stets in monoton steigender respektive fallender Reihenfolge ein. D. h., dass z. B. Economy-Class-Kunden einer Airline immer vor Kunden aus der Business-Class eintreffen. Diese Annahme ist z. B. in der Tourismus-Industrie, wo – wie bereits dargestellt – Reservierungsanfragen weniger preisbereiter Touristen tatsächlich zumeist vor denen zahlungskräftiger Geschäftskunden eintreffen, durchaus gerechtfertigt. Die Existenz von Last-Minute-Angeboten oder Stand-By-Passagieren verletzt diese Annahme.[74]

- *Keine Ablenkung von Kunden auf alternative Angebote (Diversion), keine Recapture:* Der Begriff Diversion umschreibt die Ablenkung von Kunden auf alternative Angebote der eigenen Unternehmung oder auf die der Konkurrenz. Die Ablenkung ist dadurch bedingt, dass die nachgefragte Unternehmensleistung zu dem ursprünglich gewünschten Preis bzw. in der ursprünglich gewünschten Buchungsklasse nicht mehr verfügbar und die entsprechende Reservierungsanfrage demnach abgelehnt worden ist.[75] Eng mit dem Diversion-Verhalten verbunden ist der Begriff der Recaptures, welcher ausschließlich die Rückgewinnung abgelenkter Kunden z. B. durch Umbuchung von abgelehnten Kunden auf alternative Angebote der gleichen Fluglinie umschreibt. Abstrahiert man von der Existenz des Diversion-Verhaltens und Recaptures, ist jede abgelehnte Reservierungsanfrage, die auch mit dem Begriff des Denied-Bookings umschrieben wird, verloren und folglich als nicht realisierter Erlös anzusehen.

- *Keine Buy-Ups (Sell-ups) oder Buy-Downs (Dilution):* Entsprechend dieser Annahme wird davon ausgegangen, dass Kunden, deren Anfrage nach Leistungen in preisgünstigen Buchungsklassen abgelehnt wurde, nicht auf Unternehmensleistungen in höher bepreisten Buchungsklassen ausweichen. Folglich ist auch in diesem Fall jede abgelehnte Reservie-

---

[73] Vgl. z. B. Robinson (1995, S. 252).
[74] Vgl. ebenda, S. 254.
[75] Vgl. z. B. Pfeifer (1989, S. 151).

rungsanfrage als verlorener Erlös anzusehen.[76] So genannte Buy-Downs stellen das Gegenteil von Buy-Ups dar und umschreiben den Fall, in dem ein Kunde eine Unternehmensleistung zu einem günstigen Preis kauft, obwohl an sie/ihn auch Leistungen aus einer höher bepreisten Buchungsklasse abgesetzt werden hätten können. Schließt man Buy-Ups sowie Buy-Downs aus, so geht man implizit von einer perfekten Marktsegmentierung aus. Anders ausgedrückt bedeutet das, dass Kunden mit unterschiedlichen Zahlungsbereitschaften durch die implementierten Tarifbestimmungen perfekt separiert werden.

- *Statistische Unabhängigkeit der Nachfragen in unterschiedlichen Buchungsklassen:* Bei statistischer Unabhängigkeit wird davon ausgegangen, dass die Nachfragen nach Leistungen aus unterschiedlichen Buchungsklassen unkorreliert sind. Die statistische Unabhängigkeit der Nachfragen in unterschiedlichen Buchungsklassen korrespondiert eng mit dem Ausschluss des Buy-Up- und Buy-Down-Verhaltens der Kunden. Die hier beschriebene vereinfachende Annahme wird folgerichtig auch dann verletzt, wenn Kunden, deren Reservierungsanfrage nach Leistungen einer preisreduzierten Buchungsklasse abgewiesen wurden, Leistungen zu höheren Preisen kaufen (Buy-Up-Verhalten). In diesem Fall sind die segmentspezifischen Nachfragen korreliert.[77]
- *Ein Erlöswert bzw. Preis je Buchungsklasse:* Die Beschränkung auf einen durchschnittlichen Erlöswert je Buchungsklasse besagt, dass jegliche Reservierungsanfrage mit einem einzigen (durchschnittlichen) Preis assoziiert ist. Tatsächlich werden aber z. B. Sitzplätze in einer Buchungsklasse von einer Fluglinie zu variierenden Preisen verkauft. Der Erlös pro verkauften Sitzplatz in einer Buchungsklasse variiert dementsprechend deutlich und folgt in der Realität einer Wahrscheinlichkeitsverteilung.[78]
- *Monoton steigende Erlöswerte in hierarchisch geordneten Buchungsklassen:* Mit der Annahme monoton steigender Erlöswerte wird ausgeschlossen, dass die Preise in Buchungsklassen, denen grundsätzlich Kunden mit höherer Zahlungsbereitschaft zugeordnet sind, jemals unter die Preise fallen, die in Buchungsklassen mit weniger zahlungsbereiten Kunden gültig sind. Demgemäß kommt es zu keiner Überlappung von Tarifen zwischen unterschiedlichen Buchungsklassen.[79]
- *Keine Gruppenanfragen:* Bei der Vernachlässigung von Nachfragen von Gruppen wird davon ausgegangen, dass sich jede Reservierungsanfrage immer nur auf eine einzige abzusetzende Kapazitätseinheit bezieht. Reservierungsanfragen von Gruppen, die gleichzeitig um mehrere Leistungserstellungseinheiten konkurrieren, sind in diesem Falle demzufolge ausgeschlossen.

Bei den im nachfolgenden, dritten Kapitel zum Stand der Forschung im Bereich des Yield-Managements präsentierten quantitativen Planungsansätzen wird explizit darauf eingegangen,

---

[76] Vgl. Robinson (1995, S. 253).
[77] Vgl. hierzu z. B. Brumelle (1990, S. 183).
[78] Man spricht in diesem Zusammenhang auch von Dispersed-Fares. Vgl. hierzu Weatherford (2002, S. 36).
[79] Vgl. ebenda, S. 36.

welche der dargestellten vereinfachenden Modellannahmen aufgehoben werden. Somit kann nachvollzogen werden, welchen Beitrag die entsprechenden Arbeiten zum wissenschaftlichen Fortschritt auf dem Gebiet des Yield-Managements geleistet haben. Über die Darstellung quantitativer Modelle hinaus werden auch unterschiedliche sektorspezifische Anwendungen sowie sonstige Arbeiten zum Yield-Management besprochen. Ausgehend vom präsentierten Forschungsüberblick wird der ausstehende Forschungsbedarf abgeleitet. Im nächsten Abschnitt sollen zunächst einige quantitative Planungsansätze näher betrachtet werden.

2.6.3 Beispiele quantitativer Planungsmodelle

Nachfolgend sollen Beispiele von Modellansätzen dargestellt werden, mit deren Hilfe die beschriebenen Planungsprobleme gelöst werden können. Hierbei wird neben Heuristiken und Optimierungsansätzen für Probleme einstufiger Leistungserstellung auch ein heuristisches Modell präsentiert, das im Kontext der mehrstufigen Leistungserstellung Anwendung findet. Hierbei soll kein umfassender Methodenüberblick erfolgen. Der vorliegende Abschnitt soll lediglich einen Einblick in die im Rahmen des Yield-Managements verwendeten quantitativen Planungsansätze geben. Hierzu bieten sich mit den EMSR- und Bid-Price-Ansätzen die beiden in der praktischen Anwendung gebräuchlichsten Modellvarianten an. Dementsprechend sollen diese beiden Ansätze nachfolgend näher betrachtet werden.

a)   Expected-Marginal-Revenue-Ansätze und Optimale Buchungsgrenzen zur Steuerung beschränkter Kapazitäten bei einstufiger Leistungserstellung

Littlewood (1972) entwickelte das erste Modell zur optimalen Kontingentierung beschränkter Sitzplatzkapazitäten. Das Modell bleibt auf zwei Buchungsklassen beschränkt, in denen die Preise p_1 und p_2 gelten. Der Preis p_1 ist hierbei höher als p_2. In den beiden Buchungsklassen realisieren sich die Nachfragen N_1 und N_2, welche jeweils einer Verteilungsfunktion folgen. Annahmegemäß trifft die Nachfrage aus der zweiten Buchungsklasse N_2 vor N_1 ein. Wenn eine Gesamtkapazität von K Einheiten zu allozieren ist, können nach Littlewood (1972) Anfragen aus der niedriger bepreisten Buchungsklasse angenommen werden solange

(1) $p_2 \geq p_1 \cdot Pr\ (N_1 \geq x)$

gilt.

Abbildung 8: Graphische Darstellung des Expected-Marginal-Revenue-Ansatzes

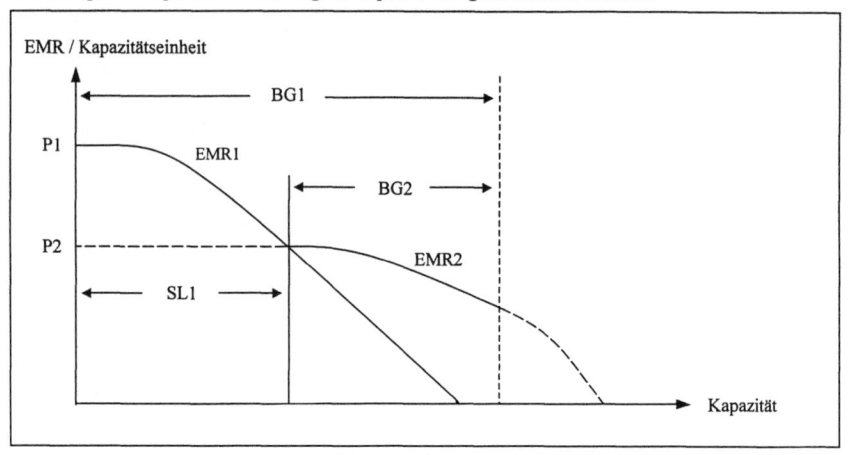

[Diagram: EMR / Kapazitätseinheit on y-axis, Kapazität on x-axis; curves EMR1 and EMR2; price levels P1 and P2; segments BG1, BG2, SL1]

Die linke Seite von Ungleichung (1) gibt den sicheren Erlös an, der sich bei Annahme einer weiteren Reservierungsanfrage aus Buchungsklasse 2 ergibt. Die rechte Seite gibt den mit der Wahrscheinlichkeit $Pr\ (N_1 \geq x)$ gewichteten Preis in Buchungsklasse 1 bzw. den marginalen Erwartungserlös in Buchungsklasse 1 (EMR_1) an. $Pr\ (N_1 \geq x)$ gibt hierbei die Wahrscheinlichkeit an, dass die Nachfrage N_1 größer oder gleich einer bestimmten Restkapazität x ist. $Pr\ (N_1 \geq x)$ sinkt hierbei mit steigenden Werten von x. Die Restkapazität wird solange gesenkt, bis der sichere Erlös p_2 gerade noch so groß ist wie der marginale Erwartungserlös in der höher bepreisten Tarifklasse 1. Die resultierende Restkapazität x stellt den optimalen Schutz-Level SL_1 für die später eintreffenden Reservierungsanfragen aus Buchungsklasse 1 dar. Die Buchungsgrenze für die Buchungsklasse 2 (BG_2) ist $K - SL_1$. Der optimale Schutz-Level SL_1 erfüllt hierbei die beiden folgenden Optimalitätsbedingungen:[80]

(2a) $\qquad p_2 < p_1 \cdot Pr\ (N_1 \geq SL_1)$

(2b) $\qquad p_2 \geq p_1 \cdot Pr\ (N_1 \geq SL_1 + 1)$

Bei Betrachtung einer stetigen Verteilungsfunktion ergibt die nachfolgende Optimalitätsbedingung:[81]

(2c) $\qquad p_2 = p_1 \cdot Pr\ (N_1 > SL_1)$

---

[80] Vgl. Talluri/van Ryzin (2004b).
[81] Vgl. ebenda.

Die Logik dieses Kontingentierungsansatzes kann auch anhand Abbildung 8, in der die marginalen Erwartungserlöse für den Fall zweier Buchungsklassen eingezeichnet sind, nachvollzogen werden. Beide EMR-Kurven sinken zusammen mit Pr_i ($N_i \geq x_i$), wenn in der entsprechenden Buchungsklasse mehr Kapazitätseinheiten (x_i) zur Verfügung gestellt werden. Die Optimalitätsbedingung ist – im Sinne einer einfachen Marginalanalyse – dort erfüllt, wo sich die beiden Erwartungserlöskurven schneiden. Entsprechend der obigen Überlegungen ergeben sich der Schutz-Level SL_1 sowie die Buchungsgrenze BG_2. Die Buchungsgrenze in der höher bepreisten Buchungsklasse 1 entspricht logischerweise der Gesamtkapazität. Ferner werden in der niedrig bepreisten Buchungsklasse keine Kapazitätseinheiten geschützt.

Eine Erweiterung der Littlewood'schen Regel für den Fall multipler geschachtelter Buchungsgrenzen liefert Belobaba (1989) mit der EMSRa-Methode.[82] Die Berechnung der geschachtelten Buchungsklassen erfolgt hierbei so, dass die Buchungsgrenzen jeweils für alle höher bepreisten Buchungsklassen ermittelt werden. Dies bedeutet, dass bei der Betrachtung einer mit p_{i+1} bepreisten Buchungsklasse i+1 gefragt ist, wie viele Kapazitätseinheiten in den höher bepreisten Buchungsklassen j = i, i-1, ... , 1 geschützt werden sollen. Es wird folglich ein gemeinsamer Schutz-Level für Buchungsklasse i sowie alle höher bepreisten Buchungsklassen berechnet. Um dies zu erreichen, wird in diesem Zusammenhang für jede einzelne höher bepreiste Buchungsklasse ein Schutz-Level entsprechend der Gleichung (2c) ermittelt. Für eine Buchungsklasse j aus dem Pool i, i-1, ... , 1 ergibt sich der Schutz-Level SL_j^{i+1} entsprechend Gleichung (3):

(3) $Pr(D_j > SL_j^{i+1}) = P_{i+1} / p_j$

Dies wird für alle j = i, i-1, ... , 1 höher bepreiste Buchungsklassen wiederholt. Der Schutz-Level für die Buchungsklassen i, i-1, ... , 1 SL_i ergibt sich durch die Addition der isoliert berechneten Schutz-Level.

(4) $SL_i = \sum_{j=1}^{i} SL_j^{i+1}$

Diese Vorgehensweise wird für alle restlichen Buchungsklassen solange wiederholt, bis auch der alleinige Schutz-Level für die teuerste Buchungsklasse 1 ermittelt worden ist. Durch die Subtraktion der Schutz-Levels von der Gesamtkapazität erhält man die korrespondierenden geschachtelten Buchungsgrenzen. Beachtet werden muss, dass die mithilfe der EMSRa-Methode ermittelten Buchungsgrenzen lediglich Approximationen optimaler Buchungsgrenzen sind. Brumelle/McGill (1993) zeigen, dass die EMSRa-Methode die optimale Buchungsgrenze lediglich für die am höchsten bepreiste Buchungsklasse ermittelt. Ferner wird

---

[82] Die Abkürzung EMSR bedeutet Expected Marginal Seat Revenue.

ermittelt, dass die EMSRa-Methode die optimale Höhe der Buchungsgrenzen systematisch unterschätzt und somit zu konservative Handlungsempfehlungen vorgibt. Die mit der Anwendung der EMSRa-Heuristik verbunden Erlösverluste sind aber gering. Als Reaktion auf die aufgezeigte Nicht-Optimalität der EMSRa-Methode entwickelt Belobaba (1994) eine modifizierte, EMSRb genannte Heuristik.[83] Wiederum ist der Ausgangspunkt die Zusammenfassung aller Buchungsklassen zu lediglich zwei Klassen. Im Gegensatz zur EMSRa-Heuristik werden hier aber nicht Schutz-Level, sondern die Nachfrage in den jeweils höher bepreisten Buchungsklassen aggregiert. Alle zu schützenden Buchungsklassen werden somit zu einer Klasse zusammengefasst, in der ein gewichteter Durchschnittserlös p_i* angesetzt wird.

(5) $$p_i * = \frac{\sum_{j=1}^{i} p_j \bullet E[N_j]}{\sum_{j=1}^{i} E[N_j]}$$

Bei Betrachtung von einer Buchungsklasse i+1 ergibt sich die Nachfrage in den höher bepreisten Buchungsklassen S_i folgendermaßen:

(6) $$S_i = \sum_{j=1}^{i} N_j$$

Der aus der EMSRb-Heuristik resultierende Schutz-Level für eine Klasse i inklusive aller weiteren, höher bepreisten Buchungsklassen ergibt sich nach Gleichung (7):

(7) $$Pr(D_j > SL_j^{i+1}) = P_{i+1} / p_i*$$

Die EMSRb-Methode stellt hierbei wiederum nur einen heuristischen Ansatz zur Ermittlung von Buchungsgrenzen dar.[84] Über die dargestellten EMSR-Ansätze hinaus zeigen Brumelle/McGill (1993), dass multiple geschachtelte Schutzgrenzen, welche denen der EMSRb-Methode ähneln, unter Beachtung bestimmter Stetigkeitsannahmen optimal sind.[85] Die entsprechenden Optimalitätsbedingungen stellen sich folgendermaßen dar:

(8) $p_2 = p_1 \bullet Pr(N_1 > SL_1)$
$p_3 = p_2 \bullet Pr(N_1 > SL_1 \cap N_1 + N_2 > SL_2)$
...
$p_j = p_1 \bullet Pr(N_1 > SL_1 \cap N_1 + N_2 > SL_2 \cap ... \cap N_1 + N_2 + ... + N_{j-1} > p_{j-1})$

---

[83] Vgl. auch Belobaba/Weatherford (1996).
[84] Vgl. Talluri/van Ryzin (2004b).
[85] Vgl. hierzu auch Pak/Piersma (2002).

Im Allgemeinen sind geschachtelte Buchungsklassen optimal, wenn die durch Gleichung (9) gegebene Optimalitätsbedingung gilt.[86]

(9) $\qquad \delta_+ ER_i (SL_i) \leq p_{i+1} \leq \delta_- ER_i (SL_i)$

$ER_i (SL_i)$ stellt hierbei den unter Berücksichtigung des Schutz-Levels SL_i zu erwartenden Erlös dar. δ_+ und δ_- stehen für die rechte und linke Ableitung der Erwartungserlösfunktion nach SL_i. Im Optimum müssen infinitesimal kleine Änderungen des Schutz-Levels demzufolge zu kleineren Änderungen des Erwartungserlöses führen als Änderungen des Preises p_{i+1}. Nach Talluri/van Ryzin (2004b) hat die EMSRb-Methode eine bessere Erlös-Performance als der EMSRa-Ansatz. Darüber hinaus sind die Abweichungen zwischen den Erlösen, die aus der Anwendung von Ansätzen optimaler Buchungsgrenzen und der EMSRb-Methode resultieren, nur gering.

b) Bid-Price-Ansatz zur Steuerung beschränkter Kapazitäten bei vernetzter Leistungserstellung

Eine Möglichkeit, die Annahme von Reservierungsanfragen bei Berücksichtigung einer vernetzten Leistungserstellung zu steuern, ist der Bid-Price-Ansatz. Hierbei geben Bid-Preise die Opportunitätskosten des Verkaufs einer weiteren bzw. den marginalen Wert der verfügbaren Kapazitätseinheiten auf einem einzelnen Teil eines Leistungserstellungsnetzes an. Bid-Preise werden im Sinne eines Schwellenwertes benutzt. Reservierungsanfragen werden nur dann angenommen, wenn das korrespondierende Entgelt über der Summe der Bid-Preise aller für die Anfrage relevanten Teile des Leistungsnetzes liegt. Die für die Berechnung von Bid-Preisen notwendigen Informationen können Abbildung 9 entnommen werden, welches ein vereinfachtes Leistungserstellungsnetz mit zwei Leistungsstufen darstellt. Interpretiert man die Darstellung z. B. als Streckennetz einer Fluggesellschaft, so setzt sich dieses aus vier Flughäfen und drei Teilstrecken, die nur in eine Richtung beflogen werden können, zusammen. Die Spalten der Tabelle geben die in den zwei berücksichtigen Buchungsklassen gültigen Preise (P_1 und P_2), die deterministische Nachfrage (N1 und N2) sowie die auf den einzelnen Flugrouten verfügbaren Kapazitätseinheiten an.

---

[86] Vgl. Brumelle/McGill (1993). Optimale geschachtelte Buchungsgrenzen für das Problem einer einstufigen Leistungserstellung liefern auch Curry (1990) und Wollmer (1992).

Abbildung 9: Vereinfachtes Beispiel einer vernetzten Leistungserstellung – Bid-Price-Ansatz

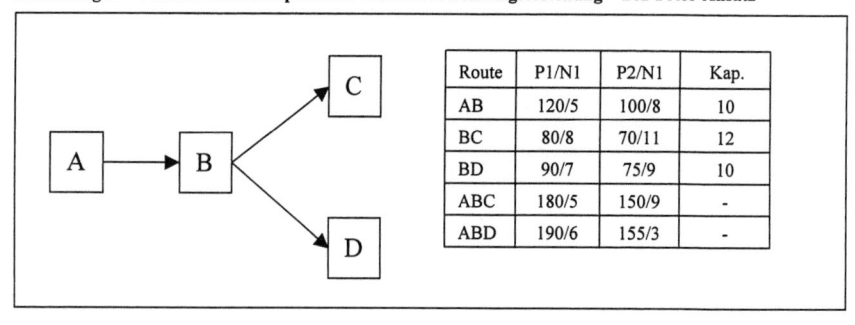

Route	P1/N1	P2/N1	Kap.
AB	120/5	100/8	10
BC	80/8	70/11	12
BD	90/7	75/9	10
ABC	180/5	150/9	-
ABD	190/6	155/3	-

Die Berechnung der Bid-Preise kann mit mehreren Methoden erfolgen.[87] Hier wird die Berechnung mittels eines Deterministischen Linearen Programms präsentiert. Gleichung (10) gibt den zu maximierenden Gesamterlös des Leistungsnetzes an. Die Nebenbedingungen (11a-c) stellen die Kapazitätsrestriktionen der drei Flugrouten dar. Die Nebenbedingungen (12a-j) repräsentieren die nachfrageseitigen Restriktionen sowie die Nicht-Negativitätsbedingungen.

(10) $20x_{1AB} + 80x_{1BC} + 90x_{1BD} + 180x_{1ABC} + 190x_{1ABD} + 100x_{2AB} + 70x_{2BC} + 75x_{2BD} + 150x_{2ABC} + 155x_{2ABD} \rightarrow Max!$

Nebenbedingungen:

(11a) $x_{1AB} + x_{1ABC} + x_{1ABD} + x_{2AB} + x_{2ABC} + x_{2ABD} \leq 10$
(11b) $x_{1BC} + x_{1ABC} + x_{2BC} + x_{2ABC} \leq 12$
(11c) $x_{1BD} + x_{1ABD} + x_{2BD} + x_{2ABD} \leq 10$

(12a-j) $0 \leq x_{1AB} \leq 5; 0 \leq x_{1BC} \leq 8; 0 \leq x_{1BD} \leq 7; 0 \leq x_{1ABC} \leq 5; 0 \leq x_{1ABD} \leq 6;$
$0 \leq x_{2AB} \leq 10; 0 \leq x_{2BC} \leq 12; 0 \leq x_{2BD} \leq 16; 0 \leq x_{2ABC} \leq 11; 0 \leq x_{2ABD} \leq 8$

Die Bid-Preise ergeben sich insofern aus dem Linearen Programm, als dass die aus dem Linearen Programm resultierenden Schattenpreise als Approximation derselben dienen. Die Schattenpreise geben hierbei die Opportunitätskosten des Verkaufs knapper Kapazitätseinheiten an. Immer wenn eine Reservierungsanfrage eintrifft, erfolgt ein Vergleich zwischen dem mit der Reservierungsanfrage verbundenen Preis und der korrespondierenden Bid-Preis-Summe. Die Anfrage wird akzeptiert, wenn ersterer größer ist. Wenn auf einem Teil des Netzes die Kapazitätsrestriktion nicht bindend ist, realisiert sich ein Schattenpreis von 0. Wenn sich die Nachfrageprognosen oder der Bestand verfügbarer Kapazitätseinheiten ändern,

---

[87] Vgl. Talluri/van Ryzin (1998).

erfolgt eine Wiederholung der Berechnung der Schatten- bzw. Bid-Preisen. Wie angedeutet, liefern Deterministische Lineare Programme in diesem Kontext lediglich approximative Bid-Price-Werte. Interessanterweise zeigen Talluri/van Ryzin (1998), dass der Ansatz der Deterministischen Linearen Programmierung anderen sophistizierteren Ansätzen zur Ermittlung von Bid-Preisen im Hinblick auf die Erlös-Performance nicht wesentlich unterlegen ist.

Nachdem sowohl der Begriff des Yield-Managements abgegrenzt ist als auch dessen historische Entwicklung und methodischen Bestandteile beschrieben worden sind, soll im nächsten Kapitel der aktuelle Forschungsstand im Kontext der simultanen Preis- und Kapazitätssteuerung präsentiert werden. Hierbei wird insbesondere der Fortschritt im Bereich quantitativer Planungsansätze betrachtet, der u. a. in der Aufhebung der oben dargestellten vereinfachenden Annahmen deutlich wird. Ferner werden Arbeiten in dem Bereich innovativer branchenspezifischer Anwendungen und sonstigen relevanten Forschungsgebieten dargestellt.

3 Stand der Forschung und ausstehender Forschungsbedarf

3.1 Stand der Forschung auf dem Gebiet des Yield-Managements

Im Bereich des Yield-Managements wurde eine Vielzahl von wissenschaftlichen Arbeiten publiziert. Der folgende Literaturüberblick, welcher den Stand der wissenschaftlichen Forschung auf diesem Gebiet darstellt, beschränkt sich primär darauf, Arbeiten in wissenschaftlich referierten Zeitschriften in deutscher und englischer Sprache zu präsentieren.[88] Da das Yield-Management eine Entwicklung der Airline-Industrie ist, überrascht es wenig, dass viele frühe Arbeiten zum Thema Yield-Management in Form von Tagungsberichten und Seminarpapieren vorliegen (vgl. z. B. Cross, 1986).[89] Auch wenn die ersten konkreten Artikel zum Yield-Management in wissenschaftlich referierten Zeitschriften erst ab dem Ende der 80er-Jahre veröffentlicht wurden (vgl. z. B. Oum/Tretheway, 1986 oder Belobaba, 1987),[90] sind die einzelnen Problembestandteile des Yield-Managements z. T. schon seit Jahrzehnten Gegenstand der wirtschaftswissenschaftlichen Forschung. So gibt es Arbeiten zur Überbuchung und Kontingentierung beschränkter Kapazitäten bereits seit dem Ende der 50er Jahre (vgl. z. B. Beckmann, 1958, Rothstein, 1971a, Glover et al., 1982).

Einführende oder überblicksartige Arbeiten zum Yield-Management in englischer Sprache finden sich u. a. bei Rothstein (1985), der seine Betrachtung aber auf die Überbuchung knapper Kapazitäten beschränkt, oder Belobaba (1987), Kimes (1989a und 1989b), Weatherford/Bodily (1992), Harris/Pinder (1992) und Williams, L. (1999), Netessine/Shumsky (2002) und Boyd/Bilegan (2003), die sich umfassend mit dem Yield-Management beschäftigen. Ein im Bereich des Yield-Managements von Airlines angesiedelter Methodenüberblick findet sich bei Pak/Piersma (2002). Darüber hinaus geben McGill/van Ryzin (1999) einen umfangreichen Überblick über das im Bereich des Yield-Managements bestehende Schrifttum, welcher aber größtenteils auf das Airline-Revenue-Management beschränkt bleibt. Das erste Lehrbuch zum Yield-Management wurde von Talluri/van Ryzin (2004b) verfasst.

Einen umfassenden Beitrag zum internationalen State-of-the-Art des Yield-Managements in deutscher Sprache liefern Tscheulin/Lindenmeier (2003a). Weitere deutschsprachige Arbeiten zur Thematik des Yield-Managements beschränken sich auf Stichwortbeiträge (Bertsch, 1996, Büttgen, 1996), ins Deutsche übersetzte Management-Handbücher (Daudel/Vialle, 1992, Cross, 1997 und 2001), Methodenüberblicke (vgl. z. B. Friege, 1996, Klein, R., 2001, Tscheulin/Lindenmeier, 2003b), universitäre Arbeitspapiere (vgl. z. B. Corsten/Stuhlmann, 1998, Kimms/Müller-Bungart, 2003), tendenziell eher praxisorientierte

---

[88] Z. T. werden auch Aufsätze aus eher praxisorientierten Zeitschriften berücksichtigt, die ebenfalls einen substanziellen Beitrag zur Thematik liefern. Diese Vorgehensweise ist notwendig, weil insbesondere im Bereich der sektorspezifischen Anwendung des Yield-Managements keine Beiträge in referierten Zeitschriften vorzufinden waren.
[89] Weitere Tagungsberichte können z. B. den Proceedings der jährlichen Symposien der Airline Group of the International Federation of Operational Research Societies (AGIFORS) entnommen werden.
[90] Entsprechend des Kenntnisstandes des Autors ist der Beitrag von Toh (1979) der erste Aufsatz, der den Begriff des Yield in Zusammenhang mit der Kontingentierung und Überbuchung von Sitzplätzen von Fluggesellschaften bringt.

Beiträge (vgl. z. B. Vogel, 1989, Krüger, 1990, Klophaus, 1999, Erhardt, 2002 oder Krämer/Luhm, 2002, Tscheulin, 2004) und Beiträge zur sektorspezifischen Verbreitung des Yield-Managements (vgl. Klein, J.K., 2000). Die nachfolgenden Ausführungen ergänzen und erweitern den zum Stichtag Ende August 2002 von Tscheulin/Lindenmeier (2003a) präsentierten State-of-the-Art um weitere zwei Jahre bis zum Stichtag Ende August 2004. Neben der Präsentation der in diesen zwei Jahren zusätzlich publizierten Arbeiten werden hierbei u. a. Charakteristika der Anwendung des Yield-Managements in unterschiedlichen Branchen genauer betrachtet.

3.1.1 Kontingentierung mit statischen Planungsansätzen

Der erste bedeutende Forschungsbeitrag zur statischen Kontingentierung von Flugzeugkapazitäten findet sich bei Littlewood (1972), der ein auf Marginalanalysen basierendes Marginal-Seat-Revenue-Modell entwickelt. Unter Berücksichtigung einer einfachen Entscheidungsregel kann die Allokation von Sitzplätzen auf zwei Buchungsklassen auf einem Flug ohne Zwischenstopp erfolgen.[91] Eine Generalisierung der Littlewood'schen Entscheidungsregel hinsichtlich einer Berücksichtigung multipler, geschachtelter Tarifklassen liefert Belobaba (1989) mit seinem so genannten EMSR-Ansatz, welcher aber nur im Falle zweier Buchungsklassen optimale Handlungsentscheidungen vorgibt. Die Ableitung optimal geschachtelter Buchungsgrenzen im Kontext eines Nonstopp-Fluges mit multiplen Klassen (Optimal-Booking-Limits) geben Curry (1990), Wollmer (1992) sowie Brumelle/McGill (1993).[92] Als Reaktion auf die Entwicklung optimal geschachtelter Buchungsgrenzen stellt Belobaba eine modifizierte, EMSRb genannte Kontingentierungsheuristik für Nonstopp-Flüge dar. Die EMSRb-Methode teilt hierbei wesentliche Charakteristika resultierender Buchungsgrenzen sowie annähernd die Erlös-Performance mit den Optimal-Booking-Limit-Ansätzen.[93] Wollmer (1992) und Brumelle/McGill (1993) kommen unabhängig voneinander zu dem Ergebnis, dass die von der EMSR-Methode vorgegebene Buchungspolitik zwar von den jeweils gültigen optimalen Buchungsgrenzen abweicht, die resultierenden Erlöse dagegen aber nur gering divergieren. Im Kontext von Modellen, die Ankunftsprozesse realistischer abbilden, kommt Weatherford et al. (1993) ebenfalls zu dem Ergebnis, dass Heuristiken optimalen Entscheidungsansätzen hinsichtlich ihrer Ergebniswirkung nur wenig nachstehen. Cooper (2002) zeigt im Rahmen einer Untersuchung zum asymptotischen Verhalten von Kontingentierungsmodellen, dass auch statische Ansätze im Vergleich zu dynamischen Optimierungsverfahren eine gute Erlösperformance liefern.

---

[91] Ein weiteres – unbeachtetes – frühes Kontingentierungsmodell, welches zwei Buchungsklassen und Stornierungen berücksichtigt, findet sich bei Toh (1979).

[92] Li/Oum (2002) zeigen, dass die Kontingentierungsansätze von Curry (1990), Wollmer (1992) und Brumelle/McGill (1993) im Kontext der Probleme einstufiger Leistungserstellungen mit multiplen Buchungsklassen und statistisch unabhängigen Nachfragen hinsichtlich ihrer Optimalitätsbedingungen gleichwertig sind.

[93] Anstatt der Originalquelle, in der Belobaba den EMSRb-Ansatz in Form eines Tagungsbandes präsentiert, sei auf Belobaba/Weatherford (1996) verwiesen, die diesen ebenfalls darstellen.

Brumelle et al. (1990) erweitern die bisher dargestellten Ansätze um ein Kontingentierungsmodell, das statistisch abhängige Nachfragen inkorporiert. Modelle, die das Diversion-Verhalten von Passagieren bzw. Kunden explizit berücksichtigen, finden sich bei Pfeifer (1989), Bodily/Weatherford (1995) und Belobaba/Weatherford (1996), aber auch bei Belobaba (1989) und Brumelle et al. (1990). Verglichen mit den Ergebnissen des Grundmodells der EMSR-Heuristik, die vom Diversion-Verhalten abstrahiert, konnten in Simulationen sowohl von Belobaba/Weatherford (1996) als auch von Bodily/Weatherford (1995) signifikante Erlöszuwächse festgestellt werden. Robinson (1995) entwickelt ein Modell optimaler Buchungsgrenzen für den Fall, dass die Reservierungsnachfrage nach Sitzplätzen in unterschiedlichen Buchungsklassen zwar in sequenzieller, aber nicht monotoner Reihenfolge eintrifft. Ansätze zur simultanen Kontingentierung und Überbuchung beschränkter Kapazitäten finden sich bei Belobaba (1989), Brumelle et al. (1990) und Bodily/Weatherford (1995). Die beiden letztgenannten Autoren modellieren die No-Shows mithilfe von Überlebenswahrscheinlichkeiten bestehender Reservierungen. Ein Ansatz, der Aspekte der Flottenplanung – also der Zuweisung verschiedener Flugzeugtypen zu Flugrouten – in das Yield-Management integriert, findet sich bei de Boer (2004). Mithilfe eines EMSRd genannten Ansatzes werden damit Möglichkeiten eröffnet, bestehende Flexibilitäten des Kapazitätsangebots im Rahmen quantitativer Planungsmodelle auszunutzen. Van Ryzin/McGill (2000) stellen einen adaptiven Kontingentierungsansatz vor, mit dessen Hilfe ohne Berücksichtigung von Prognoserechnungen heuristische Buchungsempfehlungen entwickelt werden können. Ein weiterer adaptiver Kontingentierungsansatz, dessen Anwendung insbesondere im Kontext neuer Flugrouten empfohlen wird, findet sich bei Popovic/Teodorovic (1997). Eine Anwendung eines so genannten Leg-Bid-Price-Ansatzes in einem Szenario einer einstufigen Leistungserstellung stellt Weatherford (2002) vor.[94] Hierbei wird die Annahme der Beschränkung auf einen (durchschnittlichen) Erlöswert bzw. Preis pro Buchungsklasse sowie die Annahme der über hierarchisch geordnete Buchungsklassen monoton steigenden Erlöswerte aufgehoben. Folglich wird die Variabilität tatsächlicher Preise insofern berücksichtigt, als dass Preisschwankungen innerhalb von Buchungsklassen erlaubt werden. Im Vergleich zur EMSRb-Methode weist Weatherford (2002) auf Basis von Simulationen eine Erhöhung erwarteter Erlöse von bis zu 15 % nach. In einem weiteren – Dispersed-Fare-Rule genannten – Ansatz wird von Weatherford (2004) ebenfalls die Annahme der monoton über hierarchisch geordnete Buchungsklassen steigenden Erlöswerte aufgehoben. Insbesondere wird hierbei das Problem der sich bei multiplen Buchungsklassen überlappenden Preise berücksichtigt. In Simulationen können wiederum Erlösverbesserungen zum EMSR-Modell gezeigt werden. Ein Nichtlineares, Ganzzahliges Programm zur Kontingentierung von Sitzplätzen, in welchem multiple Nebenbedingungen berücksichtigt werden können, entwickeln Murtagh/Mitra

---

[94] Weatherford (2002) ist der erste Autor, der den Leg-Bid-Price-Ansatz in einer referierten Zeitschrift präsentiert. Ursprünglich wurde der Ansatz bereits von Belobaba (1994) in Form eines Tagungsberichtes vorgestellt. Auch wenn eine Anwendung des Leg-Bid-Price-Ansatzes bei einer vernetzten Leistungserstellung möglich ist, beschränkt sich Weatherford (2002) auf Szenarien einstufiger Leistungserstellung.

(2002). Eine entsprechende Nebenbedingung kann hierbei eine exogen vorgegebene Obergrenze für Schutz-Levels sein. Einen Überblick über die vorgestellten statischen Problemlösungsansätze liefert nachfolgende Tabelle 2. Hierbei wird explizit zwischen Optimierungsansätzen und Heuristiken sowie Ansätzen, die zwei respektive multiple oder nur zwei Buchungsklassen berücksichtigen, differenziert.

Tabelle 2: Arbeiten im Forschungsbereich Kontingentierung – Statische Problemlösungsansätze

Autor (Jahr)	Optimierung	Buchungsklassen	Weitere wesentliche Modellannahmen und Kurzzusammenfassung
Littlewood (1972)	ja	zwei	Kontingentierung von Flugzeugkapazitäten bei Nonstoppflügen, früher Marginal-Seat-Revenue-Ansatz.
Belobaba (1989)	ja/nein	zwei/ multiple	Kontingentierung von Flugzeugkapazitäten bei Nonstoppflügen. Inkorporierung des No-Show- und Diversion-Verhaltens sowie Quasi-Dynamisierung der Entscheidungsregel.
Brumelle et al. (1990)	ja	zwei	Kontingentierung von Flugzeugkapazitäten bei Nonstoppflügen. Berücksichtigung statistisch abhängiger Nachfragen aus unterschiedlichen Buchungsklassen.
Wollmer (1992)	ja	multiple	Kontingentierung von Flugzeugkapazitäten bei Nonstoppflügen. Berücksichtigung multipler Buchungsklassen.
Pfeifer (1989)	ja	zwei	Kontingentierung von Flugzeugkapazitäten auf Nonstoppflügen. Inkorporierung des Diversion-Verhaltens.
Curry (1990)	ja	multiple	Kontingentierung von Flugzeugkapazitäten bei Nonstoppflügen. Verbindung von Marginal-Seat-Revenue-Ansätzen mit Methoden der Mathematischen Programmierung.
Brumelle/ McGill (1993)	ja	multiple	Kontingentierung von Flugzeugkapazitäten bei Nonstoppflügen. Berücksichtigung multipler Buchungsklassen.
Bodily/ Weatherford (1995)	ja/nein	zwei/drei/ multiple	Kontingentierung beschränkter Kapazitäten bei einstufiger Leistungserstellung. Inkorporierung des No-Show- und Diversion-Verhaltens.
Robinson (1995)	ja/nein	multiple	Kontingentierung von Flugzeugkapazitäten bei Nonstoppflügen. Keine restriktiven Annahmen bzgl. der Monotonität des Eintreffens sequenzieller Buchungsanfragen.
Belobaba/ Weatherford (1996)	ja/nein	multiple	Kontingentierung beschränkter Kapazitäten bei einstufiger Leistungserstellung. Inkorporierung des No-Show- und Diversion-Verhaltens. Vergleich diverser Entscheidungsregeln.
Popovic/ Teodorovic (1997)	ja	multiple	Adaptives Verfahren zur Kontingentierung von Flugzeugkapazitäten bei Nonstoppflügen. Berücksichtigung multipler Buchungsklassen.
van Ryzin/ McGill (2000)	nein	multiple	Adaptives Verfahren zur Kontingentierung von Flugzeugkapazitäten bei Nonstoppflügen.
Murtagh/Mitra (2002)	ja	multiple	Kontingentierung beschränkter Kapazitäten bei einstufiger Leistungserstellung. Nichtlineares Ganzzahliges Mathematisches Programm. Berücksichtigung zusätzlicher Nebenbedingungen.
Weatherford (2002)	nein	multiple	Kontingentierung beschränkter Kapazitäten bei einstufiger Leistungserstellung. Keine Beschränkung auf einen (durchschnittlichen) Erlöswert pro Buchungsklasse sowie auf monoton steigende Erlöswerte in hierarchisch geordneten Buchungsklassen.

Fortsetzung von Tabelle 2

Autor (Jahr)	Opti-mierung	Buchungs-klassen	Weitere wesentliche Modellannahmen und Kurzzusammenfassung
De Boer (2004)	nein	multiple	EMSRd genannter Ansatz, der Aspekte der Flottenplanung in die Kontingentierung beschränkter Kapazitäten integriert.
Weatherford (2004)	nein	multiple	So genannte Dispersed-Fare-Rule. Zum Inhalt: Siehe Weatherford (2002).

3.1.2 Kontingentierung mit dynamischen Planungsansätzen

Im Kontext der dynamischen Kontingentierung werden Modelle der Mathematischen Programmierung und hier insbesondere die Dynamische Programmierung als Lösungsansätze vorgeschlagen. Ein Vergleich Mathematischer Programme mit den im vorhergehenden Abschnitt vorgestellten Marginal-Seat-Revenue-Ansätzen findet sich bei Curry (1990). Mathematische Programme seien nach Curry (1990) einerseits zwar weniger zur Inkorporierung geschachtelter Buchungsklassen, aber andererseits insbesondere hinsichtlich der Modellierung von Problemen mit multiplen Nebenbedingungen sowie einer mehrstufigen, vernetzten Leistungserstellung geeignet. Die Marginal-Seat-Revenue-Ansätze, wie etwa die EMSR-Modelle von Belobaba (z. B. 1989), böten sich dagegen weniger zur Einbeziehung einer mehrstufigen, vernetzten Leistungserstellung sowie multipler Nebenbedingungen an. Geschachtelte Buchungsklassen seien nach Curry (1990) im Rahmen von Marginal-Seat-Revenue-Ansätzen indes effizienter modellierbar.

In Stochastisch Dynamischen Programmen umgehen z. B. Lee/Hersh (1993) das von Curry (1990) beschriebene Problem der Berücksichtigung geschachtelter Buchungsklassen, indem Problemstufen bzw. Zeitperioden so eingeteilt werden, dass sich maximal ein Ereignis – wie z. B. das Eintreffen einer Reservierung – pro Periode realisieren kann. Grundsätzlich wird mithilfe entsprechender Stochastisch Dynamischer Programme das Ziel der Maximierung von Erwartungserlösen verfolgt. Hierbei finden im Allgemeinen die aktuellen Reservierungsstände als Zustandsvariablen Berücksichtigung. Übergangswahrscheinlichkeiten zwischen den Zuständen aufeinander folgender Zeitperioden bzw. Problemstufen werden basierend auf stochastischen Prozessen modelliert. Die resultierenden optimalen Strategien können grundsätzlich in Form von kritischen Schwellenwerten der verbleibenden Kapazitätseinheiten oder der Zeit bis zur Leistungserstellung darstellt werden. Lautenbacher/Stidham (1999) liefern auf Basis von Markov-Prozessen Stochastisch Dynamische Programme. Der Ansatz von Lautenbacher/Stidham (1999) unterscheidet hierbei explizit zwei Modellkategorien. Während Modelle der ersten Kategorie von sequenziellen Reservierungsanfragen in vorab bekannter Abfolge ausgehen, abstrahieren Modelle der zweiten Kategorie von dieser restriktiven Annahme. Darüber hinaus wird ein beide Modellkategorien als Spezialfälle umfassendes Modell („Omnibus-Model") entwickelt. Ein Stochastisch Dynamisches Programm, welches No-Shows und Stornierung berücksichtigt, findet sich bei Subramanian et al. (1999). Die Autoren stellen unter Berücksichtigung buchungsklassenabhängiger und

-unabhängiger Stornierungs- und No-Show-Wahrscheinlichkeiten optimale Kontingentierungsstrategien sowie heuristische Annäherungen derselben dar. Einen weiteren dynamischen Kontingentierungsansatz, der die Überbuchung beschränkter Kapazitäten explizit berücksichtigt, liefern Gosavi et al. (2002). Über die Überbuchung hinaus berücksichtigt der Ansatz auch konkurrierend eintreffende Kundenankünfte aus multiplen Buchungsklassen und buchungsklassenabhängige, stochastische Stornierungen. Gosavi et al. (2002) erweitern die bisher bestehenden Ansätze der Kontingentierung, indem sie ferner Aspekte des so genannten Reinforced-Learnings berücksichtigen. Der simulationsbasierte Reinforced-Learning-Ansatz stellt ein Verfahren dar, welches die Berücksichtigung großer Zustandsvariablenräume und komplexer Modellannahmen im Rahmen Dynamischer Programme ermöglicht. Im Vergleich zum Modell von Lee/Hersh (1993), das die Überbuchung beschränkter Kapazitäten nicht berücksichtigt, konnte eine bis zu neunprozentige Ergebnisverbesserung erzielt werden. Liang (1999) und Zhao/Zheng (2001) führen im vorliegenden Kontext eine stetige Zeitkonvention in Stochastisch Dynamischen Programmen ein. Die beiden letztgenannten Autoren beschränken ihre Betrachtung hierbei auf zwei Tarifklassen, lassen aber gleichzeitig das No-Show- und Diversion-Verhalten von Passagieren zu. Kleywegt/Papastavrou (1998), Kleywegt (2001) und van Slyke/Young (2000) modellieren das Yield-Management-Problem als Stochastisch Dynamischen Knapsack, in dem einer beschränkten Ressource (z. B. Sitzplätze eines Flugzeugs) – der Knapsack (Rucksack) – stochastisch und konkurrierend eintreffende Gegenstände (z. B. Passagiere) zugewiesen werden. Bemerkenswert ist, dass sich auf Basis dieser Knapsack-Formulierung Gruppenbuchungen einfach berücksichtigen lassen. Ein weiterer dynamischer Kontingentierungsansatz, in dem Gruppenbuchungen und die Überbuchung von Sitzplatzkapazitäten berücksichtigt sind, findet sich bei Brumelle/Walczak (2003). Die Autoren modellieren das Planungsproblem hierbei unter Berücksichtigung einer stetigen Zeitkonvention und eines inhomogenen Markov-Entscheidungsprozesses. Tabelle 3 subsumiert – unter Beibehaltung der Kategorisierungssystematik von Tabelle 2 – die oben beschriebenen dynamischen Problemlösungsansätze.

Tabelle 3: Arbeiten im Forschungsbereich Kontingentierung – Dynamische Problemlösungsansätze

Autor (Jahr)	Optimierung	Buchungsklassen	Weitere wesentliche Modellannahmen und Kurzzusammenfassung
Lee/Hersh (1993)	ja	multiple	Stochastisch Dynamisches Programm zur Kontingentierung von Flugzeugkapazitäten bei Nonstoppflügen. Berücksichtigung von Gruppenbuchung und nicht-monotoner Ankünfte von Reservierungsanfragen.
Kleywegt/ Papastavrou (1998), Kleywegt (2001)	ja	multiple	Stochastisch Dynamische Knapsack-Probleme zur Kontingentierung beschränkter Kapazitäten bei einstufiger Leistungserstellung. Diverse sektorspezifische Anwendungen. Keine vorab bekannte Ankunftsreihenfolge von Reservierungsanfragen.
Lautenbacher/ Stidham (1999)	ja	multiple	Stochastisch Dynamisches Programm zur Kontingentierung von Flugzeugkapazitäten bei Nonstoppflügen. Berücksichtigung von monoton eintreffenden, sequenziellen Buchungsanfragen.

Fortsetzung von Tabelle 3

Autor (Jahr)	Opti-mierung	Buchungs-klassen	Weitere wesentliche Modellannahmen und Kurzzusammenfassung
Subramanian et al. (1999)	ja/nein	multiple	Stochastisch Dynamisches Programm zur Kontingentierung von Flugzeugkapazitäten. Berücksichtigung von nicht-monotonen Ankünften von Reservierungsanfragen und von Stornierungen und No-Shows.
Liang (1999)	ja	multiple	Stochastisch Dynamisches Programm zur Kontingentierung von Flugzeugkapazitäten bei Nonstoppflügen. Berücksichtigung einer stetigen Zeitkonvention.
van Slyke/ Young (2000)	ja	multiple	Stochastisch Dynamisches Knapsack-Problem zur Kontingentierung von Flugzeugkapazitäten bei Nonstoppflügen und Flügen mit Zwischenstopps. Berücksichtigung einer vorab unbekannten Ankunftsreihenfolge und von Gruppenbuchungen.
Zhao/Zheng (2001)	ja	zwei	Stochastisch Dynamisches Programm zur Kontingentierung von Flugzeugkapazitäten bei Nonstoppflügen. Stetige Zeitkonvention. Inkorporierung des No-Shows- und Diversion-Verhaltens.
Gosavi et al. (2002)	ja	multiple	Stochastisch Dynamisches Programm zur Kontingentierung von Flugzeugkapazitäten bei Nonstoppflügen. Berücksichtigung buchungsklassenabhängiger, stochastischer Stornierungen und konkurrierender Kundenankünfte aus multiplen Buchungsklassen.
Brumelle/ Walczak (2003)	ja	multiple	Stochastisch Dynamisches Programm zur Kontingentierung von Flugzeugkapazitäten bei Nonstoppflügen. Berücksichtigung von Gruppenbuchungen und der Überbuchung von Sitzplatzkapazitäten.

3.1.3 Kontingentierungsansätze zur Berücksichtigung einer vernetzten Leistungserstellung

Auf Basis der Netzplantechnik entwickeln Glover et al. (1982) ein Kontingentierungsmodell für Flüge auf einem Streckennetz. Hierbei wird die Nachfrage nach Sitzplätzen lediglich deterministisch modelliert. Ein vergleichbarer Ansatz, der das Modell von Glover et al. (1982) um eine explizite Berücksichtigung stochastischer Stornierungen und No-Shows erweitert, findet sich bei Dror et al. (1988). Curry (1990) kombiniert im Kontext der Berechnung geschachtelter Buchungsgrenzen und der Berücksichtigung von Flügen in Origin-Destination-Netzwerken Ansätze des Marginal-Seat-Revenue mit Modellen der Mathematischen Programmierung. Feng/Xiao (2001) nutzen Ansätze der Stochastisch Dynamischen Programmierung zur optimalen Steuerung von Reservierungsanfragen auf einem Subnetzwerk, das aus mehreren Startflughäfen, einem zentralen Hub- sowie einem Zielflughafen besteht. Nach Ansicht von Feng/Xiao (2001) ist eine globale Maximierung der Erlöse von Flügen in einem Gesamtnetzwerk unmöglich. Dagegen bietet sich nach Feng/Xiao (2001) eine lokale Erlösmaximierung für einzelne Bestandteile des Gesamtnetzwerkes aber als Annäherung an das globale Optimum an. Chen et al. (2003) entwickeln einen auf der Stochastisch Dynamischen Programmierung basierenden Kontingentierungsansatz, in dem zusätzlich Aspekte des Statistischen Lernens integriert sind. Im Rahmen eines Simulationsansatzes werden im Vergleich zu konventionellen Kontingentierungsansätzen signifikante Ergebnisverbesserungen nachgewiesen. Ein alternativer, heuristischer Kontingentierungsansatz für Probleme der vernetzten Leistungserstellung berücksichtigt so genannte Bid-Prices, die Schwellenwerte z. B. für einzelne Flugstrecken oder ganze Flugrouten darstellen. Bid-Price-Ansätze basieren z. B. auf der Linearen Programmierung. Die Bid-Preise bzw. Schwellenwerte resultieren hierbei aus den Schattenpreisen des Linearen Programms und geben den marginalen Wert von (knappen) Kapazitätseinheiten an. Im Kontext der Bid-Price-Modelle werden Reservierungsanfragen für Sitzplätze auf Nonstopp-Flügen oder Flügen mit Zwischenstopps nur akzeptiert, solange der Schwellenwert bzw. die Summe aller Schwellenwerte geringer als der Flugpreis ist bzw. mit diesem übereinstimmt. Talluri/van Ryzin (1998, 1999) führen in diesem Kontext eine Analyse der Nicht-Optimalität verschiedener Bid-Price-Strategien durch und vergleichen die Effizienz mehrerer Verfahren zur näherungsweisen Bestimmung exakter Bid-Price-Werte. Eine Erweiterung des Bid-Price-Ansatzes liefert Talluri (2001) in dem zusätzlich die Möglichkeit der Steuerung passagierspezifischer Flugrouten auf Streckennetzen berücksichtigt wird. Es wird gezeigt, dass durch die Möglichkeit der Umlenkung von Passagieren auf alternative Routen mit äquivalenten Start- und Zielflughäfen deutliche Erlöspotenziale erschlossen werden können. Im Kontext von Kontingentierungsansätzen bei vernetzter Leistungserstellung untersuchen de Boer et al. (2002) die Ergebniswirkung unterschiedlicher, auf Bid-Preisen und Buchungsgrenzen basierender heuristischer Ansätze. Hierbei werden Modelle berücksichtigt, in denen die Nachfrage sowohl deterministisch als auch stochastisch modelliert wird. Es wird gezeigt, dass einfache deterministische Heuristiken sophistiziertere Modelle, die die stochastische Natur des Ankunftsprozesses berücksichtigen, in ihrer Erlös-Performance übertreffen können. Tabelle 4 stellt die dargestellten Kontingentierungsansätze bei vernetzter Leistungserstellung überblicksartig dar.

Über die bisher dargestellten entscheidungsunterstützenden Modelle hinaus, soll auch auf die so genannten Threshold-Curve-Ansätze, welche ebenfalls zur ertragsorientierten Steuerung beschränkter Kapazitäten im Rahmen eines Yield-Management verwendbar sind, hingewiesen werden. In Ermangelungen wissenschaftlicher Arbeiten zur Thematik der Threshold-Curve-Ansätze werden diese hier nicht näher beschrieben.[95] Eine weitere Alternative zur Lösung von Kontingentierungsproblemen findet sich bei Vulcano et al. (2002). Die Autoren schlagen vor, vorhandene Sitzplatzkapazitäten im Zuge von mehrperiodigen Auktionen zu versteigern. Hierbei wird davon ausgegangen, dass in jeder Periode eine bestimmte Anzahl potenzieller Passagiere Gebote für Sitzplätze abgibt. Die Anzahl der pro Periode eintreffenden Passagiere sowie die Höhe der individuellen Gebote oder genauer der individuellen Wertschätzung eines Sitzplatzes folgen hierbei einer Wahrscheinlichkeitsverteilung. Folglich konkurriert eine vorab unbekannte Anzahl von potenziellen Passagieren – sowohl innerhalb einer als auch zwischen mehreren Zeitperioden – um eine beschränkte Sitzplatzkapazität. Im Hinblick auf eine Ertragsmaximierung müssen sich Entscheidungsträ-

---

[95] Knappe, nicht-technische Darstellungen des Threshold-Curve-Ansatzes finden sich u. a. bei Kimes (1989a), Relihan (1989) und Chapman/Carmel (1992).

ger in jeder Periode bzgl. der Annahme bzw. Ablehnung von Geboten festlegen. Baker/Murthy (2002) vergleichen die Erlöswirkung von klassischen und auktionsbasierten Kontingentierungsmodellen. Sie zeigen, dass hybride Ansätze, welche klassische und auktionsbasierte Modelle vereinen, den klassischen und rein auktionsbasierten Modellen überlegen sind.

Tabelle 4: Arbeiten im Forschungsbereich Kontingentierung bei vernetzter Leistungserstellung – Statische und dynamische Problemlösungsansätze

Autor (Jahr)	Optimierung	Dynamisch	Buchungsklassen	Weitere wesentliche Modellannahmen und Kurzzusammenfassung
Glover at al. (1982)	ja	nein	zwei	Ansatz der Netzplantechnik zur Kontingentierung von Flugzeugkapazitäten.
Dror et al. (1988)	ja	nein	zwei	Ansatz der Netzplantechnik zur Kontingentierung von Flugzeugkapazitäten. Berücksichtigung von stochastischen Stornierungen und No-Shows.
Curry (1990)	ja/nein	nein	multiple	Kontingentierung von Flugzeugkapazitäten. Verbindung von Marginal-Seat-Ansätzen mit Methoden der Mathematischen Programmierung.
Talluri/ van Ryzin (1998, 1999)	nein	nein	multiple	Bid-Price-Methode zur Kontingentierung von Flugzeugkapazitäten. Flüge in Origin-Destination-Netzwerken. Keine vereinfachenden Annahmen bzgl. des Ankunftsprozesses. Berücksichtigung von Gruppenbuchungen. Berechnung approximativer Bid-Preise.
Talluri (2001)	nein	nein	multiple	Erweiterung des Bid-Price-Ansatzes von Talluri/van Ryzin (1998, 1999) um die Steuerung von passagierspezifischen Routen auf Streckennetzen.
Feng/Xiao (2001)	ja	ja	multiple[96]	Stochastisch Dynamischer Ansatz zur Kontingentierung von Flugzeugkapazitäten. Flüge auf einem Origin-Hub-Destination-Subnetz.
Chen et al. (2003)	nein	ja	multiple	Integration des Statistischen Lernens in einen dynamischen Kontingentierungsansatz. Flüge auf einem Origin-Hub-Destination-Subnetz.

3.1.4 Überbuchung mit statischen Planungsansätzen

Der bereits in den Abschnitten 3.1.1 und 3.1.2 gewählten Einteilung folgend, werden im folgenden Abschnitt zunächst statische Modelle betrachtet, die auf eine dynamische Anpassung von Überbuchungsquoten verzichten. Folgerichtig wird wiederum implizit von einer über den Zeitablauf bestehenden Stabilität der Nachfrage sowie No-Show- und Stornierungsraten ausgegangen. Vorzüge sowie Schwächen statischer Überbuchungsansätze ergeben sich im Vergleich zu den statischen Kontingentierungsmodellen in analoger Weise.

Ein frühes statisches Entscheidungsmodell zur optimalen Überbuchung von Flugzeugkapazitäten findet sich bei Beckmann (1958). Unter Berücksichtigung von als Zufallsvariablen

---

[96] Die ursprüngliche Modellannahme, dass auf unterschiedlichen Origin-Destination-Strecken jeweils nur ein Tarif erhoben wird, wird im Rahmen von Modellerweiterungen aufgehoben. Vgl. Feng/Xiao (2001, S. 947f.).

modellierten Reservierungsanfragen und Stornierungen werden die bei einem Nonstoppflug mit einer Buchungsklasse resultierenden Über- und Unterbuchungskosten minimiert und somit eine optimale Obergrenze für die Annahme von Reservierungsanfragen bestimmt. Ein Defizit des Modells von Beckmann (1958) ist, dass Stornierungen und No-Shows zeitunabhängig modelliert werden. Weiterhin wird angenommen, dass die Stornierungen und No-Shows erst auftreten, nachdem alle Reservierungsanfragen eingegangen sind. Weitere statische Überbuchungsmodelle im Kontext der Steuerung beschränkter Sitzkapazitäten von Fluglinien finden sich bei Thompson (1961), Shlifer/Vardi (1975) sowie Coughlan (1999). Während Thompsons heuristisches Suchverfahren ein Nonstoppflug-Szenario mit zwei Buchungsklassen berücksichtigt, dehnen Shlifer/Vardi (1975) die Betrachtung auf (a) einen Nonstoppflug mit einer Buchungsklasse, (b) einen Nonstoppflug mit zwei Buchungsklassen sowie (c) einen Flug mit einer Zwischenlandung aus. Coughlan (1999) beschränkt seine Betrachtung auf einen Nonstoppflug mit multiplen Buchungsklassen. Williams, F.E. (1977) beschreibt die Ergebnisse eines – in seinem Beitrag nicht näher beschriebenen – statischen beherbergungswirtschaftlichen Überbuchungsmodells, das insbesondere zu Spitzenlastzeiten Anwendung finden kann. Arenberg (1991) stellt ein weiteres statisches Überbuchungsmodell vor, das die Zielsetzung der Gewinnmaximierung einer risikoneutralen Unternehmung mithilfe der Differenzialrechnung zu erreichen versucht. Ein sektorunspezifisches, statisches Überbuchungsverfahren führen Bodily/Pfeifer (1992) an. Stornierungen und No-Shows werden implizit mithilfe von Überlebenswahrscheinlichkeiten vorliegender Reservierungen berücksichtigt. Heuristische Verfahren zur Überbuchung von Hotelzimmerkapazitäten, welche nicht-simultane Kundenankünfte am Anreisetag explizit berücksichtigen, finden sich bei Bitran/Gilbert (1996). Karasesmen/van Ryzin (2004) entwickeln ein Überbuchungsmodell, in welchem die zwischen multiplen Buchungsklassen bestehenden Substitutionsmöglichkeiten (Upgrades in höher bepreiste Buchungsklasse o. ä.) berücksichtigt werden können. Die bis hier dargestellten statischen Überbuchungsansätze können unter Beibehaltung der in Tabelle 2 verwendeten Kategorisierungsschematik Tabelle 5 entnommen werden.

Tabelle 5: Arbeiten im Forschungsbereich Überbuchung – Statische Problemlösungsansätze

Autor (Jahr)	Optimierung	Buchungsklassen	Weitere wesentliche Modellannahmen und Kurzzusammenfassung
Beckmann (1958)	ja	eine	Stochastischer Ansatz zur Überbuchung von Flugzeugkapazitäten bei Nonstoppflügen.
Thompson (1961)	nein	zwei	Heuristisches Suchverfahren zur Überbuchung von Flugzeugkapazitäten bei Nonstoppflügen.
Shlifer/Vardi (1975)	ja	eine/zwei	Ansatz zur Überbuchung (a) eines Nonstoppfluges mit einer Buchungsklasse, (b) eines Nonstoppfluges mit zwei Buchungsklassen, (c) eines Fluges mit einem Zwischenstopp und einer Buchungsklasse.
Williams, F.E. (1977)	ja	eine	Quantifizierung der Ergebniswirkung von Ansätzen zur Überbuchung von Hotelkapazitäten. Berücksichtigung eines Zimmertyps und mehrtätiger Aufenthalte.

Fortsetzung von Tabelle 5

Autor (Jahr)	Opti-mierung	Buchungs-klassen	Weitere wesentliche Modellannahmen und Kurzzusammenfassung
Arenberg (1991)	ja	eine	Ansatz zur Überbuchung von Dienstleistungskapazitäten unter Berücksichtigung einer risikoneutralen Unternehmung sowie einer einstufigen Leistungserstellung.
Bodily/Pfeifer (1992)	ja	eine	Ansatz zur Überbuchung von Dienstleistungskapazitäten unter Berücksichtigung einer einstufigen Leistungserstellung. Erweiterung früherer Entscheidungsregeln (z. B. von Shlifer/Vardi, 1975).
Bitran/Gilbert (1996)	nein	eine	Ansätze zur Überbuchung von Hotelzimmerkapazitäten unter Berücksichtigung einer einstufigen Leistungserstellung. Explizite Berücksichtigung nicht-simultaner Kundenankünfte am Anreisetag.
Coughlan (1999)	nein	multiple	Modell zur Überbuchung von Flugzeugkapazitäten bei Nonstoppflügen. Vergleich der Performance von vier Heuristiken unter Hinzuziehung historischen Buchungsdatenmaterials.
Karamesman/van Ryzin (2004)	ja/nein	multiple	Zweistufiger Überbuchungsansatz, welcher Substitutionsmöglichkeiten zwischen multiplen Buchungsklassen berücksichtigt.

3.1.5 Überbuchung mit dynamischen Planungsansätzen

Unter Berücksichtigung lediglich einer Buchungsklasse präsentiert Rothstein (1971a) ein dynamisches Modell zur Überbuchung von Sitzplatzkapazitäten eines Nonstoppfluges. Mithilfe des Ansatzes, in welchem der Reservierungsprozess als Markov-Prozess modelliert ist, legt die resultierende optimale Überbuchungspolitik – unter Berücksichtigung der bereits bestehenden Buchungen – fest, wie viele weitere Buchungsanfragen angenommen werden sollen. Unter Berücksichtigung einiger Modifikationen erfolgt bei Rothstein (1974) eine Anpassung des Modells an die spezifischen Gegebenheiten der Beherbergungsbranche. Einen weitgehend analogen Ansatz zur Überbuchung von Hotelkapazitäten verfolgt – unter Abstraktion von mehrtätigen Aufenthalten – Ladany (1976, 1977), wobei die bisherigen Ansätze um die Option einer dynamischen Anpassung der unterstellten Verteilungsannahmen erweitert werden. Ein weiteres beherbergungswirtschaftliches Dynamisches Programm, auf dessen Basis eine so genannte Three-Region-Politik entwickelt wird, stellen Liberman/Yechiali (1978) vor. Je nachdem, wie der aktuelle Reservierungsstand mit vorgegebenen Ober- und Untergrenzen korrespondiert, stellt entweder (a) die Steigerung des Überbuchungsniveaus, (b) die Stornierung bereits bestätigter Reservierungen oder (c) keine Aktion seitens des Entscheidungsträgers die optimale Handlungsempfehlung dar. Alstrup et al. (1986) generalisieren den Rothstein'schen Ansatz hinsichtlich der Berücksichtigung von Nonstoppflügen mit zwei Buchungsklassen. Die Autoren schlagen eine Modellanpassung vor, die durch eine Reduktion des im Rahmen des Dynamischen Programms berücksichtigten Zustandsraumes sowie einer Zusammenfassung einzelner Passagiere zu Gruppen komplexitätsreduzierend wirkt. In einem zweiten Beitrag der gleichen Autoren erfolgt eine auf Datenmaterial einer skandinavischen Fluggesellschaft basierende Überprüfung des grundsätzlichen Implementierungspotenzials des o. g. Modells.[97] In einer Serie von drei Artikeln legt Chatwin (1996, 1998, 1999) Dynamische Programme in mehreren Modellvarianten vor. Im Gegensatz zu den anderen Dynamischen Überbuchungsansätzen erfolgen eingehende Analysen der Struktur der Optimallösungen, welche nach Ansicht des Autors in der Entwicklung effizienterer Lösungsalgorithmen münden können. Über die bis hier besprochenen Planungsansätze hinaus, stellen Tabucanon/Tan (1986) einen Simulationsansatz vor, mit dessen Hilfe ebenfalls eine Überbuchung beschränkter Leistungserstellungskapazitäten vorgenommen werden kann. Die aus dem Simulationsmodell resultierenden Handlungsempfehlungen stellen sich – im Vergleich zu der optimalen Überbuchungspolitik der Rothstein'schen Ansätze – zwar als konservativer dar. Statisch signifikante Abweichungen resultierender Erlöse konnten im Vergleich zu anderen Überbuchungsansätzen aber nicht konstatiert werden. Tabelle 6 präsentiert eine Zusammenfassung der beschriebenen dynamischen Überbuchungsansätze.

Tabelle 6: Arbeiten im Forschungsbereich Überbuchung – Dynamische Problemlösungsansätze

Autor (Jahr)	Optimierung	Buchungsklassen	Weitere wesentliche Modellannahmen und Kurzzusammenfassung
Rothstein (1971a)	ja	eine	Stochastisch Dynamisches Programm zur Überbuchung von Flugzeugkapazitäten bei Nonstoppflügen.
Rothstein (1974)	ja	eine	Optimale Überbuchung von Hotelkapazitäten. Darstellung der Problematik mehrtägiger Aufenthalte und der Einfach- und Doppelbelegung von Zimmern. Problemformulierung erfolgt weitgehend analog zu Rothstein (1971a).
Ladany (1976, 1977)	ja	zwei	Stochastisch Dynamisches Programm zur Überbuchung von Hotelkapazitäten. Berücksichtigung eintägiger Aufenthalte sowie von kurz vor dem Ende des Reservierungszeitraumes eintreffenden Anfragen.
Liberman/ Yechiali (1978)	ja	eine	Stochastisch Dynamisches Programm zur Überbuchung von Hotelkapazitäten. Qualitative und quantitative Abweichung der Steuerungsvariablen im Vergleich zu sonstigen Modellen.
Alstrup et al. (1986, 1989)	ja	zwei	Stochastisch Dynamisches Programm zur Überbuchung von Flugzeugkapazitäten bei Nonstoppflügen. Ergebnisvergleich diverser Überbuchungsansätze.
Tabucanon/ Tan (1986)	nein	eine	(Monte-Carlo-) Simulationsansatz zur Überbuchung von Hotelzimmerkapazitäten, welcher sowohl Stornierungen bzw. No-Shows, Reservierungen als auch Walk-Ins mit unterschiedlichen Wahrscheinlichkeitsannahmen berücksichtigt.
Chatwin (1996, 1998, 1999)	ja[96,98,99]	multiple[96], eine[98,99]	Stochastisch Dynamische Programme zur Überbuchung von Flugzeugkapazitäten bei Nonstoppflügen. Berücksichtigung diverser Modellvarianten. Berücksichtigung stationärer und/oder nicht-stationärer Tarife[96,98,99] sowie nicht-stationärer Stornierungsgebühren[99]. Eingehende Analysen der Struktur der Optimallösungen.

---

[97] Vgl. Alstrup et al. (1989).

In starkem Kontrast zu den bisher dargestellten quantitativen Planungsmethoden steht die Simon'sche Auktionslösung des Überbuchungsproblems (vgl. Simon, 1968). Im Falle einer tatsächlichen Überbuchung von Sitzplatzkapazitäten solle hier ein Auktionsformular an alle Kunden ausgegeben werden, auf dem der Geldbetrag eingetragen werden kann, zu dem gerade noch die Bereitschaft besteht, auf den reservierten Sitzplatz zu verzichten und auf den nächstmöglichen Flug zu warten. Die Kunden, welche die geringsten Gebote abgeben, würden erst auf einem nachfolgenden Flug berücksichtigt. Ein dementsprechender Auktionsmechanismus führe zu einer Besserstellung aller beteiligten Parteien. Der Aufsatz von Simon trat eine akademische Kontroverse los, an der sich auch der spätere Nobelpreisträger Vickery beteiligte, welche aber größtenteils nur aus gesamtwirtschaftlicher und historischer Perspektive von Interesse ist (vgl. Falkson, 1969, Rothstein, 1971b, Simon, 1972 sowie Vickery, 1972). Simon/Visabhanathy (1977) sowie Nagaranjan (1979) unternahmen den Versuch, die Kosten eines dementsprechenden Auktionsmechanismus zu quantifizieren. Beide Untersuchungen hatten zum Ergebnis, dass das Ausmaß der erhobenen Gebote eine Umsetzung aus betriebswirtschaftlicher Perspektive durchaus realistisch erscheinen lässt. Da die entsprechenden Auktionen bei Fluggesellschaften zumindest in impliziter Form durchaus üblich sind, können diese empirischen Ergebnisse aus heutiger Perspektive unterstützt werden.

3.1.6 Planungsansätze der Preissteuerung

Wie bereits erwähnt, bildet eine auf den Prinzipien der Preisdifferenzierung fußende Tarifstruktur die Grundlage der ertragsoptimalen Steuerung der Verfügbarkeit von Leistungserstellungskapazitäten. Ladany/Arbel (1991) stellen in diesem Zusammenhang Modelle einer optimalen Marktsegmentierung und Preisdifferenzierung für Kreuzfahrtschiffe vor. Einen vergleichbaren, graphischen Ansatz einer Preisdifferenzierung, welcher ebenfalls Spezifika der Problemstellung des Yield-Managements berücksichtigt, findet sich bei Reece/Sobel (2000). Ladany (2001) und Ladany/Chou (2001) liefern ferner Modellansätze, auf deren Basis Entscheidungen hinsichtlich der optimalen Anzahl von Marktsegmenten, die ein kapazitätsbeschränktes Unternehmen bedienen soll, getroffen werden können. Gleichzeitig mit der Bestimmung des optimalen Segment-Mix werden auch optimale Preise und der optimale Umfang an Kapazitätseinheiten bestimmt, die einem Marktsegment zugewiesen werden. Ladany/Chou (2001) berücksichtigen in diesem Kontext zusätzlich die Möglichkeit der Arbitrage zwischen Marktsegmenten. Sie heben somit die vereinfachende Annahme der Nichtexistenz von so genannten Buy-Downs (Dilution) auf. Strategische Ansatzpunkte der Entwicklung differenzierter Preissetzungsstrategien von Beherbergungsunternehmen bzw. von Fluggesellschaften liefern Hanks et al. (1992) sowie Botimer (2000). In beiden Arbeiten wird insbesondere auf die Ausgestaltung von Tarifbestimmungen abgehoben, die Kannibalisierungseffekte i. S. einer Abwanderung von Kunden mit einer hohen Zahlungsbereitschaft in weniger ertragskräftige Buchungsklassen verhindern helfen sollen. Sektorspezifische Pricing-Ansätze für Hotelbetreiber finden sich bei Badinelli/Olsen (1990) sowie Badinelli (2000), wobei hier die eintreffenden Reservierungsanfragen vom Entscheidungsträger nicht hinsichtlich ihrer Zahlungsbereitschaft unterschieden werden können. Für diesen so genannten Hidden-Price-Fall entwickeln die Autoren optimale Preissetzungsstrategien, die auf divergierenden Reservationspreisen potenzieller Kunden rekurrieren. Botimer/Belobaba (1999) kritisieren, dass ein großer Teil der Arbeiten zur Preissetzung von Fluggesellschaften im Speziellen und zum Yield-Management im Allgemeinen entweder von einer ausschließlichen Preisdifferenzierung oder aber einer alleinigen Produktdifferenzierung ausgeht. Hierbei sei zu bemängeln, dass in den Ansätzen der ersten Kategorie von den durch Tarifbestimmungen bedingten Opportunitätskosten, die mit dem Kauf von Unternehmensleistungen in einer niedrig bepreisten Buchungsklasse assoziiert sind, abstrahiert wird. Ansätze der zweiten Kategorie würden dagegen von einer strikten Trennung der Märkte so genannter Fare-Products (Bündel aus Tarifen und Restriktionen, z. B. niedriger Preis bei Einhaltung von Vorausbuchungsfristen versus hoher Preis bei vollständiger zeitlicher Flexibilität) ausgehen. Im Zuge ihrer Kritik entwickeln die Autoren ein mikroökonomisch fundiertes Modell der Fare-Product-Differenzierung, in welchem sich auch Aspekte der Preisdifferenzierung inkorporiert finden.

Einen konzeptionell strategischen Rahmen für das Pricing kapazitätsbeschränkter Dienstleister im Rahmen eines Yield-Managements liefern Desiraju/Shugan (1999). Ausgehend von unterschiedlichen Ausprägungen der Zahlungsbereitschaft und des Ankunftsverhaltens potenzieller Kunden werden Dienstleistungsklassen bzw. Marktsegmente unterschieden. Diese dienen der Ableitung strategischer Empfehlungen. Den Ausführungen von Desiraju/Shugan (1999) folgend, hängt der Erfolg eines Yield-Managements nicht nur kritisch von einer effizienten Marktsegmentierung und Preisdifferenzierung, sondern auch von einer zielgerichteten mehrperiodigen bzw. dynamischen Preissetzung ab. Im Gegensatz zur klassischen Idee des Yield-Managements, nach der Preisvariationen lediglich aufgrund der Steuerung der Verfügbarkeit von unterschiedlich bepreisten Leistungserstellungskapazitäten in multiplen Buchungsklassen zustande kommen können, werden hierbei Preise als Steuerungsvariablen modelliert bzw. kritische Zeitpunkte von Preisänderungen bestimmt. Folglich lassen sich grundsätzlich klassische bzw. kapazitätsbasierte und preisbasierte Yield-Management-Modelle unterscheiden.[98] Ausführliche Forschungsüberblicke über den Bereich des preisbasierten Revenue-Managements finden sich bei Bitran/Caldentey (2003) und Elmaghraby/Keskinocak (2003). Während sich erstere ausschließlich auf Revenue-Management-Probleme konzentrieren, betrachten Elmaghraby/Keskinocak (2003) das Forschungsgebiet der dynamischen Preissetzung nicht ausschließlich aus der Perspektive kapazitätsbeschränkter Unternehmen.

Die im Bereich des preisbasierten Yield-Managements vorgefundenen Arbeiten beziehen sich entweder explizit auf eine dynamische Bepreisung von Unternehmensleistungen im Rahmen eines Yield-Managements oder gingen allgemeiner von Unternehmen aus, die einen

---

[98] Vgl. Talluri/van Ryzin (2004b).

beschränkten Lagerbestand, der in Bezug auf einen endlichen Verkaufshorizont als verderblich anzusehen ist, abzusetzen versuchen.[99] Unter letztere kann man sowohl Einzelhändler, die saisonale Waren verkaufen, als auch Anbieter in der Tourismusindustrie subsumieren. Der Einzelhändler wird eher eine Mark-Down- und das Unternehmen in der Tourismusindustrie eine Mark-Up-Politik verfolgen.[100] Beiden Preissetzungsstrategien liegt aber grundsätzlich das Ziel der Maximierung von Ertragserwartungswerten zugrunde. Nicht unerwähnt bleiben sollte, dass in einem Teil der dynamischen Modelle die Steuerung der Preise kontinuierlich über einem Intervall von Preisen erfolgen kann. U. a. um diversen Konventionen der Unternehmenspraxis wie z. B. dem Bestehen bestimmter Preispunkte zu entsprechen, ist in den nachfolgend aufgeführten Arbeiten aber andererseits oft nur eine beschränkte Menge zulässiger Preise zur Steuerung der Erwartungserträge verfügbar.[101] Unter Berücksichtigung einer auf Basis der Lösung eines deterministischen Problems ermittelten Obergrenze für Erwartungserträge zeigen Gallego/van Ryzin (1994) in dem gerade umrissenen Kontext, dass für ein Intervall eines kontinuierlich variierbaren Preises einerseits eine Fixpreis-Heuristik und für Mengen diskreter Preise andererseits eine Heuristik, die auf einer Bestimmung von kritischen Zeitpunkten für Preisänderungen beruht, jeweils in näherungsweise optimalen Ergebnissen resultieren. Darüber hinaus ermitteln Gallego/van Ryzin (1994) auch Optimalitätsbedingungen für den Spezialfall exponentieller Nachfragefunktionen. In einer weiteren Publikation dehnen Gallego/van Ryzin (1997) ihre Betrachtungen auf mehrere, differenzierte Produkte sowie Probleme einer mehrstufigen, vernetzten Leistungserstellung aus. Unter Berücksichtigung zeitabhängiger, markovianischer Nachfrageprozesse sowie einer endlichen Menge diskreter Preise entwickeln Feng/Gallego (2000) dynamische Preissetzungsstrategien, die optimale Zeitpunkte für Preisänderungen vorgeben. Ebenfalls auf optimalen, zeitlichen Schwellenwerten für Preisänderungen basierende Entscheidungsregeln, die im Kontext der Bestimmung des Endes einer Preispromotion-Kampagne bzw. des Beginns einer Schlussverkaufs-Aktion angesiedelt sind, werden von Feng/Gallego (1995) bestimmt. Wiederum auf Basis zeitlicher Schwellenwerte von Preisänderungen ermitteln Feng/Xiao (2000a) optimale dynamische Preissetzungsstrategien unter Berücksichtigung diskreter Preise. Hierbei werden lediglich monotone Preisänderungen i. S. eines Mark-Up bzw. eines Mark-Down in die Betrachtung eingeschlossen. Unter Aufhebung der letztgenannten Einschränkung, leiten Feng/Xiao (2000b) für eine ansonsten äquivalente Problemstellung eine Optimierungsstrategie ab. Ein Modell optimaler dynamischer Preise, welches die unternehmensseitigen Konsequenzen von Absatzvariationen mithilfe eines Risikofaktors inkorporiert, zeigen Feng/Xiao (1999) auf. Der entsprechende Planungsansatz bezieht sich hierbei auf ein Szenario, das lediglich zwei vorab festgesetzte Preise sowie ausschließlich eine Preisänderung umschließt. Wang (2001) kombiniert im Kontext der Dynamischen Bepreisung beschränkter

---

[99] Vgl. z. B. Zhao/Zheng (2000, S. 375).
[100] Eine Mark-Up- bzw. Mark-Down-Politik ist in diesem Kontext als eine preispolitische Strategie zu verstehen, die lediglich Preiserhöhungen respektive -nachlässe zulässt.
[101] Vgl. z. B. Gallego/van Ryzin (1994, S. 1010).

Kapazitäten Ansätze der Dynamischen Programmierung und der Neuronalen Netze zu einem hybriden Threshold-Curve-Ansatz. Im Vergleich zu klassischen Yield-Management-Modellen können im Rahmen dieses hybriden Modells weniger restriktive Annahmen im Hinblick auf die zu unterstellenden Nachfrageverteilungen aufgestellt werden. Weitere in diesem Kontext relevante Ansätze einer optimalen, dynamischen Preispolitik finden sich bei You (1999), Chatwin (2000) sowie Zhao/Zheng (2000).

Wie bereits im einführenden Abschnitt angesprochen, stellt das Yield-Management eine Methode zur simultanen Preis- und Kapazitätssteuerung dar. Häufig bleiben die in diesem Zusammenhang betrachteten Probleme aber auf Entscheidungen hinsichtlich einer optimalen bzw. näherungsweise optimalen Kapazitätsallokation beschränkt, obwohl bei einer Einbeziehung einer (dynamischen) Bepreisung kapazitätsbeschränkter Unternehmensleistungen Ertragssteigerungen zu erwarten sind.[102] Unter Berücksichtigung dieses grundlegenden Gedankens modelliert Weatherford (1997) Probleme einer gemeinsamen Preissetzung und Kapazitätsallokation. Hierbei berücksichtigt der Autor sowohl geschachtelte als auch nichtgeschachtelte multiple Buchungsklassen sowie das Diversion-Verhalten von Kunden. Auf Basis von Ganzzahligen Programmen stellen Garcia-Diaz/Kuyumcu (1997, 2000) ebenfalls Ansätze einer gemeinsamen Festsetzung von Preisstrukturen und Kapazitätsallokationen zur Erlösmaximierung auf einem Streckennetzwerk einer Fluglinie dar. Hierbei beschränken sich Garcia/Kuyumcu (1997, 2000) hinsichtlich der Preisbestimmung darauf, aus einer beschränkten Anzahl von Tarifstrukturen eine Tarifstruktur auszuwählen. Ein weiteres Modell zur gemeinsamen Bepreisung und Kontingentierung beschränkter Sitzplatzkapazitäten entwickeln Côté et al. (2003). Die Autoren verwenden hierbei einen zweistufigen Mathematischen Programmierungsansatz, in welchem auf einer ersten Stufe eine Fluglinie die Erlöse auf ihrem gesamten Streckennetz maximiert werden. Auf einer zweiten Stufe minimieren Passagiere sodann ihre wahrgenommenen Reisekosten. Die Fluglinie antizipiert hierbei das Optimierungskalkül der Passagiere. Mit ihrem Planungsansatz ermöglichen Côté et al. (2003) u. a. die Berücksichtigung von Kundenreaktionen auf die Variationen von Preisen und Leistungsangeboten. Die in diesem Abschnitt besprochenen Arbeiten finden sich unter Berücksichtigung ihrer elementaren inhaltlichen Ausrichtung in nachfolgender Tabelle 7.

---

[102] Vgl. Gallego/van Ryzin (1997, S. 24).

Tabelle 7: Arbeiten im Forschungsbereich der Preissteuerung – Statische und dynamische Problemlösungsansätze

Autor (Jahr)	Optimierung	Dynamisch	Weitere wesentliche Modellannahmen und Kurzzusammenfassung
Badinelli/ Olson (1990), Badinelli (2000)	ja	ja	Preissetzung von Hotels im Lichte eines Yield-Managements. Berücksichtigung der so genannten Revealed- bzw. Hidden-Price-Problematik, welche die Situation einer vollständigen bzw. unvollständigen Information bzgl. der Zahlungsbereitschaft der Kunden seitens des Entscheidungsträgers beschreibt.
Ladany/ Arbel (1991)	ja	nein	Marktsegmentierung und Preisdifferenzierung durch Kreuzfahrt-Reeder. Berücksichtigung des Diversions-Verhaltens von potenziellen Passagieren.
Gallego/van Ryzin (1994)	ja/nein	ja	Preissetzung kapazitäts- oder lagerbestandsbeschränkter Unternehmen unter Berücksichtigung endlicher Verkaufshorizonte sowie stetiger Preisintervalle bzw. einer Menge diskreter, vorab festgelegter Preise.
Feng/ Gallego (1995)	ja	ja	Preissetzung kapazitäts- oder lagerbestandsbeschränkter Unternehmen. Berücksichtigung endlicher Verkaufshorizonte und diskreter, vorab festgelegter Preise. Beschränkung auf eine Betrachtung monotoner Preisänderungen i. S. einer Mark-Up- bzw. Mark-Down-Politik.
Weatherford (1997)	ja	nein	Simultane Preis- und Kapazitätssteuerung im Kontext kapazitäts- oder lagerbestandsbeschränkter Unternehmen. Berücksichtigung beschränkter Verkaufshorizonte, multipler, geschachtelter und nicht-geschachtelter Buchungsklassen sowie des Diversion-Verhaltens.
Gallego/van Ryzin (1997)	nein	ja	Preissetzung unter Berücksichtigung inflexibler Leistungserstellungskapazitäten, endlicher Verkaufshorizonte und einer diskreten Menge vorab festgelegter Preise. Explizite Berücksichtigung von No-Shows und der Überbuchung, der Produktdifferenzierung sowie Flügen auf einem Streckennetzwerk einer Fluglinie.
Garcia-Diaz/ Kuyumcu (1997, 2000)	ja	nein	Entwicklung von Algorithmen zur effizienten Lösung eines Ganzzahligen Programms, in dem Preisstrukturen und die Kapazitätsallokation auf einem Origin-Destination-Netzwerk simultan optimiert werden.
Botimer/ Belobaba (1999)	ja	nein	Fare-Product-Differenzierung im Kontext eines Yield-Managements einer Fluglinie. Explizite Berücksichtigung so genannter Degradierungs-Kosten, des Diversion-Verhaltens sowie von Buchungsgrenzen.
Feng/Xiao (1999)	ja	ja	Preissetzung im Rahmen eines Yield-Managements unter Berücksichtigung zweier vorab gesetzter Preise und maximal einer Preisänderung. Berücksichtigung der Auswirkungen von Absatzmengenvariationen mithilfe eines Risikofaktors.
You (1999)	ja	ja	Preissetzung für Flüge mit mehreren Zwischenstopps unter Berücksichtigung multipler Buchungsklassen. Handlungsempfehlungen umschließen Vorgaben bzgl. der adäquaten Preise und der Verfügbarkeit von Sitzplätzen in den unterschiedlichen Buchungsklassen.
Chatwin (2000)	ja	ja	Preissetzung kapazitäts- oder lagerbestandsbeschränkter Unternehmen unter Berücksichtigung endlicher Verkaufshorizonte und einer diskreten Menge vorab festgelegter Preise.
Reece/Sobel (2000)	ja	nein	Graphisches Modell zur differenzierten Preissetzung kapazitätsbeschränkter Unternehmen. Gemeinsame Preis- und Kapazitätsbestimmung. Berücksichtigung der Möglichkeit potenzieller Kapazitätsanpassungen (in der langen Frist).
Feng/ Gallego (2000)	ja	ja	Preissetzung kapazitäts- oder lagerbestandsbeschränkter Unternehmen unter Berücksichtigung endlicher Verkaufshorizonte und diskreter Mengen vorab festgelegter Preise. Nachfrageintensitäten stochastischer Markov-Prozesse zeitabhängig modelliert.

Fortsetzung von Tabelle 7

Autor (Jahr)	Optimierung	Dynamisch	Weitere wesentliche Modellannahmen und Kurzzusammenfassung
Feng/ Gallego (2000)	ja	ja	Preissetzung kapazitäts- oder lagerbestandsbeschränkter Unternehmen unter Berücksichtigung endlicher Verkaufshorizonte und diskreter Mengen vorab festgelegter Preise. Nachfrageintensitäten stochastischer Markov-Prozesse zeitabhängig modelliert.
Feng/Xiao (2000a)	ja	ja	Preissetzung im Rahmen eines Yield-Managements unter Berücksichtigung reversibler Preisänderungen und einer Menge diskreter, vorab festgelegter Preise.
Feng/Xiao (2000b)	ja	ja	Preissetzung im Rahmen eines Yield-Managements unter Berücksichtigung einer Menge diskreter, vorab festgelegter Preise. Beschränkung auf eine Betrachtung monotoner Preisänderungen i. S. einer Mark-Up- bzw. Mark-Down-Politik.
Zhao/Zheng (2000)	ja	ja	Preissetzung kapazitäts- oder lagerbestandsbeschränkter Unternehmen unter Berücksichtigung endlicher Verkaufshorizonte, stetiger Preisintervalle bzw. Mengen diskreter, vorab festgelegter Preise. Nachfrageintensitäten stochastischer Ankunftsprozesse und Wahrscheinlickeitsverteilungen von Reservationspreisen zeitabhängig modelliert.
Ladany (2001), Ladany/ Chou (2001)	ja	nein	Ansätze zur Bestimmung der optimalen Anzahl zu bedienender Marktsegmente. Simultane Bestimmung optimaler, segmentspezifischer Preise und Kontingente. Berücksichtigung von Arbitrageaspekten.
Wang (2001)	ja	ja	Preissetzung kapazitätsbeschränkter Unternehmen unter Berücksichtigung eines Produkttyps. Kombination Neuronaler Netze und Dynamischer Programme zu einem hybriden Threshold-Curve-Ansatz.
Côté et al. (2003)	ja/nein	nein	Hierarchisch aufgebauter, heuristischer und optimaler Problemlösungsansatz zur gemeinsamen Preis- und Kapazitätssteuerung. Berücksichtigung von Flügen auf Routennetzwerken, Konkurrenzangeboten, Kundenreaktionen und von differenzierten Kundensegmenten.

3.1.7 Sektorspezifische Anwendung des Yield-Managements

Das Yield-Management ist bis zum heutigen Zeitpunkt in diversen (Dienstleistungs-) Branchen implementiert worden. Harris/Pinder (1995) verweisen auf erfolgreiche Anwendungen bei Flug- und Eisenbahngesellschaften[103], bei Kreuzfahrtreedereien, im Beherbergungssektor, im Gesundheitswesen, bei Energie- und Versorgungsunternehmen, bei Autoverleihern sowie in der Medien-[104] und Telekommunikationsindustrie.[105] Folglich liegt die Schlussfolgerung nahe, dass die in Abschnitt 2.3 aufgeführten Anwendungsvoraussetzungen in den genannten Wirtschaftssektoren zumindest graduell erfüllt sind. Aufbauend auf dieser Erkenntnis sollen in den drei folgenden Abschnitten Beiträge im Bereich der Anwendungen in der Transportwirtschaft, Beherbergungsbranche sowie in sonstigen Wirtschaftsbranchen präsentiert werden.

---

[103] Vgl. hierzu auch Erhardt (2002) und Krämer/Luhm (2002).
[104] Zur Umsetzung von Yield-Management-Strategien bei einer kanadischen Fernsehgesellschaft, vgl. Cross (1997, S. 101f. und 160). Vgl. z. B. auch Jarvis (2002).
[105] Vgl. hierzu Bodily/Weatherford (1995, S. 173f.).

a) Transportwirtschaftliche Anwendungen des Yield-Managements

Da die Ursprünge des Yield-Managements im Personenflugtransportsektor liegen, in dem sich die Voraussetzungen einer Anwendung des Yield-Managements auf idealtypische Weise erfüllt finden, überrascht es wenig, dass sich die meisten wissenschaftlichen Beiträge dem Yield-Management von Fluggesellschaften widmen. Darüber hinaus kann festgestellt werden, dass das Yield-Management bei Fluggesellschaften auch hinsichtlich seiner praktischen Anwendung seine weitreichendste Verbreitung gefunden hat. Alle großen Fluglinien betreiben hochentwickelte, vollautomatisierte Yield-Management-Systeme. Die verwendeten quantitativen Planungsansätze bleiben aber zumeist noch auf Modelle der einstufigen Leistungserstellung beschränkt.[106] In diesem Zusammenhang geben Smith et al. (1992) anhand des Fallbeispiels der Implementierung des Yield-Management-Systems von American Airlines einen historischen Abriss einer branchenspezifischen Anwendung des Yield-Managements.

Über den Personenflugtransport hinaus sind Anwendungen des Yield-Managements auch in anderen Sektoren der Transportwirtschaft möglich. So beschreibt Kasilingam (1996) die elementaren Rahmenbedingungen, die bei der Umsetzung des Yield Managements im Luftfrachtverkehr zu berücksichtigen sind. Hierbei wird insbesondere auf die unsichere Realisierung der für die Beförderung von Frachtgut zur Verfügung stehende Gesamtkapazität verwiesen. Diese variiert mit der Anzahl der Fluggäste bzw. mit deren Gepäck. Da nicht nur die Anzahl der verfügbaren Stellplätze für Transportcontainer, sondern auch deren Gewicht und Volumen zu beachten ist, weist das Kapazitätsallokationsproblem einerseits eine höhere Komplexität auf. Auf der anderen Seite vereinfacht sich das Planungsproblem im Vergleich zum Yield-Management im Kontext von Personenflügen, da die Anzahl und Abfolge potenzieller Zwischenstopps irrelevant sind. Abgesehen vom Passagiergepäck wird Luftfracht zumeist nur direkt, d. h. vom tatsächlichen Start- zum tatsächlichen Endflughafen, transportiert. Aufbauend auf diesen grundlegenden Unterschieden zwischen dem Personenflug- und Luftfrachttransport entwickelt Kasilingam (1996) quantitative Planungsmodelle zur Kontingentierung und Überbuchung beschränkter Flugfrachtkapazitäten. Ein weiterer, tendenziell eher konzeptionell ausgelegter Beitrag zum Cargo-Revenue-Management findet sich bei Billings et al. (2003). Eine Fallstudie zur Einführung eines Cargo-Revenue-Managements liefern Slager/Kapteijns (2004).

Eine umfassende Beschreibung der grundlegenden Problemstellung des Revenue-Managements bei Eisenbahngesellschaften sowie eine Darstellung von im Eisenbahnsektor bereits implementierten Yield-Management-Systemen findet sich bei Kraft et al. (2000) sowie Kraft (2002). Ausgehend von einer Betrachtung der operativen Unterschiede zwischen den Geschäftsfeldern des Personenzugverkehrs sowie des Güterbahntransportes, stellen Kraft et al. (2000) weiterhin insbesondere das Anwendungspotenzial von Bid-Price-Methoden heraus. Diese seien im entsprechenden Anwendungsfeld sowohl aufgrund des im Eisenbahnsektor

---

[106] Vgl. hierzu Vulcano et al. (2002).

vorliegenden Merkmals der mehrstufigen Leistungserstellung als auch wegen ihrer methodischen Einfachheit besonders geeignet. Im Gegensatz zu Kraft et al. (2000) konzentriert sich Strasser (1996) auf Anwendungsmöglichkeiten des Yield-Managements im Bahnfrachtsektor. Strasser (1996) hebt hauptsächlich auf die Ansatzpunkte einer Marktsegmentierung bzw. einer zielorientierten Gestaltung von Tarifbestimmungen ab. Strasser (1996) identifiziert die Variation der Termingenauigkeit und Lieferdauer als die wesentlichen Ansatzpunkte einer effektiven Marktsegmentierungsstrategie in der Bahnfrachtbranche. Die Zahlungsbereitschaft der Kunden nehme mit steigender Priorität der Fracht zu. Auf der Basis des Angebots der hinsichtlich der Termingenauigkeit und der Dauer der Lieferung differenzierten Dienstleistungsangebote könnten Tarifbestimmungen festgelegt, Preise differenziert und Kontingente effizient gesteuert werden. Aufbauend auf einer grundlegenden Problembeschreibung der Anwendungsvoraussetzungen des Yield-Managements im Personenzugverkehr, entwickeln Ciancimino et al. (1999) Ganzzahlige Mathematische Programme zur Kontingentierung beschränkter Sitzplatzkapazitäten in Zügen. Hierbei werden sowohl deterministische und stochastische als auch lineare und nicht-lineare Planungsansätze vorgestellt, welche das Problem der Sitzplatzkontingentierung unter Nichtberücksichtigung geschachtelter Tarifklassen, der Kapazitätsüberbuchung sowie einer mehrstufigen Leistungserstellung lösen. Der dynamischen Ausprägung des tatsächlichen Planungsproblems wird durch eine wiederholte Optimierung entsprochen, welche unter Berücksichtigung einer stetig aktualisierten Datenbasis durchgeführt werden kann. Die hier besprochenen Beiträge werden in Tabelle 8 überblicksartig präsentiert.

Tabelle 8: Beiträge zur transportwirtschaftlichen Anwendung des Yield-Managements

Autor (Jahr)	Anwendungsbereich	Kurzzusammenfassung
Smith et al. (1992)	Personenflugtransport	Fallbeispiel zur Implementierung des Yield-Management-Systems von American Airlines.
Kasilingam (1996)	Luftfracht	Sektorspezifische Ansatzpunkte des Yield-Managements im Air-Cargo-Bereich. Überbuchungs- und Kontingentierungsmodelle.
Strasser (1996)	Bahnfracht	Ansatzpunkte preispolitischer Strategien im Kontext des Yield-Managements von Eisenbahngesellschaften.
Ciancimino et al. (1999)	Schienenverkehr	Lineare und Nicht-Lineare, Ganzzahlige Mathematische Programme zur Allokation von Sitzplätzen in Personenzügen.
Kraft et al. (2000), Kraft (2002)	Schienenverkehr	Sektorspezifische Ansatzpunkte des Yield-Managements von Eisenbahngesellschaften. Besondere Würdigung des Einsatzpotenzials der Bid-Price-Methodik.
Billings et al. (2003)	Luftfracht	Konzeptionelle Betrachtung der Anwendung des Yield-Managements im Kontext des Air-Cargos.
Slager/Kapteijns (2004)	Luftfracht	Darstellung eines Fallbeispiels einer Implementierung eines Air-Cargo-Yield-Managements.

b) Beherbergungswirtschaftliche Anwendungen des Yield-Managements

Ein weiterer Bereich, in dem das Yield-Management nach Vulcano et al. (2002) stark präsent ist, ist der Beherbergungssektor. Im Rahmen einer Studie von Arthur Andersen/Europäische Kommission (1997) wird hierbei im Hinblick auf den Verbreitungsgrad des Yield-Managements in der Beherbergungsindustrie aber festgestellt, dass ausschließlich größere Hotelketten ausgereifte Systemlösungen einsetzen. Kleinere und mittlere Hotels seien von einer Umsetzung vollautomatisierter Yield-Management-Systeme noch weit entfernt. Zu einer ähnlichen Erkenntnis kommen auch Lee-Ross/Johns (1997), die eine geringe Nutzung des Yield-Managements durch kleine und mittelständische Hotels in Großbritannien konstatieren. Bei einer Umfrage unter 163 britischen Luxus-Hotels durch Jarvis et al. (1998) gaben dagegen ca. 80 % der Befragten an, ein Yield-Management-System implementiert zu haben. Zu exakt dem gleichen Ergebnis kommt auch Mandelbaum (1997), der eine Erhebung unter 2000 US-amerikanischen Hotels durchführte. Grundsätzlich bleibt festzuhalten, dass die Problemstruktur des Yield-Managements in der Hotelbranche im Vergleich zu transportwirtschaftlichen Anwendungen größtenteils erhalten bleibt. Dennoch lassen sich einige wichtige sektorspezifische Besonderheiten feststellen,[107] die im Rahmen des Hotel-Yield-Managements explizit beachtet werden sollten und nachfolgend aufgeführt werden:

- *Multiple-Day-Stay-Problematik*[108]*:* Der Begriff der Multiple-Day-Stays umschreibt den mehrtägigen Aufenthalt von Hotelgästen. In diesem Punkt zeigt sich eine Analogie zum Yield-Management von Airlines. Das Hotel-Yield-Management stellt sich genauso wie die erlösorientierte Steuerung von Flügen auf Streckennetzen als ein Problem der mehrstufigen Leistungserstellung dar. Aufgrund von mehrtägigen Aufenthalten von weniger erlöskräftigen Gästen, kann es dazu kommen, dass Kunden mit einer hohen Zahlungsbereitschaft abgewiesen werden müssen. Umgekehrt kann es der Fall sein, dass Kunden, die für einen längeren Zeitraum buchen wollen, abgewiesen werden müssen, weil das Hotel an einzelnen Tagen dieses Zeitraumes ausgebucht ist.[109]
- *Existenz unterschiedlicher Zimmertypen:* Auch die Existenz unterschiedlicher Zimmertypen i. S. von Ein-, Zwei- oder Mehrbettzimmern muss beachtet werden. Im Gegensatz zu einem Sitzplatz in einem Flugzeug kann etwa ein und dasselbe Zweibettzimmer zu unterschiedlichen Tarifen mit einem Gast oder mit zwei Gästen belegt werden.[110]
- *Existenz und Erlöswirkung so genannter Expenditure-Multipliers:* Expenditure-Multipliers, wie z. B. Bewirtungsleistungen, Freizeitangebote und Wellness-Leistungen, stellen komplementäre erlöswirksame Leitungsangebote von Hotels dar, welche zusätzlich zur eigentlichen Kernleistung der Beherbergung bestehen. Das Angebot dieser komple-

---

[107] Vgl. Brotherton/Mooney (1992, S. 27f.).
[108] Synonym zur Multiple-Day-Stay-Problematik findet auch der Begriff der Length-of-Stay-Problematik Verwendung. Vgl. hierzu Weatherford (1995).
[109] Vgl. Orkin (1988, S. 55f.).
[110] Vgl. Rothstein (1974, S. 397).

mentären Leistungen kann zusätzliche Ausgaben von Hotelgästen generieren. Dies kann dazu führen, dass mit ursprünglich ertragsschwachen Hotelgästen ein höherer Gesamtumsatz generiert wird als mit Kunden, die Zimmer zu einem höheren Preis gebucht haben.[111]

Auch im Kontext des Hotel-Yield-Managements bestehen Beiträge, welche Fragestellungen im Kontext der Anwendung quantitativer Planungsmethoden in der Hotel-Branche berücksichtigen. Im Folgenden sollen entsprechende beherbergungswirtschaftliche Planungsansätze präsentiert werden. Dabei wird u. a. auch darauf eingegangen, welche der gerade genannten sektorspezifischen Besonderheiten berücksichtigt werden.[112] Im Zusammenhang mit der Überbuchung von Hotelzimmerkapazitäten beleuchten Lambert et al. (1989) das Einsatzpotenzial von Simulationsmodellen. Bitran/Mondschein (1995) und Weatherford (1995) entwickeln hotelspezifische, heuristische Kontingentierungsansätze, die mehrtägige Aufenthalte von Hotelgästen berücksichtigen. Hierbei erweist sich die Heuristik von Weatherford (1995), welche mehrtägige Aufenthalte sowie geschachtelte Buchungsklassen im Rahmen eines Linearen Programs berücksichtigt, im Vergleich zu dem EMSR-Ansatz von Belobaba (1989) als überlegen. Baker/Collier (1999) vergleichen auf der Basis eines Simulationsmodells die Performance von fünf hotelspezifischen Kontingentierungs-Heuristiken. Hierbei finden sowohl Threshold-Curve-Ansätze als auch der Ansatz von Weatherford (1995) Berücksichtigung. Darüber hinaus erweitern Baker/Collier (1999) den Ansatz von Weatherford (1995), in dem sie die Überbuchung beschränkter Zimmerkapazitäten mitberücksichtigen. Ferner entwickeln sie ein an die Bid-Price-Methode angelehntes Kontingentierungsmodell. Unter Berücksichtigung der Vergleichsergebnisse entwickeln Baker/Collier (1999) Handlungsempfehlungen hinsichtlich der Auswahl adäquater Entscheidungsmodelle, welche differierende Geschäftsumfelder der Hotelbranche berücksichtigen. Goldman et al. (2002) erweitern die Modelle von Weatherford (1995) und Baker/Collier (1999), indem sie diese in einem Ansatz der rollierenden Planung integrieren. Die Reservierungsnachfrage wird hierbei sowohl deterministisch als auch stochastisch modelliert. Mithilfe der rollierenden Planung können auch Reservierungsnachfragen berücksichtigt werden, die aufgrund ihrer Länge über den ursprünglich angesetzten Planungshorizont hinausreichen. Buchungsempfehlungen können in den Ansätzen von Goldman et al. (2002) sowohl in Form von Bid-Preisen als auch in Form geschachtelter Buchungsgrenzen gemacht werden.

Über diese quantitativ ausgerichteten Planungsmodelle hinaus gibt es weitere Beiträge, die sich eher konzeptionell mit der Thematik der simultanen Preis- und Kapazitätssteuerung von Hotels auseinandersetzen. Ein grundsätzliches Verständnis für die Anwendung der Methoden des Yield-Managements in der Hotelbranche vermitteln hierbei die einführenden und überblicksartigen Beiträge von Orkin (1988), Kimes (1989b), Relihan (1989), Brother-

---

[111] Vgl. Kimes (1989b, S. 18).
[112] Die Ansätze von Rothstein (1974), Ladany (1976, 1977), Williams, F.E. (1977), Liberman/Yechiali (1978), Badinelli/Olson (1990) und Badinelli (2000) zur Bepreisung und Überbuchung beschränkter Hotelzimmerkapazitäten wurden bereits in den vorangegangenen Kapiteln vorgestellt.

ton/Mooney (1992) und Liebermann (1993). Das Konzept des Hotel-Yield-Managements erfährt durch die Arbeit von Dunn/Brooks (1990) eine Erweiterung, welche die Umsetzung einer so genannten Market-Segment-Profit-Analyse vorschlagen. Im Rahmen dieser Analysen sollen kostenseitige Aspekte, oder genauer eine marktsegmentbezogene Kostenträgerrechnung, in das ansonsten primär nachfragerorientierte Konzept des Yield-Managements integriert werden. Genauso wie Dunn/Brooks (1990), entwickeln McEvoy (1997) und Noone/Griffin (1997) Ansätze zur Integration von Kostenaspekten im Rahmen eines Yield-Managements von Hotels. Grundlegende Überlegungen zur Festlegung effizienter Tarifbestimmungen durch Hotels finden sich bei Hanks et al. (1992). Die dargestellten Tarifbestimmungen beziehen sich hierbei auf Frühbuchungs-, Stornierungs-, Umbuchungs- und Mindestaufenthaltsbedingungen und weichen inhaltlich nur wenig von denen von Fluglinien ab. Donaghy et al. (1995) erarbeiten einen konzeptionellen Bezugsrahmen für die Anwendung eines Hotel-Yield-Managements, indem sie zehn bis dahin lediglich isoliert bestehende Teilaspekte des Yield-Managements in eine operationalisierbare Form integrieren. In einer späteren Arbeit stellen Donaghy et al. (1997) einen erfahrungsbasierten, konzeptionellen Leitfaden zur Implementierung eines Hotel-Yield-Managements dar. Jones/Hamilton (1992) entwickeln ebenfalls im Zusammenhang mit der Umsetzung des Yield-Managements einen (siebenstufigen) Implementierungsansatz. In einer Fallstudie berichten Brotherton/Turner (2001) von einer Implementierung eines beherbergungswirtschaftlichen Yield-Management-Systems. Brotherton/Turner (2001) weisen hierbei insbesondere auf die Bedeutung der gemeinsamen Berücksichtigung technischer und personalpolitischer Aspekte im Rahmen einer umfassenden sozio-technologisch orientierten Betrachtungsweise des Yield-Managements hin. Beiträge zur Implementierung von Yield-Management-Systemen in der Beherbergungswirtschaft finden sich ferner auch bei Lee-Ross/Johns (1997) und Luciani (1999), die sich mit Anwendungsmöglichkeiten bei kleinen und mittelgroßen Hotels beschäftigen. Weitere konzeptionell ausgerichtete Arbeiten zu der Thematik des Hotel-Yield-Managements finden sich bei Edgar (1997), Kuyumcu (2002), Jones (1999) und Quain/Sansbury (1998a, 1998b, 1999a). Hierbei beleuchtet Edgar (1997) die Anwendungsmöglichkeiten des Yield-Managements im Kontext verbilligter Angebote von Wochenend- und Kurzurlaubs-Paketen. Hendler/Hendler (2004) und Kuyumcu (2002) beschäftigen sich mit den Spezifika der Umsetzung eines Yield-Managements bei Casino-Hotels. Hierbei wird insbesondere auf die Relevanz der Expenditure-Multiplier hingewiesen. Jones (1999) führt unter Berücksichtigung britischer Hotels eine Systemanalyse des Yield-Managements durch, die zum Ziel hat, Schlüsselelemente von Hotel-Yield-Management-Systemen sowie die Schnittstellen zu anderen Unternehmensprozessen zu identifizieren. Quain/Sansbury (1998a, 1998b, 1999a) erarbeiten in drei Aufsätzen so genannte Revenue-Enhancement-Strategien, die insbesondere auf die Aufdeckung und Befriedigung der Kundenbedürfnisse abstellen.

Im Bereich empirisch orientierter Arbeiten zum Yield-Management von Hotels entwickelt Griffin (1995) auf der Basis der Ergebnisse einer explorativen Faktorenanalyse ein Kategorisierungsschema von Erfolgsfaktoren der Umsetzung von Yield-Management-Strategien. Die Ergebniswirkung von Überbuchungsstrategien im Zusammenhang mit der Annahme von Reservierungsanfragen von Reiseveranstaltern vergleichen Hadjinicola/Panayi (1997). Hierbei kommen Hadjinicola/Panayi (1997) zum Ergebnis, dass eine globale Überbuchungsstrategie, die alle Veranstalter einschließt, der Festlegung individueller Überbuchungsstrategien für jeden einzelnen Reiseveranstalter vorzuziehen ist. Im Rahmen einer Fallstudie eines asiatischen Hotels zeigen Kimes/McGuire (2001) wie Ansätze des Yield-Managements auf Tagungsräume von Hotels ausgeweitet werden können. Einen Überblick über die besprochenen Beiträge zum Yield-Management in der Beherbergungsbranche kann Tabelle 9 entnommen werden.

Tabelle 9: Beiträge zur Anwendung des Yield-Managements in der Beherbergungsbranche

Autor (Jahr)	Kurzzusammenfassung
Orkin (1988)	Einführung und Überblick in bzw. über die Anwendung von Ansätzen des Yield-Managements in der Beherbergungswirtschaft.
Kimes (1989b)	Einführung und Überblick in bzw. über die Anwendung von Ansätzen des Yield-Managements in der Beherbergungswirtschaft.
Lambert et al. (1989)	Darstellung der Anwendung von Simulationsmethoden im Kontext der Überbuchung beschränkter Zimmerkapazitäten.
Relihan (1989)	Einführung und Überblick in bzw. über die Anwendung von Ansätzen des Yield-Managements in der Beherbergungswirtschaft.
Dunn/Brooks (1990)	Konzeptionelle Arbeit zur so genannten Market-Segment-Profit-Analyse, die die Berücksichtigung kostenseitiger Aspekte im Rahmen des Yield-Managements ermöglicht.
Brotherton/ Mooney (1992)	Einführung und Überblick in bzw. über die Anwendung von Ansätzen des Yield-Managements in der Beherbergungswirtschaft.
Jones/Hamilton (1992)	Konzeptionelle Arbeit zur Strukturierung der Implementierung von Yield-Management-Strategien von Hotels.
Liebermann (1993)	Einführung und Überblick in bzw. über die Anwendung von Ansätzen des Yield-Managements in der Beherbergungswirtschaft.
Bitran/Mondschein (1995)	Heuristische Ansätze zur dynamischen Kontingentierung. Berücksichtigung nicht-simultaner Ankünfte, multipler Zimmertypen und mehrtägiger Aufenthalte.
Donaghy et al. (1995)	Konzeptionelle Arbeit. Entwicklung eines Bezugsrahmens für die effiziente Anwendung des Yield-Managements in Hotels.
Griffin (1995)	Darstellung eines Kategorisierungsschemas kritischer Erfolgsfaktoren von beherbergungswirtschaftlichen Yield-Management-Systemen.
Weatherford (1995)	Heuristischer Ansatz zur Kontingentierung von Zimmerkapazitäten unter Berücksichtigung der Length-of-Stay-Problematik.
Donaghy et al. (1997)	Darstellung von Problemen und Ableitung von Problemlösungsansätzen im Kontext der Implementierung des Yield-Managements im Beherbergungsgewerbe.
Edgar (1997)	Darstellung der Anwendung des Yield-Managements im Kontext des Angebots von Kurzurlaubs- und Wochenend-Paketen.

Fortsetzung von Tabelle 9

Autor (Jahr)	Kurzzusammenfassung
Lee-Ross/Johns (1997)	Analyse des Umsetzungspotenzials des Yield-Managements in kleinen und mittelständischen Hotels.
McEvoy (1997)	Ansatz zur Integration von Kostenaspekten im Rahmen eines Yield-Managements von Hotels, mit welchem u. a. der Beitrag des Yield-Managements zu ökonomischen Erfolgsgrößen gemessen werden kann.
Hadjinicola/ Panayi (1997)	Vergleich der Ergebniswirkung individueller und globaler Überbuchungsstrategien im Kontext der Allokation von Hotelzimmer auf institutionelle Nachfrager.
Orkin (1998)	Ansatzpunkte zur Erfassung bzw. Schätzung der unbeschränkten Nachfrage nach Hotelzimmern.
Quain/Sansbury (1998a, 1998b, 1999a)	Konzeptionelle Arbeiten zur Entwicklung so genannter Revenue-Enhancement-Strategien von Hotels.
Baker/Collier (1999)	Vergleich der Erlös-Performance von fünf hotelspezifischen Kontingentierungsmodellen. Ableitung von Empfehlungen hinsichtlich der Anwendung einzelner Ansätze in unterschiedlichen Geschäftsszenarien.
Jones (1999)	Systemanalyse des Yield-Managements im Kontext der britischen Beherbergungswirtschaft.
Kimes/McGuire (2001)	Fallstudie zum Erfolgspotenzial einer Übertragung von Yield-Management-Ansätzen auf die Vermietung von Tagungsräumen durch Hotels.
Goldman et al. (2002)	Darstellung von Kontingentierungsmodellen rollierender Planung, die – unter Berücksichtigung einer deterministischen bzw. stochastischen Reservierungsnachfrage – Handlungsempfehlungen in Form von Bid-Preisen bzw. geschachtelten Buchungsgrenzen vorgeben.
Kuyumcu (2002)	Konzeptioneller Rahmen für ein Yield-Management von Casino-Hotels. Darstellung wesentlicher Abweichungen zur Anwendung in klassischen Geschäftsfeldern der Hotellerie-Branche, von Segmentierungskriterien und der Interaktion des Yield-Managements mit spezifischen Promotion-Maßnahmen.

c) Anwendung des Yield-Managements in sonstigen Wirtschaftsbranchen

Die Beiträge zu sonstigen Anwendungen des Yield-Managements umfassen ein breites branchenspezifisches Spektrum. Genauso wie in der Beherbergungsbranche bleibt die elementare Problemstruktur weitgehend erhalten. Generell ist aber festzuhalten, dass die jeweiligen Rahmenbedingungen mehr oder weniger stark variieren und folglich je nach Anwendungsbereich unterschiedlichste Implementierungspotenziale eröffnen.

Betrachtungen des Implementierungspotenzials des Yield-Managements im Energieversorgungssektor finden sich bei Krüger (1990) und Richter (2000). Krüger (2000) beschreibt in diesem Kontext, wie Unternehmen im Gashandel Auslieferungsmengen und -zeitpunkte sowie Beschaffungsmengen und –zeitpunkte erlösorientiert steuern können. Im Unterschied zu typischen Anwendungen des Yield-Managements muss im Gashandel die Nutzung sowohl von Transport- als auch von Lagerkapazitäten gesteuert werden. Richter (2000) gibt einen knappen Abriss über Anwendungsmöglichkeiten des Yield-Managements in der Elektrizitätswirtschaft.

Am Beispiel von Einrichtungen für Wellness- bzw. Kuraufenthalte erörtern Chapman/Carmel (1992) die Erfolgschancen der Anwendung von Verfahrensweisen des Yield-Managements in gesundheitsnahen Dienstleistungssektoren. Nach einer Überprüfung der allgemeinen Anwendungsvoraussetzungen des Yield-Managements und der Identifizierung der grundlegenden Kriterien einer Marktsegmentierung wird dargestellt, wie mithilfe des heuristischen Instruments der Threshold-Curves Preise und Kapazitäten eines Dienstleisters im Gesundheitswesen erlösorientiert gesteuert werden können.

Eine Arbeit zur Anwendung des Yield-Managements in öffentlichen bzw. gemeinnützigen Unternehmen findet sich bei Burckhart (2002). Am Beispiel einer universitätseigenen Kindergrippe betrachten Metters/Vargas (1999) die Möglichkeiten des Einsatzes des Yield-Managements bei Non-Profit-Unternehmen. Darüber hinaus wird ein auf der Linearen Programmierung basierender Problemlösungsansatz präsentiert. Hierbei wird das dem klassischen Yield-Management inhärente Ziel der Ertragsmaximierung in Richtung einer nutzenorientierten Zielsetzung erweitert, welche die Kostendeckung als Nebenbedingung berücksichtigt.

Ein hypothetisches Beispiel einer Implementierung von Yield-Management-Techniken in Kinos findet sich bei Harris/Peacock (1995). Nach einer Überprüfung der Anwendungsvoraussetzungen stellen die Autoren fest, dass Lichtspielhäuser in die Gruppe der Unternehmen eingeordnet werden können, bei denen eine Anwendung des Yield-Managements vielversprechend ist.[113] Im Hinblick auf die Segmentierung des Gesamtmarktes werden zwei Strategien vorgeschlagen. So könnten vergünstigte Kinokarten im Sinne einer Preisdifferenzierung dritten Grades z. B. an Studenten oder für Nachmittags- und Spätvorstellungen verkauft werden. In Anlehnung an die Idee der Self-Selecting-Tarife könnten darüber hinaus auch Vorabverkaufsfristen beim Vorkauf von verbilligten Tickets berücksichtigt werden. Bei Volpano (2003) findet sich ein an Ideen des Yield-Managements angelehnter Beitrag, der sich mit der Bepreisung von Konzert- und Theatertickets beschäftigt. Durch die Umsetzung spezifischer Preisstrategien sollen einerseits Erlösmaximierungsziele realisiert werden. Auf der anderen Seite sollen die Differenzen zwischen den auf offiziellen und grauen Märkten, wie z. B. Online-Auktionen, erzielten Preisen reduziert werden. Eine weitere (konzeptionelle) Arbeit zur Implementierung des Yield-Managements bei Theatern, die durch die öffentliche Hand geführt werden, findet sich bei Tscheulin (2004).

Geraghty/Johnson (1997) stellen den Ablauf der Implementierung des Yield-Management-Systems des US-amerikanischen Autoverleihers National Car Rental umfassend dar. Nach einem kurzen Abriss der Firmengeschichte und einer Beschreibung der bestehenden Rahmenbedingungen werden die im Rahmen des Yield-Management-Systems realisierten Problemlösungsansätze differenziert nach den methodischen Teilaspekten des Yield-Managements präsentiert. Genauso wie Geraghty/Johnson (1997) zeigen Carrol/Grimes (1995), wie ein Yield-Management-System bei einem Autoverleiher eingeführt wurde.

---

[113] Vgl. Harris/Peacock (1995, S. 43).

In zwei Aufsätzen entwickeln Kimes (1999a) und Kimes et al. (1998) konzeptionelle Ansatzpunkte eines Yield-Managements für Gastronomieunternehmen (Restaurant-Revenue-Management). Als kritischer branchenspezifischer Unterschied zu typischen Anwendungen des Yield-Managements wird die vorab nicht bekannte Dauer von Restaurantbesuchen identifiziert. Folglich müsse die Besuchsdauer im Rahmen eines so genannten Duration-Managements gesteuert werden. Zentrale Zielsetzung des Duration-Managements ist hierbei nicht mehr eine Maximierung des erwarteten Erlöses pro verfügbarer Kapazitätseinheit, sondern des erwarteten Erlöses pro verfügbarer Sitzstunde. Hierbei wird die grundlegende ökonomische Logik des Restaurant-Revenue-Managements deutlich, die zum Inhalt hat, dass Restaurants grundsätzlich nicht Mahlzeiten, sondern Zeitblöcke, in denen Gäste ihre Mahlzeiten zu sich nehmen, verkaufen. Über diese konzeptionellen Überlegungen hinaus, wird ein fünfstufiger Ansatz zur Implementierung von Restaurant-Revenue-Management-Systemen sowie eine Fallstudie einer erfolgreichen Implementierung des Yield-Managements in einem US-amerikanischen Restaurant präsentiert. Ein weiterer Beitrag zur Umsetzung des Yield-Managements in der Gastronomiebranche findet sich bei Quain/Sansbury (1999b), welche die Umsetzung so genannter Revenue-Enhancement-Strategien in der Bewirtungsbranche vorschlagen. Darüber hinaus liefern Sill/Decker (1999) am Beispiel eines US-amerikanischen Restaurants eine Fallstudie zur Umsetzung von Kapazitätsmanagement-Methoden von Gastronomieunternehmen, welche Yield-Management-typische Merkmale aufweisen. Kimes et al. (2002) untersuchen die kundenseitig erwartete Dauer von Restaurantbesuchen in einer empirischen Studie. Kimes et al. (2002) decken dabei auf, auf welchen Stufen des Produktionsprozesses von Restaurants Duration-Management-Maßnahmen effizient ansetzen können. Die kundenseitigen Reaktionen auf diverse Maßnahmen des Revenue- bzw. Duration-Managements untersuchen Susskind et al. (2004). Es wird konstatiert, dass Restaurantkunden generell bereit sind, ihren Besuch – gegen einen adäquaten Preisnachlass – in Zeiten einer geringeren Nachfrage zu verschieben. Mehrere quantitative Planungsansätze für ein Yield-Management von Restaurants entwickeln Bertsimas/Shioda (2003). In einer ersten Klasse von Modellen werden Ansätze der Ganzzahligen und Stochastischen Dynamischen Programmierung zur Steuerung der Annahme von Restaurant-Gästen, die ohne Reservierung eintreffen, verwandt. Darüber hinaus wird in einer zweiten Klasse von Modellen die Annahme von reservierenden Restaurantbesuchern und ohne Reservierungen eintreffenden Gästen gemeinsam gesteuert. Bertsimas/Shioda (2003) zeigen in numerischen Beispielen, dass alle Optimierungsstrategien in höheren Erlösen resultieren als eine simple First-Come-First-Served-Strategie. Kimes/Thompson (2004) zeigen im Rahmen einer Fallstudie und auf Basis eines Simulationsansatzes, wie die Erlös-Performance des Revenue-Managements durch eine effiziente Steuerung des Angebots-Mix verbessert werden kann. Da Tische und Stühle in Restaurants variabel kombiniert werden können, bestehen im Kontext des Restaurant-Revenue-Managements entsprechende Freiheitsgrade.

Eine konzeptionell ausgerichtete Betrachtung der Anwendbarkeit des Yield-Managements bei Dienstleistungsunternehmen in der Freizeitbranche findet sich bei Yeoman et al. (2001). Kimes (2000) beschäftigt sich mit der Umsetzung eines Yield-Managements bei Betreibern von Golfanlagen. Wie bei Restaurantbesuchen ist die Dauer der Inanspruchnahme der Golfplatzkapazitäten im Voraus nicht bekannt. Dem bereits erwähnten Duration-Management kommt daher hier wiederum eine zentrale Rolle zu. In einer Simulationsstudie zur Länge von Golfrunden von Kimes/Schruben (2002) werden die potenziellen Konsequenzen des Duration-Managements analysiert.

Coulter (1999) – bei saisonalen Gütern – und Hatwin (2003) – bei Lebensmitteln – beschreiben, wie grundlegende Prinzipien des Yield-Managements auf die Preissetzung von Einzelhandelsunternehmen übertragen werden können. Hierbei beschreibt Hatwin (2003) in einem konzeptionell ausgerichteten Beitrag die Ansatzpunkte der Entwicklung von Preisstrategien für Einzelhändler und wie die Durchsetzung entsprechender Strategien mithilfe des Yield-Managements effizient unterstützt werden kann. Coulter (1999) hebt darauf ab, dass die Voraussetzungen für die Implementierung entsprechender Preisstrategien insbesondere in Geschäftsszenarien erfüllt sind, in denen Produkte verkauft werden, deren Absatz an eine bestimmte, zeitlich beschränkte Verkaufsperiode gebunden ist. Die Zahlungsbereitschaft für die entsprechenden Produkte, wie z. B. Modeartikel, nimmt hierbei typischerweise im Zeitverlauf ab. Unternehmen im Einzelhandel müssen daher, im Gegensatz zur klassischen Idee des Yield-Managements, eher eine Mark-Down-Politik betreiben. D. h., dass der Preis eines Produktes – unter Berücksichtigung der aktuellen und prognostizierten Nachfrage, des Restbestandes und des aktuellen Zeitpunktes in der Verkaufsperiode – gezielt gesenkt wird. Coulter (1999) betrachtet, im Gegensatz zu diesen Warengruppen, Artikel, bei denen die Dringlichkeit des Bedarfs bis zum Ende der Verkaufsperiode steigt (z. B. Weihnachtsgeschenke). Coulter (1999) schlägt hinsichtlich der Bepreisung entsprechender Waren eine Mark-Up-Strategie vor. Hierbei wird deutlich, dass der Einzelhandel ein typisches Beispiel für die Anwendung eines preisbasierten Yield-Managements ist. Im Gegensatz zum kapazitätsbasierten Yield-Management können in Einzelhandelsgeschäften Produkte nicht unter Berücksichtigung klassischer Tarifbestimmungen in multiplen Preisklassen verkauft werden. Das preisbasierte Yield-Management von Einzelhändlern zielt folglich darauf ab, Erlöse durch die dynamische Anpassung von Preisen zu maximieren. Hierbei können Mark-Up- bzw. Mark-Down-Strategien oder auch eine Kombination beider Anwendung finden.

Klassische Anwendungen des Yield-Managements finden sich typischerweise in Märkten, in denen die Endnutzer zumindest zu einem bedeutenden Teil Privatkunden sind. Generell ist eine Implementierung aber auch in so genannten B2B-Märkten denkbar. In diesem Zusammenhang entwickelt Oberwetter (2002) einen konzeptionellen Rahmen für die Umsetzung des Yield-Managements bei Auftragsfertigern in kapitalintensiven Industrien (z. B. Computerchip-Produktion). Auftragsfertiger verkaufen hierbei keine Sachgüter, sondern ähnlich wie Fluglinien, die Sitzplatzkapazitäten absetzen, Fertigungskapazitäten. Harris/Pinder (1995) stellen mit einem Yield-Management-Modell für industrielle Auftragsfertiger eine konkrete B2B-Anwendung dar, die Ansätze der optimalen Preissetzung und Kapazitätssteuerung miteinander verbindet. Die Autoren kontrastieren folglich die weitläufig gängige Meinung, dass das Yield-Management lediglich in typischen Dienstleistungssektoren Anwendung finden könne. Ähnliche Ansätze einer ertragsorientierten Preis- und Kapazitätssteuerung im Kontext produktionswirtschaftlicher Anwendungen finden sich bei Akkan (1997), Balakrishnan et al. (1996) sowie Caldentey/Wein (2002). Eine weitere B2B-Anwendung des Revenue-Managements findet sich bei Siguaw et al. (2002), die im Rahmen konzeptioneller Überlegungen aufzeigen, wie eine effiziente Steuerung von Außendienstmitarbeitern erfolgen kann. Einen Überblick über die besprochenen Beiträge zur branchenspezifischen Anwendung des Yield-Managements kann Tabelle 10 entnommen werden.

Tabelle 10: Beiträge zur Anwendung des Yield-Managements in sonstigen Wirtschaftsbranchen

Autor (Jahr)	Anwendungsbereich	Kurzzusammenfassung
Chapman/Carmel (1992)	Gesundheitswesen	Darstellung einer Yield-Management-Anwendung in gesundheitsnahen Branchen. Besondere Würdigung von Threshold-Curve-Ansätzen.
Harris/Peacock (1995)	Freizeit	Ansatzpunkte des Yield-Managements für Betreiber von Lichtspielhäusern.
Harris/Pinder (1995)	Auftragsfertigung	Ansatzpunkte des Yield-Managements. Entwicklung von Mathematischen Programmen zur optimalen Preissetzung und Kapazitätsallokation.
Geraghty/Johnson (1997)	Automobilvermietung	Fallbeispiel zur Implementierung des Yield-Management-Systems von National Car Rental.
Kimes et al. (1998, 1999a), Kimes (1999a)	Bewirtung	Betrachtungen des Implementierungspotenzials des Yield-Managements in Restaurants. Besondere Würdigung des so genannten Duration-Managements.
Coulter (1999)	Einzelhandel	Darstellung von Ansatzpunkten zur Umsetzung von Preissetzungsstrategien für Einzelhandelsunternehmen, welche an den Grundprinzipien des Yield-Managements angelehnt sind.
Krüger (1999)	Versorger	Ansatzpunkte des Yield-Managements für Betreiber von Gasvertrieben.
Metters/Vargas (1999)	Non Profit-Sektor	Ansätze des Yield-Managements für eine universitäre Kindergrippe. Lineares Programm zur näherungsweisen Lösung eines Non-Profit-Pricing-Problems.
Quain/Sansbury (1999b)	Bewirtung	Konzeptionelle Arbeit zur Entwicklung so genannter Revenue-Enhancement-Strategien von Restaurants.
Kimes (2000), Kimes/Schruben (2003)	Freizeit	Darstellung von Ansatzpunkten des Yield-Managements für Betreiber von Golfplätzen. Besondere Würdigung des so genannten Duration-Managements.
Kleywegt/ Papastavrou (2001)	Speditionswesen	Stochastisch Dynamisches Knapsack-Problem im Kontext der Kontingentierung beschränkter Kapazitäten u. a. im Speditionswesen.
de Matos (2001)	Flugüberwachung	Betrachtung des Implementierungspotenzials eines Yield-Managements für Flugüberwachungsunternehmen.

Fortsetzung von Tabelle 10

Autor (Jahr)	Anwendungsbereich	Kurzzusammenfassung
Yeoman et al. (2001)	Freizeit	Konzeptionelle Ansatzpunkte eines Yield-Managements für Dienstleister in der Freizeitbranche.
Barth (2002)	Freizeit, Bewirtung	Konzeptionelle Ansatzpunkte eines Yield-Managements für Betreiber von Einrichtungen in der Freizeit- und Bewirtungsbranche.
Oberwetter (2002)	Auftragsfertigung	Konzeptioneller Rahmen einer Umsetzung des Yield-Managements bei Auftragsfertigern. Überprüfung und Darstellung von Anwendungsbedingungen und -empfehlungen.
Secomandi et al. (2002)	Rundfunk/TV, Gesundheitswesen, Versorger	Verfahren zur Beurteilung und Steuerung der Implementierung von Airline-spezifischen Yield-Management-Konzepten in alternativen Branchen.
Siguaw et al. (2002)	Vertriebsmanagement, B2B	Konzeptionelle Überlegungen zur Anwendung des Revenue-Managements im Bereich des Vertriebsmanagements.
Bertsimas/Shioda (2003)	Bewirtung	Quantitative Planungsansätze für ein Yield-Management von Restaurants.
Hatwin (2003)	Einzelhandel	Darstellung von Ansatzpunkten zur Umsetzung von Preissetzungsstrategien von Einzelhandelsunternehmen. Fallstudie zur Einführung von Preissetzungsstrategien bei einer US-amerikanischen Einzelhandelskette.
Kimes/Thompson (2004)	Restaurants	Beherbergungswirtschaftliche Fallstudie. Betrachtung der Erlös-Performance eines Kontingentierungsmodells, dass bestehende Angebotsflexibilitäten inkorporiert.
Lennon (2004)	Museen, Ausstellungen	Diskussion von Anwendungsvoraussetzungen und praktischen Implementierungsschwellen. Darstellung von Fallbeispielen.
Susskind (2004)	Restaurants	Analyse der kundenseitigen Wirkung von Restaurant-Revenue-Management-Maßnahmen.

3.1.8 Arbeiten in sonstigen Bereichen

Neben den bis hier präsentierten Beiträgen zum Yield-Management bestehen auch Veröffentlichungen, die weder in den Bereich der Entwicklung neuer quantitativer Planungsansätze oder konkreter sektorspezifischer Anwendungen angesiedelt sind. Auch wenn die entsprechenden Publikationen den Fokus über die Yield-Management-inhärenten Problemstellungen hinaus ausweiten, sollten die resultierenden Erkenntnisgewinne nicht unterbewertet werden.

Konzeptionell strategisch ausgerichtete Beiträge, die sich nicht ausschließlich auf eine sektorspezifische Anwendung des Yield-Managements beziehen, liefern z. B. Kimes/Chase (1998), Jarvis (2002) oder Yuen (2002, 2003). Hierbei ordnen Kimes/Chase (2002) unterschiedliche Wirtschaftssektoren vier Kategorien zu. Das Kategorisierungsschema basiert hierbei auf der in unterschiedlichen Sektoren variierenden Preisflexibilität und Dauer von Dienstleistungserstellungsprozessen. Aufbauend auf diesen beiden Kategorisierungskriterien identifizieren Kimes/Chase (1998) die differenzierte Preissetzung sowie das Duration-Management als die wesentlichen strategischen Hebel einer erfolgreichen Umsetzung eines Yield-Managements. Jarvis (2002) entwickelt einen fünfstufigen Ansatz für die Durchführung einer erfolgreichen Implementierung von Yield-Management-Systemen in neuen Anwendungsgebieten. Strategisch konzeptionell ausgerichtete Beiträge, die sich mit Fragestellungen einer effizienten Integration von Gruppennachfragen in den Planungsprozess des Yield-Managements beschäftigen, finden sich bei Yuen (2002, 2003) sowie Farley (2003). Toh/Raven (2003) zeigen auf, wie das Yield-Management im Rahmen integrierter E-Commerce-Strategien berücksichtigt werden kann. Mit der Integration verschiedener erlösrelevanter Geschäftsprozesse von Airlines, zu denen neben dem Yield-Management z. B. auch die Flotten- sowie Personal- und Streckennetzplanung gehören, beschäftigen sich Weber et al. (2003). Die hierbei grundlegende Idee ist, dass eine isolierte Optimierung im Vergleich zu einer integrierten Optimierung aller erlösrelevanten Geschäftsprozesse zu suboptimalen Ergebnissen führt. Weber et al. (2003) führen u. a. auf, wie Yield-Management-Systeme effizient mit Preissetzungs- und Flottenplanungssystemen zusammengeführt werden können.

Mit den Konsequenzen des Einsatzes des Yield-Managements auf der Seite der Kunden, beschäftigen sich bis dato vergleichsweise wenige Beiträge. So untersucht Kimes (1994, 2002) im Rahmen einer empirischen Studie, in welchem Ausmaß die Anwendung des Yield-Managements als fair bzw. unfair empfunden wird. Zur theoretischen Fundierung ihrer Arbeit zieht Kimes (1994, 2002) das Konzept des Dual-Entitlements heran.[114] Kimes (2002a, b) weitet die Betrachtung auf wahrgenommene Fairness der Anwendung des Yield-Managements in Restaurants und bei Betreibern von Golfanlagen aus. McMahon-Beattie et al. (2002) gehen in einem konzeptionell systematisierenden Beitrag auf die Wirkung wahrgenommener Preisunterschiede, welche entscheidend durch das Yield-Management determiniert werden, auf das Vertrauen von Kunden ein. Weitere Arbeiten zu kundenbeziehungsrelevanten Konsequenzen des Yield-Managements finden sich bei Wirtz et al. (2003) und Choi/Mattila (2004).

Die Auswirkungen des Yield-Managements auf unterschiedliche gesamt- bzw. einzelwirtschaftlich relevante ökonomische Größen werden in mehreren wissenschaftlichen Beiträgen untersucht. So zeigen Lambert/Lambert (1988) im Kontext der Überbuchung von Hotels, dass die Anwendung einfacher Entscheidungsregeln, welche die über unterschiedliche Kundengruppen abweichenden Stornierungswahrscheinlichkeiten vernachlässigen, zum Verlust von Erlöspotenzialen führen kann. Weatherford/Pfeifer (1994) analysieren die ökonomischen Konsequenzen des Vorabverkaufes bzw. der Reservierung von Unternehmensleistungen. Die Auswirkungen der Berücksichtigung unterschiedlicher Distributionskanäle im Rahmen von quantitativen Planungsansätzen des Yield-Managements untersuchen Choi/Kimes (2002). Mithilfe von Simulationen zeigen Choi/Kimes (2002), dass die um die Berücksichtigung von multiplen Distributionskanälen erweiterten Planungsansätze nicht zu einer signifikanten Erlösverbesserung führen. Anderson/Blair (2004) stellen einen Ansatz dar, mit dessen Hilfe die Erlös-Performance von Revenue-Management-Systemen kontrolliert werden kann. Der Ansatz basiert entscheidend auf der Integration von Informationen nicht genutzter Absatzpo-

---

[114] Vgl. hierzu z. B. Kahneman et al. (1985) oder Urbany et al. (1989).

tenziale. Den Einfluss des Yield-Managements auf Marktanteile, Erträge und Verkehrsflüsse in einem wettbewerblichen Markt untersuchen mithilfe von Simulationsmodellen Belobaba/Wilson (1997). Die Autoren zeigen, dass Fluglinien, die Yield-Management-Techniken zuerst einführen, einen First-Mover-Advantage realisieren können. Darüber hinaus zeigen Belobaba/Wilson (1997) für den Fall, dass zwei Wettbewerber die gleichen Yield-Management-Fähigkeiten haben, eine Implementierung von Yield-Management-Techniken nicht notwendigerweise ein Nullsummenspiel ist. Mithilfe eines spieltheoretisch fundierten Simulationsmodells untersucht Oliveira (2003) die Auswirkungen der Anwendung von Yield-Management-Strategien. Im Gegensatz zu den Untersuchungen von Belobaba/Wilson (1997) wird hierbei nicht ein künstlicher Markt, sondern eine tatsächlich existierende Flugstrecke und deren Wettbewerbsumfeld betrachtet. Oliveira (2003) stellt fest, dass die Anwendung des Yield-Managements – im Vergleich zu einer simplen First-Come-First-Served-Strategie – zu einer gesamtwirtschaftlich effizienteren Ressourcenallokation führt. Darüber hinaus wird u. a. auch gezeigt, dass die Umsetzung von Yield-Mangement-Maßnahmen – verglichen mit der Durchsetzung eines Einheitspreises – nicht notwendigerweise eine dominante respektive stabile Strategie ist. Im Rahmen ökonometrischer Studien analysiert Suzuki (2002) die Auswirkung unterschiedlicher Überbuchungsstrategien auf zukünftige Unternehmenserträge am Beispiel von elf US-amerikanischen Airlines. Suzuki (2002) weist einen signifikant negativen Effekt der Abweisung von Kunden auf die Marktanteile der Airlines nach. Je höher der Umfang der abgewiesenen Passagiere ist, umso geringer stellen sich die Marktanteile in späteren Perioden dar.

Einen Vergleich der Güte verschiedener Forecasting-Methoden liefern Weatherford/Kimes (2003). Da die verschiedenen Methoden hinsichtlich verschiedener Bewertungsaspekte unterschiedlich zu evaluieren sind, schlagen Weatherford/Kimes (2003) die gleichzeitige Verwendung mehrerer Ansätze vor. Weatherford et al. (2003) untersuchen auf Basis historischer Buchungsdaten einer Fluglinie ebenfalls die Prognosegüte unterschiedlicher Forecasting-Methoden. Im Vergleich zu klassischen Forecasting-Methoden zeigten sich Neuronale Netze insgesamt als überlegen. Weatherford et al. (2001) zeigen, dass hotelspezifische Forecasting-Ansätze, welche die Reservierungsnachfrage disaggregiert nach Buchungsklassen oder Aufenthaltslänge vorhersagen, aggregierte Ansätzen hinsichtlich ihrer Prognosegüte übertreffen. Auf Basis von Daten einer nordamerikanischen Hotelkette überprüft Kimes (1999b) die Einflussfaktoren der Prognosegüte von Gruppenbuchungen in der Beherbergungsbranche. Kimes (1999b) kommt zu dem Ergebnis, dass die Qualität der Schätzungen entscheidend von der Größe der betrachteten Hotels sowie der Häufigkeit der Aktualisierung der Nachfrageprognosen abhängt. Mit einer Quantifizierung der Auswirkung des Yield-Managements auf den Umfang des Airline-Spills, der die Anzahl der von einer Fluglinie abgewiesenen Reservierungswünsche angibt, sowie der Schätzung der aus den Airline–Spill resultierenden Kosten, setzten sich Belobaba/Farkas (1999) auseinander. Die Autoren zeigen, dass die Abweichung des prognostizierten vom tatsächlichen Airline-Spill bei Anwendung unterschiedlicher Prognosemodelle stark differiert. Swan (2002) vergleicht die Adäquatheit der Verwendung unterschiedlicher Nachfrageverteilungen im Hinblick auf die Modellierung allgemeiner Yield-Management-Probleme sowie bezüglich der Prognose des Airline-Spills. Orkin (1998) geht auf die grundlegende Problemstellung der exakten Quantifizierung der unbeschränkten Nachfrage (Unconstrained-Demand) von Hotels ein, welche als die Summe aller tatsächlichen Buchungen, der abgelehnten Reservierungsanfragen (Denials) sowie der von Kunden zurückgezogenen Reservierungsanfragen (Regrets) definiert ist. In diesem Kontext zeigt Orkin (1998) u. a. die Schwierigkeiten der eindeutigen Aufzeichnung und Abgrenzung der so genannten Regrets und Denials. Mithilfe von Simulationsanalysen untersuchen Weatherford/Pölt (2002) in diesem Zusammenhang den Erfolg von sechs Methoden zur Schätzung der unbeschränkten Nachfrage bei Fluglinien. Im Vergleich zu eher simplen Methoden ermittelten zwei sophistiziertere Ansätze robustere Ergebnisse. Bei Berücksichtigung der unbeschränkten Nachfrage konnte eine Verbesserung erwarteter Erlöse im Umfang von 2 bis 12 % im Rahmen von Kontingentierungsansätzen nachgewiesen werden. Weatherford/Belobaba (2002) untersuchen auf Simulationsbasis die Erlöseffekte der Qualität segmentspezifischer Tarif- und Nachfrageprognosen. Unter Berücksichtigung der EMSRa- und EMSRb-Ansätze wird gezeigt, dass die Güte der Prognose der durchschnittlichen Nachfrage und des pro Marktsegment durchschnittlich gültigen Preises die prägnantesten Erlöseffekte bedingen. Die Prognosegüte des Ausmaßes der Streuung der Preise in einer Tarifklasse hatte dagegen keine signifikante Erlöswirkung.

Mit personalpolitischen Konsequenzen und Fragestellungen im Rahmen einer Implementierung computergestützter Yield-Management-Systeme beschäftigen sich Brotherton/Turner (2001), MacVicar/Rodger (1996), Skugge (2004) und Yeoman/Watson (1997). Zeni (2003) analysiert darüber hinaus den Erfolgsbeitrag manueller Eingriffe von Analysten der Yield-Management-Abteilungen in den automatisierten Preis- und Kapazitätssteuerungsprozess. Die Studie hat zum Ergebnis, dass der Eingriff von Yield-Management-Analysten einen Erlöszuwachs von bis zu 3 % bedingen kann. Schwartz/Cohen (2004) analysieren den Einfluss manueller Eingriffe von Mitarbeitern auf das Ergebnis von automatisierten Prognoserechnungen. Hierbei konnte gezeigt werden, dass Software- und Hardware-seitige Gegebenheiten das Ausmaß manueller Eingriffe entscheidend beeinflussen.

3.2 Bestehende Forschungsdefizite und verbleibender Forschungsbedarf

Unter Berücksichtigung der in Abschnitt 3.1 besprochenen Literatur, kann resümierend festgehalten werden, dass im Themengebiet des Yield-Managements eine Vielzahl von Publikationen vorhanden ist. Neben einführenden Beiträgen und Methodenüberblicken wurden zahlreiche quantitativ ausgerichtete Forschungsarbeiten präsentiert, die in den einzelnen methodischen Teilbereichen der Preis- und Kapazitätssteuerung innovative Problemlösungen liefern. Darüber hinaus wurde von mehreren Autoren die Erlös-Performance einzelner Planungsansätze untersucht. Der Großteil dieser quantitativ ausgerichteten Arbeiten wurde in referierten Zeitschriften zur allgemeinen oder transportwirtschaftlichen Unternehmensplanung bzw. zum Operations Research publiziert.[115] Darüber hinaus umfasst die vorgefundene Literatur diverse sowohl konzeptionell als auch quantitativ ausgerichtete sektorspezifische Anwendungen des Yield-Managements. Generell kann in Bezug auf die sektorspezifische Anwendung festgestellt werden, dass sich die Veröffentlichungen zum Yield-Management von Personenfluggesellschaften und Beherbergungsunternehmen deutlich übergewichtet finden. Trotz des beachtlichen Umfangs des im Themenbereich des Yield-Managements vorhandenen Schrifttums, bestehen hinsichtlich diverser Fragestellungen immer noch Forschungsdefizite. Im Folgenden werden die im Forschungsgebiet des Yield-Managements bestehenden Forschungsdefizite und der daraus abzuleitende Forschungsbedarf aufgezeigt.[116]

Eine erste Klasse noch ausstehender Forschungsarbeiten bezieht sich auf die Verbesserung und inhaltliche Erweiterung bestehender quantitativer Planungsansätze. So sollte insbesondere im Rahmen Stochastisch Dynamischer Programmierungsansätze verstärkt an der Aufhebung restriktiver Annahmen gearbeitet werden. Auch wenn bzgl. dieser Fragestellung, wie etwa bei van Slyke/Young (2000) oder Zhao/Zheng (2001), bereits einige Fortschritte zu konstatieren sind,[117] eröffnen sich noch Chancen für weitere Forschungsarbeiten. Weiterhin sollte an quantitativen Modellen gearbeitet werden, welche eine simultane Bepreisung, Überbuchung und Kontingentierung beschränkter Leistungserstellungskapazitäten erlauben.[118] Dies kann etwa dadurch erreicht werden, dass im Rahmen von Kontingentierungsmodellen Stornierungen, No-Shows und Preisvariationen zugelassen werden. Beachtet werden muss, dass insbesondere die Berücksichtigung einer mehrstufigen oder gar vernetzten Leistungserstellung eine massive Erhöhung der Problemkomplexität bedingt. In diesem Zusammenhang könnte einerseits eine Analyse der Lösungsstruktur stochastisch dynamischer Optimierungsansätze in effizienteren Lösungsalgorithmen münden.[119] Andererseits weist auch eine Weiterentwicklung von heuristischen Ansätzen sowie deren Kombination mit Optimierungsverfahren in eine erfolgsversprechende Richtung. Umfassende Ergebnisvergleiche und Sensitivitätsanalysen heuristischer und optimaler Problemlösungsverfahren könnten ebenfalls einem weiteren Erkenntnisgewinn zuträglich sein.[120]

Ein weiterer Ansatzpunkt zukünftiger Forschungsarbeiten, der auf die inhaltliche Erweiterung quantitativer Planungsmodelle abhebt, liegt im Bereich der Berücksichtigung von Konkurrenz- und Kundenreaktionen. Yield-Management-Ansätze, die Kunden- und

---

[115] So waren Publikationen hauptsächlich in den referierten Zeitschriften Management Science, Operations Research, Transportation Research und Transportation Science zu finden.
[116] Der Überblick orientiert sich hierbei an den Darstellungen von Tscheulin/Lindenmeier (2003a, S. 653ff.).
[117] So berücksichtigen z. B. van Slyke/Young (2000) oder Zhao/Zheng (2001) im Rahmen Dynamischer Programme zur Kontingentierung beschränkter Kapazitäten Gruppenbuchung bzw. das Stornierungs- bzw. No-Show-Verhalten von Passagieren.
[118] In diesem Zusammenhang verweist etwa Belobaba (2002, S. 89) auf die Bedeutung von Optimierungsansätzen zur simultanen Bepreisung und Kontingentierung.
[119] Vgl. hierzu z. B. Chatwin (1996, 1998, 1999).
[120] Vgl. Cooper (2002, S. 276).

Konkurrenzreaktionen explizit berücksichtigen, konnten im Rahmen der Literaturrecherche nur vereinzelt gefunden werden.[121] Im Kontext des Verhaltens von Kunden gibt es zwar Modelle, die z. B. das Diversion-Verhalten inkorporieren.[122] Eine umfassendere Einbeziehung des Kundenverhaltens, welche z. B. im Rahmen spieltheoretisch fundierter Modelle möglich wäre, könnte der Steigerung der Erlös-Performance von Yield-Management-Modellen darüber hinaus aber zuträglich sein. In diesem Zusammenhang erscheint desgleichen die Berücksichtigung eventueller Abweichungen des Kaufverhaltens institutioneller Nachfrager vom Kaufverhalten privater Konsumenten von Bedeutung. Hier könnte z. B. das Bestehen von Marktmacht auf Seiten der Kunden oder spezifische Aspekte von Verhandlungsprozessen von Bedeutung sein.

Da sich die meisten substanziellen Forschungsarbeiten zum Yield-Management explizit auf personenflugtransport- und beherbergungswirtschaftliche Anwendungen beziehen, eröffnen sich im Bereich alternativer Anwendungsfelder, wie z. B. dem Einzelhandel, bei Rundfunkgesellschaften oder dem Energiesektor, erfolgsversprechende Ansatzpunkte weiterer Forschungsarbeiten. Bei Betrachtung der im Bereich alternativer Anwendungen vorhandenen Literatur fällt auf, dass bisher zumeist konzeptionell systematisierende Beiträge vorliegen. Ohne den Wert entsprechender Arbeiten zu schmälern, erscheint es hier zweckmäßig, den Fokus stärker auf empirische Fragestellungen oder die Entwicklung sektorspezifischer quantitativer Planungsansätze zu lenken. Empirische Forschungsbeiträge sind hier z. B. im Kontext einer effektiven Marktsegmentierung essentiell. Genauso wie es Airlines geschafft haben, optimale Fare-Products zu entwickeln, müssen auch Unternehmen anderer Branchen anreizkompatible Kombinationen aus differierenden Preisen und Tarifbestimmungen entwickeln. Nur so gelingt es, Märkte i. S. von Self-Selecting-Tarifen zu segmentieren und ein kapazitätsbasiertes Yield-Management effizient anzuwenden.[123] Im Hinblick auf die Übertragung quantitativer Planungsansätze auf alternative sektorspezifische Anwendungen könnte einerseits eine Generalisierung bestehender sektorspezifischer Ansätze sinnvoll sein. Andererseits müssen vorhandene Planungsmodelle z. T. aber auch inhaltlich an bestehende sektorspezifische Charakteristika angepasst werden.[124] So weicht z. B. die Erlösstruktur in einigen Industrien systematisch von der bei Fluglinien bestehenden ab. Hotels können mit komplementären Leistungen, wie z. B. Tagungsräumen, zusätzliche Erlöse generieren. In anderen potenziellen Anwendungsfeldern des Yield-Managements könnten die Kosten der Leistungserstellung über unterschiedliche Nachfrager variieren. In beiden Fällen sollten die resultierenden Erlös- und Kosteneffekte berücksichtigt werden. Über klassische Yield-Management-Ansätze hinaus, sollte beachtet werden, dass in manchen Sektoren die Implementierung von Modellen des preisbasierten Revenue-Managements adäquater ist.

---

[121] Ausnahme sind die Beiträge von Belobaba/Wilson (1997), Oliveira (2003) und Côté et al. (2003).
[122] Vgl. z. B. Belobaba/Weatherford (1996) oder Bodily/Weatherford (1995).
[123] Vgl. z. B. Trivizas (2003).
[124] Für erfolgreiche sektorspezifischen Anwendungen quantitativer Planungsansätze vgl. z. B. Kasilingam (1996), Ciancimino et al. (1999) oder Bertsimas/Shioda (2003).

Auch wenn das Yield-Management mit seinen methodischen Teilaspekten bereits mehrere Unternehmensprozesse systematisch zusammenführt, stellen alle abgeleiteten Handlungsempfehlungen grundsätzlich isolierte Insellösungen dar. Wechselwirkungen mit anderen Funktionsbereichen[125] bzw. Unternehmensprozessen, wie sie z. B. im Kontext der Ausgestaltung des Marketingmix-Instrumentariums oder der Flottenplanung von Transportunternehmen von Bedeutung sein könnten, werden – im Sinne einer Unternehmensgesamtplanung[126] - zumeist nicht berücksichtigt. Dies ist problematisch, da optimale Yield-Management-Strategien den Zielsetzungen anderer Unternehmensprozesse diametral entgegen gesetzt sein können.[127] In einem ersten Schritt müssten demzufolge kritische Schnittstellen des Yield-Managements zu anderen Unternehmensprozessen und die dort potenziell bestehenden Zielkonflikte systematisch aufgezeigt werden. In einem zweiten Schritt sollten die Existenz und der Umfang entsprechender Zielkonflikte analysiert werden. Aufbauend auf den Ergebnissen dieser Analysen sollten Handlungsempfehlungen zur Integration des Yield-Managements in andere, interdependente Unternehmensprozesse entwickelt werden. Über diese Problemstellungen hinaus, sollte auch aufgezeigt werden, wie Informationsbestände und Zielsetzungen des Yield-Managements in strategischen Entscheidungsprozessen, wie z. B. Entscheidungen über die Ausweitung oder Reduktion von Produktions- bzw. Leistungserstellungskapazitäten, integriert werden können. Im Rahmen der Koordination des Yield-Managements und anderer Unternehmensprozesse kommt der Informations- und Kommunikationstechnologie eine besondere Rolle zu. Insbesondere im Hinblick auf Koordinationsaufgaben auf der produkt- und produktionsprozessbezogenen Ebene lassen sich in diesem Kontext auf Basis von integrierten Informations- und Kommunikationsstrategien Synergieeffekte realisieren.[128]

Die Erschließung bestehender Potenziale einer informationstechnologischen Integration von Datenbeschaffungs-, Prognose-, Optimierungs- und Controllingsystemen darf ebenfalls nicht vernachlässigt werden. So erscheint in diesem Zusammenhang z. B. eine Integration von Yield-Management- und Customer-Relationship-Management-Systemen[129] sowie Controlling-Systemen erfolgversprechend.

Ein weiteres Forschungsfeld eröffnet sich im Zusammenhang mit der Berücksichtigung potenzieller Effekte des Yield-Managements auf Erkenntnisgegenstände der Konsumentenforschung. So ist zu vermuten, dass die kundenseitig wahrnehmbaren Resultate der simultanen Preis- und Kapazitätssteuerung Einstellungen und Verhaltensabsichten der Kunden verändern können. Es ist in diesem Zusammenhang z. B. davon auszugehen, dass sich die Zufriedenheit von Passagieren im Falle einer überbuchungsbedingten Abweisung verschlech-

---

[125] Vgl. hierzu z. B. Lieberman (2003, S. 110f.).
[126] Zum Begriff der Unternehmensgesamtplanung vgl. Schober (2001).
[127] Vgl. hierzu u. a. Weber et al. (2003).
[128] Vgl. Schober (1996).
[129] Vgl. z. B. Belobaba (2002, S. 87) oder Noone et al. (2003).

tert. Ähnliche Effekte sind auch im Hinblick auf das Vertrauen in Unternehmungen,[130] die wahrgenommene Fairness entsprechender Geschäftspraktiken[131] sowie die Kundenbindung zu erwarten. Da diese vorökonomischen Erfolgsgrößen den langfristigen Unternehmenserfolg entscheidend mitbestimmen,[132] sollte die Existenz entsprechender Effekte validiert werden. Diese Ansatzpunkte weiterführender Forschungsarbeiten werden in nachfolgender Tabelle 11 überblicksartig zusammengefasst.

Tabelle 11: Überblick über Ansatzpunkte zukünftiger Forschungsarbeiten

Ansatzpunkte	Anmerkungen
Modellentwicklung unter Aufhebung restriktiver Annahmen	Modellierung unter gemeinsamer Berücksichtigung - einer mehrstufigen oder vernetzten Leistungserstellung,[133] - der dynamischen Struktur der Yield-Management-Planungsprobleme, - des stochastischen Wesens der Yield-Management-Planungsprobleme, - multipler Buchungsklassen, - realitätsnaher Kundenankunftsmuster, etc.
Berücksichtigung einer simultanen Bepreisung, Überbuchung und Kontingentierung	Modellierung von Yield-Management-Ansätzen unter Einbettung von - Stornierungen und No-Shows in Kontingentierungsmodellen, - Preisvariationen in Kontingentierungsmodellen und - Stornierungen und No-Shows in preisbasierten Ansätzen.
Ergebnisvergleiche und Sensitivitätsanalysen	Quantifizierung des potenziell differierenden Erlösbetrags unterschiedlicher Planungsansätze. Wie etwa - bei Heuristiken und Optimierungsansätzen oder - unter Berücksichtigung variierender Modellannahmen.
Entwicklung effizienter Lösungsalgorithmen	- U. a. möglich durch die Durchführung von Ergebnisstrukturanalysen. - Insbesondere von Bedeutung bei stochastisch dynamischen Planungsproblemen, die eine mehrstufige bzw. vernetzte Leistungserstellung berücksichtigen.
Kombination von Heuristiken mit Optimierungsverfahren	Beschränkung des Einsatzes komplexer Optimierungsverfahren auf - kritische Zeitpunkte während des Planungshorizonts wie z. B. Phasen hoher Kapazitätsauslastung oder - kritische Teile einer vernetzten Leistungserstellung (z. B. Subnetze eines Streckennetzes von Transportunternehmen).
Explizite Berücksichtigung von Konkurrenz- und Kundenreaktionen	- Explizite Modellierung des Käufer- bzw. Konkurrenzverhaltens im Rahmen quantitativer Planungsansätze. - Z. B. über eine spieltheoretische Fundierung entsprechender Ansätze.
Berücksichtigung des institutionellen Kaufverhaltens	- Potenziell bedeutend in Märkten in denen Marktmacht auf Seiten institutioneller Nachfrager besteht. - Modellierung von Verhandlungsprozessen im Rahmen quantitativer Planungsansätze (spieltheoretische Fundierung).
Umsetzung alternativer sektorspezifischer Anwendungen	- Erarbeitung konzeptionell strategischer Ansätze für die Umsetzung des Yield-Managements in neuen Anwendungsfeldern. - Empirische Fundierung anreizkompatibler Marktsegmentierungs-Strategien (Optimales Design von Preis-Service-Kombinationen). - Generalisierung traditioneller sektorspezifischer Yield-Management-Ansätze.

---

[130] Vgl. hierzu McMahon-Beattie et al. (2002).
[131] Vgl. hierzu z. B. Kimes (1994).
[132] Vgl. z. B. Kamakura et al. (2002).
[133] Vgl. z. B. Gosavi et al. (2002, S. 741).

Fortsetzung von Tabelle 11

Ansatzpunkte	Anmerkungen
Integration von Datenbeschaffungs-, Prognose-, Optimierungs- und Controllingsystemen	Erfolgsversprechende Ansatzpunkte finden sich im Kontext der informationstechnologischen und inhaltlichen Integration - von automatisierten Yield- und Customer-Relationship-Management-Systemen, - von Yield-Management und Controlling-Systemen, etc.
Berücksichtigung von Wechselwirkungen mit anderen Funktionsbereichen bzw. Unternehmensprozessen im Rahmen einer Unternehmensgesamtplanung	Berücksichtigung potenzieller Interdependenzen zwischen - dem Yield-Management und dem Marketing im Allgemeinen (Neuproduktplanung, Preis-Promotions),[134] - dem Yield-Management und der Flottenplanung transportwirtschaftlicher Unternehmen, - dem Yield-Management und der langfristigen Planung der Leistungserstellungskapazitäten, etc.
Analyse der Wirkung des Yield-Managements auf Kundenbeziehungen	Differenziert nach der potenziell unterschiedlichen Wirkung der - Preissteuerungs- und - Kapazitätssteuerungsmaßnahmen (Kontingentierung und Überbuchung).
Ausweitung der elementaren Zielsetzung des Yield-Managements auf die langfristige Ertragskraft der Gesamtunternehmung	U. a. möglich durch die Berücksichtigung - angebotsabhängiger Kosten, die über unterschiedliche Kundengruppen und somit mit der Ablehnung und Annahme von Reservierungsanfragen aus differierenden Marktsegmenten variieren können,[135] - der über unterschiedliche Nachfrager schwankenden zusätzlichen Erlöse (Erlösmultiplikatoren), etc.

Abschließend kann festgehalten werden, dass das wesentliche Kernelement jeglicher neuer Forschungsanstrengung auf dem Gebiet des Yield-Managements sein muss, die i. S. einer kurzfristigen Erlösmaximierung aufzufassende, elementare Zielsetzung der simultanen Preis- und Kapazitätssteuerung in Richtung einer umfassenden Fokussierung auf die langfristige Ertragskraft von Unternehmen auszuweiten.

Indem die zufriedenheitsrelevanten Effekte des kapazitätsbasierten Yield-Managements einer umfassenden Analyse unterzogen werden, wird im verbleibenden Teil der vorliegenden Arbeit ein Schritt in diese Richtung getan. Hierbei finden die potentiell zufriedenheitsrelevanten Effekte der differenzierten Bepreisung und Kontingentierung sowie der Überbuchung beschränkter Sitzplatzkapazitäten im Rahmen konzeptioneller und empirischer Betrachtungen Berücksichtigung. Wenn im Rahmen der empirischen Analyse gezeigt wird, dass die Anwendung des Yield-Managements tatsächlich in negativen zufriedenheitsrelevanten Konsequenzen resultiert, kann das Argument, dass die primär positiven Erlöseffekte des Yield-Managements durch negative kundenbeziehungsrelevante Konsequenzen konterkariert werden können, unterstützt werden. Dementsprechend müsste die bislang vorherrschende „naive" Anwendung des Yield-Managements überdacht und die implememtierten Yield-Management-Systeme angepasst werden.

---

[134] Vgl. z. B. Kuyumcu (2002, S. 164ff.).
[135] Vgl. z. B. Pinchuk (2002) oder Trivizas (2003).

4 Die Bedeutung der Kundenzufriedenheit für die Unternehmensführung

4.1 Grundlegende Problemstellung: Yield-Management und Kundenzufriedenheit

Bereits seit Anfang der 1970er Jahre steht das auf Kundenbeziehungen fokussierende Konstrukt der Kundenzufriedenheit verstärkt im Fokus der betriebswirtschaftlichen Forschung.[136] Neben einer umfassenden verhaltens- und kognitionswissenschaftlichen Fundierung, sind in diesem Kontext auch die Operationalisierung und Konzeptualisierung des Zufriedenheitskonstruktes Gegenstand der wissenschaftlichen Diskussion. Ferner wird auch die empirische Überprüfung von Kausalzusammenhängen zwischen der Kundenzufriedenheit und deren potenziellen Prädiktoren einerseits sowie deren einstellungs- und verhaltensrelevanten Konsequenzen andererseits betrieben.[137] Der Kundenzufriedenheit kommt, nicht zuletzt aufgrund der verstärkten Kundenorientierung von Unternehmen, auch in der Unternehmenspraxis eine große Bedeutung zu. Der Aufbau eines hohen Zufriedenheitsniveaus stellt daher ein wichtiges Unternehmensziel dar.[138] Dies lässt sich dadurch erklären, dass die Kundenzufriedenheit in der Marketingforschung und -praxis als entscheidender Moderator der Beziehung zwischen der konkreten Ausgestaltung von Unternehmensleistungen und dem Konsumentenverhalten angesehen wird. So kann davon ausgegangen werden, dass die kundenseitige Zufriedenheit mit Unternehmensleistungen einen entscheidenden Einfluss auf das Beschwerde- und Kaufverhalten des bestehenden Kundenstamms hat und somit eng mit dem ökonomischen Erfolg von Unternehmen verknüpft ist.[139] In neuerer Zeit wird daher versucht, den Beitrag der Kundenzufriedenheit zur Erhöhung des ökonomischen Erfolgs von Unternehmen zu quantifizieren.[140] So wird die Kundenzufriedenheit im Kontext des Managements von Kundenbeziehungen als potenzieller Prädiktor des ökonomischen Wertes einer Kundenbeziehung verstanden. Darauf aufbauend wird daher versucht, Zufriedenheitsinvestitionen mit Größen wie dem Kundenwert in Verbindung zu setzen.[141]

Im Zusammenhang mit der Anwendung der Methoden des Yield-Managements stellt sich die Frage, ob die Entscheidungen hinsichtlich der differenzierten Bepreisung, Kontingentierung und Überbuchung beschränkter Kapazitäten das wahrgenommene Leistungsniveau und in der Folge die Zufriedenheit von Kunden beeinflussen kann. Man kann z. B. davon ausgehen, dass die durch die Kontingentierung bedingten Preisvariationen genauso wie die aus der Überbuchung beschränkter Kapazitäten resultierende Abweisung von Kunden negative Auswirkungen auf die Kundenzufriedenheit haben. Da die Zufriedenheit als eine potenzielle Determinante des ökonomischen Erfolgs von Unternehmen anzusehen ist, kann

---
[136] Vgl. Kaas/Runow (1984).
[137] Überblicke über den Forschungsstand der Kundenzufriedenheit geben z. B. Yi (1990).
[138] Vgl. Stauss (1999, S. 5).
[139] Vgl. z. B. Homburg/Stock (2001, S. 19) oder Churchill/Surprenant (1982).
[140] Vgl. hierzu z. B. Anderson et al. (1994).
[141] Vgl. Krafft (1999, S. 511ff.).

erwartet werden, dass eine durch die Anwendung des Yield-Managements bedingte Reduktion der Kundenzufriedenheit den ökonomischen Unternehmenserfolg negativ beeinflusst. Sollte dies der Fall sein, könnte die primär positive Erlöswirkung des Einsatzes des Yield-Managements durch die negativen zufriedenheitsrelevanten Konsequenzen der Preis- und Kapazitätssteuerung konterkariert werden.

Im empirischen Teil dieser Arbeit sollen die unterstellten Effekte des Yield-Managements auf die Kundenzufriedenheit analysiert werden. Zur konzeptionell theoretischen Fundierung der weiteren Ausführungen soll das Kundenzufriedenheitskonstrukt vorab aus allgemeiner Perspektive betrachtet werden. Hierbei muss erwähnt werden, dass die wissenschaftliche und anwendungsbezogene Literatur auf dem Gebiet der Kundenzufriedenheit ein immenses Ausmaß angenommen hat.[142] Aus diesem Grunde erfolgt eine Beschränkung auf die Literatur, die als essentiell für den allgemeinen Forschungsbereich der Kundenzufriedenheit angesehen werden kann. Ferner werden insbesondere Publikationen berücksichtigt, die für die vorliegende Arbeit im Speziellen von Bedeutung sind.

4.2 Konzeptionelle Betrachtung der Kundenzufriedenheit

4.2.1 Begriffsabgrenzung

Die Kundenzufriedenheit stellt sich als ein Ergebnis der Marketingbemühungen von Unternehmen sowie als ein wesentliches Bindeglied zwischen den kognitiven und affektiven Prozessen, die dem Kauf einer Unternehmensleistung vorgelagert sind, einerseits und Nachkaufphänomen, wie z. B. dem Wiederkauf- und Beschwerdeverhalten, andererseits dar. Zufriedenheitsurteile sind hierbei als Resultate von Kaufentscheidungen anzusehen, die sich nach einem Konsumerlebnis manifestieren.[143] Während sich die Kundenzufriedenheit nach Churchill/Surprenant (1982) dabei wie eine Einstellung verhält, die sich im Allgemeinen aus der Summe der Evaluation einzelner Attribute eines bewerteten Objekts zusammensetzt, gehen andere Autoren davon aus, dass sie nicht als eine Einstellung angesehen werden kann.[144] Stauss (1999, S. 12) versucht die Konstrukte der Kundenzufriedenheit und Einstellung voneinander abzugrenzen. Auf der einen Seite bestünden Ähnlichkeiten zwischen beiden. So seien etwa beide Ergebnisse einer subjektiven Evaluation eines bestimmten Objekts bzw. Sachverhaltes. Weiterhin blieben sowohl das Kundenzufriedenheits- als auch das Einstellungskonstrukt nicht auf diesen kognitiven Bewertungsprozess beschränkt, sondern umschlössen gleichsam auch eine affektive Komponente.[145] Zusätzlich besäßen beide verhaltensrelevante Konsequenzen. Demgegenüber seien aber auch Unterschiede zwischen den Konstrukten feststellbar. Zur Verdeutlichung der Differenzen unterscheidet Stauss (1999)

---

[142] So schätzen Peterson/Wilson (1992) die Zahl entsprechender Publikationen allein in angloamerikanischen Sprachraum bereits 1992 auf über 15.000.
[143] Vgl. z. B. Wirtz/Bateson (1995).
[144] Vgl. Homburg/Stock (2003, S. 23).
[145] Zur Bedeutung der affektiven Komponente des Zufriedenheitskonstruktes vgl. z. B. Dubé/Morgan (1998) oder Srinivasan (1995).

zwischen der Zufriedenheit mit einzelnen Transaktionen und mit langfristig angelegten (Geschäfts-) Beziehungen. Während die Beziehungszufriedenheit tatsächlich als einstellungsähnliches Konstrukt angesehen werden könne, sei dies bei Betrachtung einzelner Transaktionen nicht der Fall. So würden Kunden nach jeder Konsumerfahrung zwar transaktionsgebundene Zufriedenheitsurteile bilden. Zu der Änderung transaktionsübergreifender Einstellungen könne es dagegen erst nach mehrfacher Wiederholung entsprechender Konsumerfahrungen oder erst ab einer bestimmten Intensität einzelner Zufriedenheitsurteile kommen. Einstellungen würden daher das generellere und stabilere Konstrukt darstellen.[146] LaTour/Peat (1979) vertreten den Standpunkt, dass Einstellung und Kundenzufriedenheit auch aufgrund ihres zeitlichen Auseinanderfallens voneinander unterschieden werden müssen. So seien Einstellungen, welche primär in der Phase vor einer Kaufentscheidung von Relevanz sind, dem auf die Nachkaufphase bezogenen Zufriedenheitskonstrukt zeitlich vorgelagert.

Ein weiteres Konstrukt, welches von dem der Kundenzufriedenheit abgegrenzt werden muss, ist die Dienstleistungsqualität. Nach Parasuraman et al. (1985, 1988) stellt sich die Dienstleistungsqualität als das Ergebnis eines Vergleichs zwischen der erwarteten und der tatsächlich wahrgenommenen Dienstleistung dar. Somit zeigen sich durchaus Ähnlichkeiten zur Kundenzufriedenheit, die – wie auch noch später näher dargestellt – auf einem vergleichbaren kognitiven Vergleichsprozess basiert. Darüber hinaus kann die Dienstleistungsqualität genauso wie die Kundenzufriedenheit als Prädiktor ökonomischer Erfolgsgrößen von Unternehmen verstanden werden. Trotz dieser Analogien geht eine Vielzahl von Autoren davon aus, dass die Kundenzufriedenheit und Dienstleistungsqualität zwar verwandte, insgesamt aber für sich allein stehende Konstrukte sind.[147] Taylor/Baker (1994, S. 165) führen an, dass sich beide sowohl hinsichtlich den ihnen zugrundeliegenden Vergleichsstandards als auch ihrer Dimensionalität unterscheiden würden. So sind die Dimensionen der Dienstleistungsqualität im Gegensatz zu den Zufriedenheitsdimensionen vergleichsweise spezifisch.[148] Das Fällen eines Qualitätsurteils würde ferner nicht zwingend das Bestehen einer tatsächlichen Konsumerfahrung voraussetzen. Schließlich habe die Kundenzufriedenheit abweichende konzeptionelle Antezedenten. Stauss (1999) ergänzt diese Auflistung von Unterscheidungskriterien, indem er anführt, dass Zufriedenheitsurteile neben einer kognitiven auch eine affektive Komponente umfassen und beide Konstrukte eine divergierende zeitliche Stabilität aufweisen würden. Im Hinblick auf die abweichenden zeitlichen Stabilitäten beschreiben Bolton/Drew (1991a) die Dienstleistungsqualität als ein längerfristig angelegtes, umfassenderes Werturteil gegenüber einer Unternehmensleistung oder einer Unternehmung. Die Kundenzufriedenheit sei dagegen eine eher transaktionsbezogene Größe. Analog zur obigen Abgrenzung zum

---

[146] Vgl. hier auch Kaas/Runow (1984, S. 454) oder Bitner (1990, S. 70).
[147] Vgl. z. B. Bitner (1990), Cronin/Taylor (1992) oder Stauss (1999). In einer empirischen Studie belegen Spreng/MacKoy (1996), dass die Kundenzufriedenheit und Dienstleistungsqualität voneinander getrennt zu betrachtende Konstrukte sind.
[148] Vgl. hierzu die von Parasuraman et al. (1988) vorgeschlagene Einteilung der Dienstleistungsqualität in die fünf spezifischen Qualitätsdimensionen „Physisches Dienstleistungsumfeld", „Zuverlässigkeit", „Leistungskompetenz", „Leistungswille" und „Einfühlungsvermögen".

Einstellungsbegriff stellt die Kundenzufriedenheit daher aus zeitlicher Perspektive konsistenterweise erneut das instabilere Konstrukt dar. Parasuraman et al. (1988) beschreiben, wie die in diesem Zusammenhang relevanten Vergleichsstandards voneinander abweichen. So lägen der Dienstleistungsqualität Erwartungen hinsichtlich dessen, was sein sollte – also Idealstandards – zugrunde. Dagegen würden im Rahmen von Zufriedenheitsurteilen von den Konsumenten primär antizipierende Erwartungsstandards bezüglich dessen, was wahrscheinlich sein wird, einbezogen. Bolton/Drew (1991a) führen in diesem Zusammenhang ferner an, dass über die Diskonfirmation von Erwartungen hinaus, auch das wahrgenommene Leistungsniveau sowie die Erwartungen selbst als direkte Antezedenten der Kundenzufriedenheit anzusehen sind. Die Kundenzufriedenheit kann somit als eine auf kognitiven und affektiven Prozessen basierende Reaktion auf Konsumerlebnisse angesehen werden. Die Kundenzufriedenheit stellt hierbei ein Konstrukt dar, das zwar Ähnlichkeiten mit den Einstellungen von Kunden zu Unternehmen und deren Produkten sowie zur kundenseitig wahrgenommenen Dienstleistungsqualität aufweist, das aber grundsätzlich von diesen abzugrenzen ist.

4.2.2 Das Diskonfirmations-Paradigma als integrativer Modellrahmen der Kundenzufriedenheit

a) Grundlegende Idee des Diskonfirmations-Paradigmas

Die Kundenzufriedenheit hängt weitgehend von kognitiven Vergleichsprozessen ab. Ein bedeutender Ansatz zur Erklärung der Herausbildung von Zufriedenheitsurteilen, der konzeptionell an entsprechenden Vergleichsmechanismen anknüpft, stellt das so genannte Diskonfirmations-Paradigma dar. Generell wird davon ausgegangen, dass das Diskonfirmations-Paradigma der entscheidende Modellansatz zur theoretischen Fundierung der Kundenzufriedenheit ist. Ferner können im Rahmen des Diskonfirmations-Paradigmas weitere verhaltenswissenschaftlich fundierte Denkansätze integriert werden.[149] Der für die Marketingforschung wegweisende Beitrag zum Diskonfirmations-Paradigma liefert Oliver (1980a), der aufbauend auf der Adaptions-Level-Theorie von Helson (1964) ein Prinzip der Diskonfirmation von Vergleichsstandards auf den Forschungsbereich der Kundenzufriedenheit überträgt. Der Adaptions-Level-Theorie folgend bewerten Individuen bestimmte Stimuli bzw. Reize anhand eines adaptierten Standards. Die Ausprägung der Adaptionsstandards kann durch Kontextfaktoren, psychologische und physiologische Einflussgrößen sowie durch die zu bewertenden Stimuli selbst erklärt werden. Nur stark negative oder positive Abweichungen vom Adaptionsstandard können hierbei zu Veränderungen der ursprünglichen Bewertung von Stimuli führen.[150] Übertragen auf die Kundenzufriedenheit geht Oliver (1980a) davon aus, dass Konsumenten vor Konsumerlebnissen Erwartungen hinsichtlich der Wahrscheinlichkeit des Eintretens bestimmter produktbezogener Ergebnisse einer Kaufentscheidung bilden. Die entsprechenden Erwartungen dienen in der Folge als Standard, der nach der Konsumption der

---

[149] Vgl. z. B. Stauss (1999) oder Homburg/Stock (2003).
[150] Vgl. Helson (1964, S. 461).

Produkte mit dem tatsächlich wahrgenommenen Leistungsniveau verglichen wird. Eine Entsprechung des Vergleichsstandards durch die im Rahmen einer Konsumerfahrung wahrgenommene Performance führt zu einer Erwartungskonfirmation und einem Zufriedenheitsurteil auf Konfirmationsniveau. Abweichungen der wahrgenommenen Leistung bedingen dementsprechend eine positive (negative) Erwartungsdiskonfirmation und Zufriedenheitsreaktionen über (unter) dem Konfirmationsniveau.[151,152] Nach Oliver (1980a) stellen hierbei die Erwartungen sowie die Erwartungsdiskonfirmation voneinander verschiedene Konstrukte dar, die jeweils eine gesonderte Wirkung auf die Kundenzufriedenheit haben. Es wird in diesem Kontext davon ausgegangen, dass die Erwartungen und die Erwartungsdiskonfirmation in einem additiven Funktionszusammenhang mit der Kundenzufriedenheit stehen.[153] D. h., dass sowohl stärkere positive Diskonfirmationen von Erwartungen als auch höhere Erwartungen in positiven Zufriedenheitsurteilen resultieren. In einer empirischen Arbeit weisen Churchill/Surprenant (1982) nach, dass auch das wahrgenommene Leistungsniveau in einem direkten Kausalzusammenhang mit der Kundenzufriedenheit stehen kann.[154] Infolgedessen erfährt der konzeptionelle Ansatz von Oliver (1980a) eine Erweiterung, in dem neben den Erwartungen und der Erwartungsdiskonfirmation auch die wahrgenommene Leistung als direkte Determinante der Kundenzufriedenheit Berücksichtigung findet. Unter Berücksichtigung empirischer Arbeiten zur Verifizierung der Bedeutung der dargestellten potenziellen Antezedenten der Kundenzufriedenheit kann festgestellt werden, dass die Existenz eines direkten Einflusses der Erwartungsdiskonfirmation im Allgemeinen anerkannt ist. Hinsichtlich der Bedeutung der Erwartungen als direkte Determinante der Kundenzufriedenheit sind die empirischen Befunde uneinheitlich. So zeigen einige Autoren, dass das wahrgenommene Leistungsniveau im Vergleich zu den Erwartungen einen stärkeren direkten Einfluss auf die Kundenzufriedenheit hat.[155] Ein möglicher Erklärungsansatz für die abweichenden empirischen Befunde ist, dass sich der Zufriedenheitsprozess in unterschiedlichen Produktkategorien[156] oder aufgrund variierender situativer Faktoren unterschiedlich darstellt. Als Argument für eine Dominanz des wahrgenommenen Leistungsniveaus mag dienen, dass seitens der

---

[151] Vgl. Westbrook/Reilly (1983, S. 257).
[152] Im Zusammenhang mit Zufriedenheitsurteilen, die über dem Konfirmationsniveau liegen, wird auch der Begriff der Begeisterung bzw. des Customer-Delight gebraucht. Vgl. z. B. Johnston (1995) oder Oliver et al. (1997).
[153] Ähnliche konzeptionelle Ansätze zur Diskonfirmation von Erwartungen finden sich in einer Vielzahl von Arbeiten. Beispielhaft seien die Publikationen von Bearden/Teel (1983), Oliver/DeSarbo (1988, S. 495f.) oder Woodruff et al. (1983) genannt.
[154] Den gleichen konzeptionellen Ansatz vertreten z. B. auch Tse/Wilton (1988, S. 204f.) oder Anderson/Sullivan (1993, S. 126ff.), die auch beide direkte Effekte des wahrgenommenen Leistungsniveaus auf die Kundenzufriedenheit postulieren.
[155] Churchill/Surprenant (1982) kommen im Rahmen einer empirischen Überprüfung der Antezedenten der Kundenzufriedenheit sowohl bei dauerhaften als auch verderblichen Gütern zum Ergebnis, dass das wahrgenommene Leistungsniveau als eine direkte Determinante der Kundenzufriedenheit anzusehen ist. Tse/Wilton (1988), Bolton/Drew (1991a) und Pieters et al. (1995) kommen im Rahmen konzeptioneller Überlegungen und empirischer Studien ebenfalls zu dem Ergebnis, dass das wahrgenommene Leistungsniveau eine direkte Determinante der Kundenzufriedenheit ist.
[156] Vgl. hierzu z. B. wiederum Surprenant/Churchill (1982).

Konsumenten hinsichtlich der Performance bestimmter Unternehmensleistungen keine Erwartungen bestehen (z. B. bei neuen Produkten). Umgekehrt kann der Fakt, dass Konsumenten die tatsächliche Performance einer Unternehmensleistung kognitiv gar nicht erfassen können, zu einem Übergewicht des Erwartungskonstruktes führen. Wie auch später gezeigt wird, kann dies auch durch Assimilationseffekte erklärt werden. Kontrasteffekte bedingen dagegen eine Betonung der Bedeutung der Erwartungsdiskonfirmation.

b) Komponenten des Diskonfirmations-Paradigmas

Abbildung 10 führt die im Diskonfirmations-Paradigma berücksichtigten Antezedenten der Kundenzufriedenheit sowie die zwischen den einzelnen Konstrukten postulierten Kausalzusammenhänge auf.[157] Im Folgenden sollen mit den Konstrukten des wahrgenommenen Leistungsniveaus, der Vergleichsstandards sowie der Diskonfirmation von Vergleichsstandards die einzelnen potenziellen Determinanten der Kundenzufriedenheit einer genaueren Betrachtung unterzogen werden.

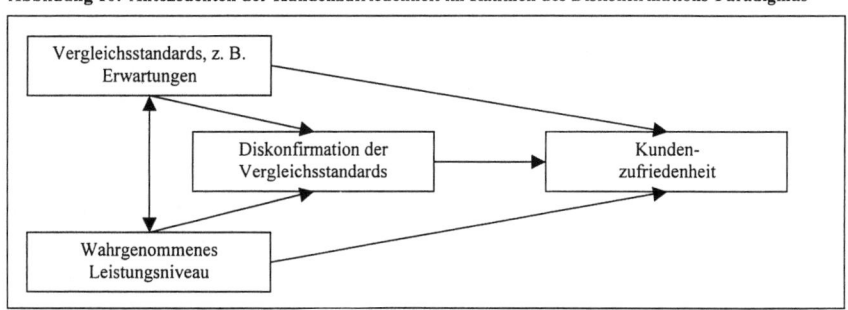

Abbildung 10: Antezedenten der Kundenzufriedenheit im Rahmen des Diskonfirmations-Paradigmas

Das wahrgenommene Leistungsniveau und die von den Konsumenten berücksichtigten Vergleichsstandards stellen die der Bildung von Zufriedenheitsurteilen zugrundeliegenden Ist- und Soll-Komponenten dar. Dem wahrgenommenen Leistungsniveau als Ist-Komponente, welche sowohl mit dem Diskonfirmationskonstrukt als auch mit der Kundenzufriedenheit in einem positiven Kausalzusammenhang steht, kommt in der wissenschaftlichen Diskussion des Diskonfirmations-Paradigmas eine eher untergeordnete Rolle zu. Generell kann aber davon ausgegangen werden, dass nicht die objektive Leistung, sondern das von den Konsumenten individuell wahrgenommene Leistungsniveau von Produkten und Dienstleistungen im Zentrum der Betrachtung steht. Aufgrund individuell abweichender Wahrnehmungsprozesse kommt es daher dazu, dass das subjektiv erfasste Leistungsniveau ein und derselben

---

[157] Abbildung erfolgt in Anlehnung an Anderson/Sullivan (1993, S. 127).

Unternehmensleistung in der Wahrnehmung verschiedener Kunden voneinander abweichen kann.[158]

Im Vergleich zum wahrgenommenen Leistungsniveau ist die Soll-Komponente des Diskonfirmations-Paradigmas in einem größeren Umfange Gegenstand des akademischen Diskurses. Hierbei wird insbesondere die Frage aufgeworfen, welche konkrete Form die Vergleichsstandards annehmen. In diesem Zusammenhang schlägt Miller (1977) mit der erwarteten, der idealen, der gerade noch tolerierbaren und der verdienten Leistung vier potenzielle Vergleichsstandards vor. Nach Halstead (1999) wurde in frühen Arbeiten zur Kundenzufriedenheit weitgehend davon ausgegangen, dass antizipierende Erwartungen die Grundlage von Zufriedenheitsurteilen sind.[159] Folglich spricht man in diesem Kontext auch zumeist vom Erwartungsdiskonfirmations-Paradigma der Kundenzufriedenheit. Auch wenn die antizipierenden Erwartungen bis heute immer noch der dominierende Vergleichsstandard sind,[160] wurde von mehreren Autoren die Berücksichtigung alternativer Referenzgrößen vorgeschlagen. So weisen etwa LaTour/Peat (1979), Woodruff et al. (1983) und Cadotte et al. (1987) auf die Bedeutung erfahrungsbasierter Standards hin. Während Tse/Wilton (1988) sowie Oliver/Swan (1989) Gerechtigkeitsnormen vorschlagen, empfehlen Westbrook/Reilly (1983) und Spreng/Olshavsky (1993) die Verwendung der gewünschten Leistung als Vergleichsstandard.[161] Wirtz/Mattila (2001) verweisen mit den multiplen Standards auf eine weitere Gruppe von Vergleichsstandards. Der Berücksichtigung multipler Vergleichsstandards liegt die Idee zugrunde, dass die Bildung von Zufriedenheitsurteilen einen komplexen Prozess darstellt, der nur durch die Berücksichtigung mehrerer Vergleichsstandards erfasst werden kann.[162] So berücksichtigen z. B. Woodruff et al. (1983) erfahrungsbasierte Normen, die auf der individuellen Einschätzung des typischen Leistungsniveaus einer bestimmten Marke einerseits sowie der durchschnittlichen Performance einer ganzen Gruppe ähnlicher Marken andererseits basieren.[163] Resultate einer Variation der Vergleichsstandards sind unterschiedliche Modellvarianten des Diskonfirmations-Paradigmas.

Wie bereits beschrieben, ergibt sich mit dem Konstrukt der Diskonfirmation von Erwartungen die dritte Komponente des Erwartungsdiskonfirmations-Paradigmas. Tse/Wilton (1988) differenzieren mit dem subtraktiven sowie dem subjektiven Diskonfirmationsansatz zwischen zwei Diskonfirmationsvarianten. Eine ähnliche Unterscheidung treffen Swan/Trawick (1981) bzw. Oliver (1996) mit der abgeleiteten und wahrgenommenen respektive der objektiven und subjektiven Diskonfirmation. Im Rahmen des auf der Comparison-Level-Theorie von Thibaut/Kelley (1959, 1986) basierenden, subtraktiven Modellierungsansatz wird davon

---

[158] Vgl. z. B. Kaas/Runow (1984, S. 452), Stauss (1999, S. 7) oder Homburg/Stock (2003, S. 21).
[159] Vgl. z. B. Cardozo (1965), Anderson (1973) oder auch Oliver (1980a).
[160] Vgl. Zeithaml et al. (1993, S. 2).
[161] Für eine Übersicht über weitere im Rahmen der Kundenzufriedenheitsforschung verwendete Vergleichsstands siehe Halstead (1999).
[162] Vgl. Zeithaml et al. (1993, S. 2).
[163] Weitere Arbeiten, die multiple Vergleichsstandards berücksichtigen, finden sich bei Prakash (1984) oder Spreng et al. (1996).

ausgegangen, dass sich der kognitive Prozess der Bestätigung bzw. Nichtbestätigung eines Vergleichsstandards aus der Subtraktion der Ausprägung des Vergleichsstandards vom wahrgenommenen Leistungsniveau ergibt. Pieters et al. (1995) sprechen in diesem Zusammenhang daher auch von Konsumenten, die den entsprechenden Vergleich ähnlich wie Buchhalter durchführen. Von dieser Idee abzugrenzen ist der Ansatz der subjektiven Diskonfirmation, welcher ein eigenständiges psychologisches Konstrukt darstellt. Die subjektiv wahrgenommene Diskonfirmation basiert hierbei auf der von einem Individuum wahrgenommenen und subjektiv bewerteten Abweichung zwischen Vergleichsstandard und produktspezifischem Leistungsniveau. Während die subtraktive Diskonfirmation nach Oliver (1980a) direkt in einem Zufriedenheitsurteil mündet, sei dies im Zusammenhang mit der subjektiven Diskonfirmation nicht der Fall. Diese würde als eigenständige Variable mediierend zwischen den Erwartungs- und Performance-Konstrukten stehen. Tse/Wilton (1988) konstatieren daher, dass der entsprechende Modellierungsansatz die komplexen Prozesse der Entstehung von Zufriedenheitsreaktionen adäquater beschreibt und daher dem Ansatz der subtraktiven Diskonfirmation vorzuziehen ist. Das Erwartungsdiskonfirmations-Paradigma ist somit bei Berücksichtigung der subjektiv wahrgenommenen Diskonfirmation, des individuell perzeptierten Leistungsniveaus sowie der antizipierenden Erwartungen allgemeingültig beschrieben. Im Folgenden sollen einige Erweiterungen des Diskonfirmations-Paradigmas aufgezeigt werden, die den Erklärungsgehalt des Basismodells erhöhen können.

c) *Erweiterungen des Diskonfirmations-Paradigmas*

Das Erwartungsdiskonfirmations-Paradigma stellt einen integrativen Modellrahmen dar, in dem weitere Denkansätze berücksichtigt werden können.[164] Neben einer Erweiterung durch die Ansätze der Assimilations-, Kontrast- Assimilations-Kontrast- und der Prospect-Theorie, kann eine Ergänzung des Basismodells u. a. durch die Einbeziehung des Konzeptes der Toleranz- bzw. Indifferenzzone erreicht werden.

Zur Erklärung von Zufriedenheitsreaktionen, die von den Vorhersagen des Basismodells der Erwartungsdiskonfirmation abweichen, setzen spezifische Anwendungen der Kontrast-, und Assimilationstheorie an den zwischen dem wahrgenommenen Leistungsniveau und den vor der Kaufentscheidung gebildeten Erwartungen auftretenden Diskrepanzen an.[165] Unter Berücksichtigung von Kontrasteffekten kann begründet werden, dass positive (negative) Abweichungen der wahrgenommenen Performance von der Erwartung in stark positiven (negativen) Zufriedenheitsreaktionen resultieren.[166] Aufgrund von Kontrasteffekten wird die Leistungswahrnehmung bei Abweichungen der perzeptierten Performance vom zugrundeliegenden Vergleichsstandard wegbewegt. Die Wahrnehmung der Diskrepanz ist im Resultat

---

[164] Vgl. Homburg/Stock (2003, S. 23).
[165] Vgl. Anderson (1973, S. 38ff.).
[166] Vgl. Lynch et al. (1991).

demgemäß größer als die tatsächlich bestehende. Dies führt zu einer Verstärkung der Erwartungsdiskonfirmation und in deren Folge zu extremen Zufriedenheitsreaktionen.[167] Die Kontrasttheorie liefert demnach auch eine Erklärung für die Existenz dominanter Effekte der Erwartungsdiskonfirmation.

Die Assimilationstheorie kann als Gegenstück der Kontrasttheorie verstanden werden. Übertragen auf den Forschungsgegenstand der Kundenzufriedenheit gibt die auf Festingers (1957) Theorie der kognitiven Dissonanz basierende Assimilationstheorie vor, dass ein Missverhältnis zwischen dem wahrgenommenen Leistungsniveau und dem Erwartungsstandard zu einer kognitiven Dissonanz seitens des Konsumenten führt. Zum Abbau der entsprechenden Dissonanz können die Konsumenten einerseits die individuelle Wahrnehmung an ihre vor dem Kauf bestehenden Erwartungen anpassen.[168] Neben dieser so genannten Vorwärts-Assimilation kann andererseits auch eine Rückwarts-Assimilation im Sinne einer Angleichung der erinnerten Erwartungen an die wahrgenommene Produkt- bzw. Dienstleistungsperformance erfolgen. Die Assimilationstheorie liefert somit erstens eine Erklärung für beidseitig bestehende direkte Effekte zwischen den Konstrukten der Erwartungen und der wahrgenommenen Performance. Als Ergebnis dieser Assimilationseffekte kann zweitens erklärt werden, dass das Ausmaß der Erwartungsdiskonfirmation aufgrund von Assimilationseffekten geringer ausfällt. Dies führt dazu, dass sich aufgrund der Verringerung der Erwartungsdiskonfirmation Zufriedenheitsreaktionen auf Konfirmationsniveau einstellen. Auch starke negative und positive Abweichungen der wahrgenommenen Leistung vom Vergleichsstandard führen daher nicht zu extremen Zufriedenheitsreaktionen.[169]

Eine Synthese der Assimilations- und Kontrasttheorie stellt die so genannte Assimilations-Kontrast-Theorie dar.[170] Wenn Individuen auf kognitiven oder sonstigen psychologischen Prozessen basierende Urteile treffen, legen sie dem Vergleich auch hier eine Referenzgröße zugrunde. In einem bestimmten Bereich um diesen Vergleichsstandard herum, nehmen die Individuen positive und negative Abweichungen nicht als bedeutend wahr. Aufgrund der fehlenden Relevanz entsprechender Diskrepanzen werden diese durch Assimilationseffekte abgebaut. Wenn ein bestimmter Stimulus in einen Gebiet außerhalb des Akzeptanzbereiches liegt, treten dagegen aber Kontrasteffekte anstatt von Assimilationseffekten auf. Die Individuen überschätzen die sich realisierende Erwartungsdiskonfirmation demzufolge systematisch.[171] Übertragen auf das Erwartungsdiskonfirmations-Paradigma bedeutet dies, dass geringe (starke) Abweichungen der wahrgenommenen Performance nur zu schwachen (zu stark ausgeprägten) Zufriedenheitsreaktionen führen.[172]

---

[167] Vgl. z. B. Anderson (1973) oder LaTour/Peat (1979).
[168] Vgl. Oliver/DeSarbo (1988, S. 496).
[169] Vgl. Pieters et al. (1995, S. 17f.).
[170] Vgl. Hovland et al. (1957) und Sherif/Hovland (1961).
[171] Vgl. z. B. Oliver (1980b).
[172] Vgl. z. B. Babin et al. (1994).

Ein weiterer konzeptioneller Ansatz, der in das Erwartungsdiskonfirmations-Paradigma integriert werden kann, ist das Konzept der Toleranz- und Indifferenzzone. Der hinter dem Konzept der Toleranzzone stehende Denkansatz basiert hierbei auf der Überlegung, dass Konsumenten ihren Zufriedenheitsurteilen multiple Vergleichsstandards zugrundelegen. Auf Basis qualitativer Studien kommen etwa Parasuraman et al. (1991, S. 42ff.) zu dem Ergebnis, dass Konsumenten im Kontext der Beurteilung der Dienstleistungsqualität eines Anbieters gleichzeitig die Konstrukte des adäquaten und des gewünschten Dienstleistungsniveaus als Vergleichsstandards heranziehen.[173] Während ersteres die Untergrenze der Toleranzzone vorgibt, definiert das ideale Dienstleistungsniveau deren obere Begrenzung. Nach Woodruff et al. (1983, 299f.) beschreibt die Indifferenzzone einen Bereich, in dem das wahrgenommene Leistungsniveau als äquivalent zu einer bestimmten, auf Erfahrungen der Vergangenheit beruhenden Leistungsnorm eingestuft wird. Die Existenz der Indifferenzzone kann sowohl durch Ungenauigkeiten in der individuellen Wahrnehmung, die dazu führt, dass Abweichung vom Vergleichsstandard nicht bewusst perzipiert werden können, als auch durch die bereits beschriebenen Assimilationseffekte erklärt werden. Nach einem Konsumerlebnis gebildete Leistungswahrnehmungen, die außerhalb (innerhalb) der Toleranzzone liegen, führen nach Vorgabe dieses Modellrahmens (nicht) zu einer Diskonfirmation von Erwartungen und in der Folge zu stark (schwach) ausgeprägten Zufriedenheitsreaktionen.[174] Hier zeigen sich deutlich Analogien zur Assimilations-Kontrast-Theorie, die genauso wie das Konzept der Toleranzzone divergierende Zufriedenheitsreaktionen über die Existenz mehr oder weniger stark ausgeprägter Diskrepanzen zwischen individueller Leistungswahrnehmung und Vergleichsstandards erklärt.

In einem Beitrag zur Wirkung unterschiedlicher produktattributspezifischer Leistungsniveaus auf die Globalzufriedenheit, übertragen Mittal et al. (1998) die von Kahneman/Tversky (1979) entwickelte Prospect-Theorie auf den Bereich der Kundenzufriedenheit. Nach Vorgabe der Prospect-Theorie bewerten Individuen den Nutzen von in Zukunft liegenden Ereignissen (Prospects) entsprechend einer s-förmigen Wertfunktion (vgl. Abbildung 11). Im Rahmen der Prospect-Theorie wird wiederum davon ausgegangen, dass die Individuen ihrer Bewertung einen Vergleichsstandard zugrundelegen. Die Bewertung erfolgt daher in Abhängigkeit des Ausmaßes der Abweichung vom entsprechenden Referenzpunkt. Negative Abweichungen werden hierbei als Verlust, positive Abweichungen als Gewinn angesehen. Es wird unterstellt, dass seitens der Individuen Risikoaversion besteht. Demgemäß führen negative bzw. ungünstige Abweichungen vom Vergleichsstandard zu stärkeren individuellen Reaktionen als

---

[173] Hierbei ist der gewünschte Dienstleistungslevel analog zu dem von Westbrook/Reiley (1983) verwendeten Begriff der gewünschten Leistung zu verstehen. Der adäquate Dienstleistungslevel ist nach Parasuraman et al. (1991, S. 42) äquivalent zum Konzept der antizipierenden Erwartung.
[174] Vgl. hierzu Johnston (1995, S. 47), der vorgibt dass die Wahrnehmung von positiven (negativen) Abweichungen der Performance zur Begeisterung (Unzufriedenheit) seitens der Kunden führt. Eine Leistungswahrnehmung innerhalb des Toleranzbereichs führe zu Zufriedenheit. Analog hierzu sprechen Parasuraman et al. (1991) bezogen auf die wahrgenommene Dienstleistungsqualität von Customer-Franchise, Competitive-Disadvantage und Competitive-Advantage.

positive. Über die Abhängigkeit von einem Vergleichsstandard und die Verlustaversion hinaus wird angenommen, dass hinsichtlich der Evaluation der positiven und negativen Abweichungen vom Vergleichsstandard von einer abnehmenden Empfindlichkeit auszugehen ist. Starke Abweichungen vom in diesem Zusammenhang zugrundeliegenden Vergleichsstandard führen im Gegensatz zu den Vorhersagen der Kontrasttheorie daher nicht zu extremen Reaktionen.[175]

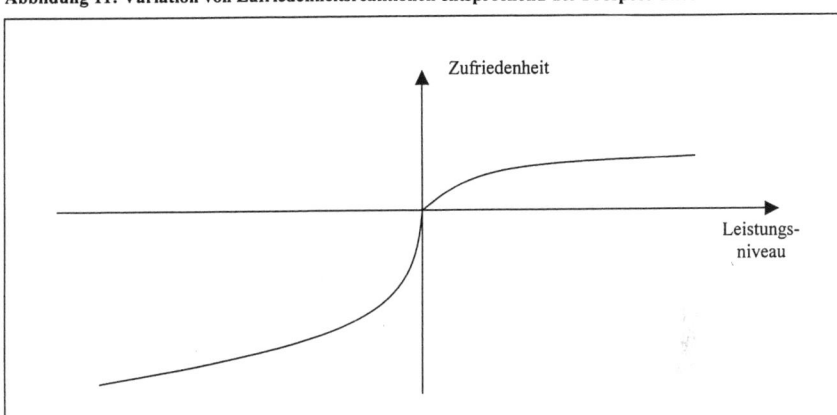

Abbildung 11: Variation von Zufriedenheitsreaktionen entsprechend der Prospect-Theorie

Bei Anwendung der Prospect-Theorie auf den Bereich der Kundenzufriedenheit muss beachtet werden, dass Individuen Bewertungen eines Objekts in der Vorschau vornehmen. Da Zufriedenheitsurteile stets erst nach einer Kaufentscheidung bzw. einem Konsumerlebnis getroffen werden können, muss bei Übertragung der Prospect-Theorie auf den Forschungsgegenstand der Kundenzufriedenheit von der ursprünglichen zeitlichen Perspektive verallgemeinert werden.[176] Neben einer Anwendung der Prospect-Theorie im Kontext der Betrachtung der zufriedenheitsrelevanten Effekte des wahrgenommenen globalen Leistungsniveaus, ist auch eine prospect-theoretisch fundierte Analyse der Wirkung der produktattributspezifischen Performance auf die Globalzufriedenheit möglich. Neben Mittal et al. (1998) führen auch Ting/Chen (2002) empirische Studien zur Validierung entsprechender multiattributiver Modellansätze durch. Beide zeigen, dass der oben beschriebene nicht-lineare und asymmetrische Funktionsverlauf hinsichtlich einiger Produkteigenschaften besteht. Da der s-förmige Verlauf der Wertfunktion aber nicht bei allen Produktattributen bestätigt werden konnte, muss von einer generellen Übertragung der Prospect-Theorie abgesehen werden. Vielmehr muss davon ausgegangen werden, dass die Ausprägung der zwischen der wahrge-

---

[175] Vgl. Mittal et al. (1998, S. 34f.).
[176] Vgl. Homburg/Stock (2003, S. 31f.).

nommenen Performance und den resultierenden Zufriedenheitsurteilen bestehenden Funktionsverläufe zwischen verschiedenen Produktattributen variieren kann.

Eine weitere Modifikation oder besser Vereinfachung des Diskonfirmations-Paradigmas stellen die Performance-Modelle der Kundenzufriedenheit dar. Der entsprechende konzeptionelle Ansatz gibt vor, dass die Zufriedenheitsurteile alleine durch das Leistungsniveau des Produktes determiniert werden. Empirische Befunde, welche das Performance-Modell der Kundenzufriedenheit zumindest partiell unterstützen, finden sich z. B. bei Surprenant/Churchill (1982) oder Tse/Wilton (1988). Beide zeigen im Zusammenhang mit spezifischen Produktkategorien, dass die wahrgenommene Leistung im Vergleich zum Diskonfirmationskonstrukt den besseren Prädiktor der Kundenzufriedenheit darstellen kann. Die Ergebnisse einer empirischen Arbeit von Oliver/DeSarbo (1988) lassen dagegen vermuten, dass die Erwartungsdiskonfirmation und die wahrgenommene Performance die Kundenzufriedenheit gemeinsam beeinflussen. Jayanti/Jackson (1991) zeigen darüber hinaus, dass ein Modell, welches u. a. das individuelle Ausmaß des persönlichen Involvements berücksichtigt, den Performance-Ansätzen vorzuziehen ist. Unter Berücksichtigung dieser gemischten Ergebnisse empirischer Arbeiten,[177] ist davon auszugehen, dass die Anwendung von Performance-Modellen lediglich im Kontext spezifischer Produktkategorien und Nutzungsszenarien von Bedeutung ist. Diskonfirmationsansätze, welche die wahrgenommene Performance als direkte Determinante der Konsumentenzufriedenheit berücksichtigen, scheinen im Allgemeinen den besseren Modellierungsrahmen darzustellen.

Aufgrund der Relevanz der preisspezifischen Leistungswahrnehmung im Kontext der vorliegenden Arbeit, soll über das Diskonfirmations-Paradigma hinaus auch die Referenzpreistheorie erwähnt werden.[178] Die Referenzpreistheorie fußt genauso wie das Erwartungsdiskonfirmations-Paradigma auf der Adaptionsleveltheorie von Helson (1964).[179] Anstatt preisspezifischer Erwartungen wird dem hier ebenfalls vorhandenen kognitiven Vergleichsprozess zwar ein Referenzpreis zugrundegelegt, substanzielle Unterschiede zwischen den beiden Ansätzen exstieren aus dieser Perspektive ansonsten aber nicht. Ferner wird im Kontext der Referenzpreistheorie genauso wie im Kontext des Erwartungsdiskonfirmations-Paradigmas diskutiert, ob nur ein oder mehrere Referenzpreise und damit auch eine Indifferenzzone relevant sind.[180] Die Referenzpreistheorie erklärt im Gegensatz zum Diskonfirmations-Paradigma primär das Kaufverhalten und nicht die hier im Fokus stehende Kundenzufriedenheit. Darüber hinaus wird die Referenzpreistheorie hauptsächlich im Kontext von Sachgütern und nicht von Dienstleistungen berücksichtigt.[181] Unter Berücksichtigung

---

[177] Wirtz/Mattila (2001) vermuten, dass ein Teil des Effektes der individuell wahrgenommenen Performance auf die Kundenzufriedenheit durch eine mangelnde diskriminierende Validität der beiden Konstrukte bedingt ist. Beide Konstrukte würden demzufolge den gleichen Sachverhalt messen.
[178] Für Arbeiten, die auf der Referenzpreistheorie basieren vgl. z. B. Sorce/Widrick (1991), Kalyanaram/Winer (1995), Estelami (1997), Janiszewski/Lichtenstein (1999) oder Niedrich et al. (2001).
[179] Vgl. z. B. Monroe et al. (1977) oder Kalayanram/Winer (1995).
[180] Vgl. z. B. Sorce/Widrick (1991).
[181] Vgl. z. B. Blair/Landon (1981).

dieser Aspekte wird der Preis in der vorliegenden Arbeit nicht mithilfe der Referenzpreistheorie, sondern aus der Perspektive von Zufriedenheitstheorien betrachtet. Während der Erklärungsgehalt des Diskonfirmations-Paradigmas durch Berücksichtigung der gerade präsentierten konzeptionellen Ansätze bereits gesteigert werden konnte, stehen zu seiner Ergänzung weitere theoretische Konzepte zur Verfügung. Hierbei seien insbesondere die Attributions- und Gerechtigkeitstheorie genannt, die ebenfalls der theoretischen Fundierung von Zufriedenheitsreaktionen dienen können.

4.2.3 Attributionstheoretische Fundierung von Zufriedenheitsurteilen

Neben dem Erwartungsdiskonfirmations-Paradigma stellt die Attributionstheorie einen weiteren konzeptionellen Ansatz zur Erklärung abweichender Zufriedenheitsreaktionen dar. Im Rahmen der Konsumentenforschung findet die Attributionstheorie insbesondere zur theoretischen Fundierung des Beschwerdeverhaltens Verwendung.[182] Zufriedenheitsreaktionen können aber genauso auf Basis der Attributionstheorie erklärt werden.[183] Übertragen auf den Bereich der Kundenzufriedenheit ist die grundlegende Idee der Attributionstheorie die, dass Individuen sowohl nach positiv als auch nach negativ wahrgenommenen Konsumerlebnissen kausale Zuschreibungen (Attributionen) hinsichtlich der Gründe des entsprechenden Ereignisses vornehmen.[184] D. h., dass Konsumenten nach positiven und negativen Konsumerlebnissen kausal abgeleitete Erklärungen für deren Zustandekommen bilden. Abweichende Konsumentenreaktionen sind in diesem Kontext dann zu erwarten, wenn Individuen unterschiedliche Erklärungsgründe für ein und denselben positiven oder negativen Sachverhalt sehen.

Als Gegenstand der Attributionstheorie ergibt sich somit, neben der Erklärung der potenziellen Antezedenten entsprechender kausaler Zuschreibungen,[185] die Analyse der Dimensionalität sowie der Konsequenzen individuell abgeleiteter Attributionen. Auch wenn die Ursprünge der Attributionstheorie auf Arbeiten von Heider (1958) und Kelley (1967, 1972) zurückgehen,[186] liefert Weiner (1985, 1986) den entscheidenden Beitrag zur Klassifizierung potenzieller Attributionsdimensionen. Weiners Kategorisierungsschema stellt hierbei den entscheidenden Schritt hin zu einer fundierten Analyse möglicher Konsequenzen unterschiedlicher kausaler Zuschreibungen dar. Insgesamt werden mit dem Ort/Lokus, der Stabilität sowie der Kontrollierbarkeit drei Dimensionen kausaler Zuschreibungen unterschieden, welche im Folgenden näher betrachtet werden:

---

[182] Vgl. z. B. Krishnan/Valle (1979), Folkes (1984), Folkes et al. (1987) oder Su/Tippins (1998).
[183] Vgl. Oliver/DeSarbo (1988) oder Tom/Lucey (1995).
[184] Während Folkes (1984), Folkes et al. (1987) oder Su/Tippins (1998) davon ausgehen, dass Konsumenten primär im Falle negativer Produkterfahrungen kausale Zuschreibungen vornehmen, beziehen etwa Oliver/DeSarbo (1988) auch positive Produkterfahrungen mit in ihre Betrachtung ein.
[185] Die potenziellen Antezedenten individueller Attributionen sollen hier keiner näheren Betrachtung unterzogen werden. Für eine ausführlichere Betrachtung vgl. Folkes (1988, S. 550ff.).
[186] Vgl. Weiner (2000).

- *Ort/Lokus kausaler Zuschreibungen:* Individuen können den Grund für ein bestimmtes Ergebnis einer Konsumentscheidung entweder bei sich selbst (intern) oder bei anderen Personen bzw. Institutionen (extern) suchen.
- *Stabilität kausaler Zuschreibungen:* Da die Resultate von Konsumentscheidungen sowohl bei interner als auch externer Attribution im Zeitablauf variieren können, muss die Stabilität kausaler Zuschreibungen als zweite Attributionsdimension berücksichtigt werden. Der Begriff der Stabilität bezieht sich hierbei darauf, welche Konstanz eine kausale Zuschreibung im Zeitablauf aufweist. Auf der einen Seite machen Konsumenten, die eine positive oder negative Produkterfahrung spezifischen Charakteristika eines Anbieters zuordnen, eine stabile externe Zuschreibung. Instabile externe Attributionen kommen auf der anderen Seite z. B. zustande, wenn der Kauf eines schlechten Produktes lediglich als unglücklicher Zufall angesehen wird.[187]
- *Kontrollierbarkeit im Rahmen kausaler Zuschreibungen:* Die Kontrollierbarkeit muss als dritte Dimension kausaler Zuschreibungen angesehen werden. Die Kontrollierbarkeit kann wiederum bei interner und externer Attribution variieren. So kann eine lange Wartezeit vor einer Supermarktkasse als kontrollierbar wahrgenommen werden, wenn angenommen wird, dass der Markt personell unterbesetzt ist. Umgekehrt resultiert eine durch einen anderen Kunden bedingte Verlängerung der Wartezeit in einer unkontrollierbaren externen Zuschreibung.[188]

Wie bereits erwähnt, eröffnet diese Kategorisierung der Attributionsdimensionen, Ansatzpunkte für eine fundierte Analyse potenzieller Konsumentenreaktionen. Nach Folkes (1984) resultieren aus abweichenden kausalen Zuschreibungen unterschiedliche kundenseitige Konsequenzen. Folkes (1984) betrachtet hierbei grundsätzlich aber keine Zufriedenheitsreaktionen. Anstatt dessen wird primär das Beschwerdeverhalten in den Fokus gerückt.[189] Das entsprechende Defizit attributionstheoretischer Denkansätze heben Oliver/DeSarbo (1988), die ihre Betrachtung ausschließlich auf die lokale Attribution der Diskonfirmation von Erwartungen beziehen, zum Teil auf. Die Autoren weisen, bezogen auf den Lokus der Attribution, empirisch nach, dass interne Zuschreibungen von positiven Produkterfahrungen zu einer höheren Zufriedenheit führen. Negative Produkterfahrungen führen dagegen bei externer Zuschreibung zu stärkerer Unzufriedenheit als bei interner Attribution.[190] Ergänzend dazu zeigen Tom/Lucey (1995) in einer branchenspezifischen Betrachtung, dass Konsumenten nur dann unzufrieden reagieren, wenn der Grund der Verzögerung als stabil und anbieterseitig kontrollierbar wahrgenommen wird. D. h., dass Konsumenten bei negativen

---

[187] Vgl. Krishnan/Valle (1979, S. 445).
[188] Vgl. Tom/Lucey (1995, S. 21).
[189] Folkes (1984, 1987) validiert zwar die vermuteten Zusammenhänge zwischen den dargestellten kundenseitigen Reaktionen und divergierenden kausalen Zuschreibungen im Rahmen empirischer Studien. Eine explizite Betrachtung der Zufriedenheitswirkungen kausaler Zuschreibungen nimmt sie aber nicht vor.
[190] Vgl. Valle/Wallendorf (1977).

bzw. positiven Konsumerfahrungen unzufriedener respektive zufriedener reagieren, wenn kausale Zuschreibungen als stabil und kontrollierbar angesehen werden.

4.2.3 Gerechtigkeitstheoretische Fundierung von Zufriedenheitsurteilen

Die auf Arbeiten von Adams (1963) zurückgehende Gerechtigkeitstheorie (Equity-Theory) stellt einen weiteren potenziellen Ansatz zur Erklärung von Zufriedenheitsreaktionen dar. Entsprechend der grundlegenden Annahmen der Gerechtigkeitstheorie streben Individuen in Szenarien sozialen Austauschs dazu, ihren Tauschertrag in Relation zu den eigenen Aufwendungen zu maximieren. Individuen verhalten sich demgemäß grundsätzlich eigennutzorientiert. Darüber hinaus gibt die Gerechtigkeitstheorie aber auch vor, dass die an Tauschprozessen beteiligten Personen die Vorteilhaftigkeit eines fairen Verhaltens gegenüber den anderen am Tausch beteiligten Personen bzw. Institutionen erkennen. Ausgehend von früheren Erfahrungen, aber auch beeinflusst von sozialen Normen, gehen die Tauschpartner davon aus, dass Fairness zu den höchsten Tauscherträgen führt und folglich die eigennützigste aller möglichen Verhaltensweisen ist. In der individuellen Wahrnehmung kommt Gerechtigkeit demnach grundsätzlich dann zustande, wenn die eigenen Erträge und Aufwendungen mit denen des Tauschpartners in (fairer) Relation stehen.[191] Der Begriff der Gerechtigkeit kann in diesem Zusammenhang folglich als das Zustandekommen einer proportionalen Verteilung von Erträgen und Aufwendungen über alle an der Austauschbeziehung beteiligten Partner verstanden werden.[192] Anhand dieser auf Homans (1972) zurückgehenden Gerechtigkeitsdefinition wird deutlich, dass durch die Einbeziehung anderer Tauschpartner Aspekte der distributiven Gerechtigkeit in der Equity-Theorie inkorporiert sind.[193] Dieser elementare gerechtigkeitstheoretische Denkansatz lässt sich durch die in Gleichung (13) dargestellte Equity-Gleichung in einfacher Weise veranschaulichen:[194]

$$(13) \quad \frac{\textit{Eigener Tauschertrag}}{\textit{Eigene Aufwendungen}} \propto \frac{\textit{Tauschertrag des Partners}}{\textit{Aufwendungen des Partners}}$$

Aus der Perspektive der traditionellen Gerechtigkeitstheorie verläuft der auf der Equity-Gleichung basierende kognitive Vergleichsprozess in zwei Stufen. Zuerst vergleicht der Konsument entsprechend Gleichung (13) sein Ertrags-Aufwandsverhältnis mit denen (dem) der (des) Tauschpartner(s). Darauf aufbauend erfolgt anhand spezifischer Gerechtigkeitsregeln in einem zweiten Schritt eine Beurteilung der Proportionalität bzw. Gerechtigkeit der

---

[191] Vgl. Walster et al. (1978).
[192] Vgl. Tax et al. (1998, S. 62ff.) für eine Systematisierung verschiedener Gerechtigkeitsbegriffe bzw. -dimensionen.
[193] Im Rahmen von Arbeiten im Bereich der Konsumentenforschung finden auch weiter gefasstere Gerechtigkeitsbegriffe Berücksichtigung. So werden zusätzlich zu distributiven etwa auch interaktions- und prozessbezogene Gerechtigkeitsaspekte berücksichtigt. Vgl. hierzu z. B. Tax et al. (1998).
[194] Vgl. Oliver (1996, S. 195).

Austauschverhältnisse.[195] Weichen die Verhältnisse von den Vorgaben der benutzten Gerechtigkeitsregel ab, ergeben sich individuelle Wahrnehmungen von Ungerechtigkeit. Analog zur Theorie der kognitiven Dissonanz führen entsprechende Abweichungen zu kognitiven Reizzuständen, welche einerseits in Unzufriedenheitsreaktionen resultieren und andererseits mittels verschiedener Strategien (z. B. Abbruch der Tauschbeziehung) abgebaut werden können.[196] Die entsprechenden Gerechtigkeitswahrnehmungen können in diesem Zusammenhang neben der Zufriedenheit auch das Weiterempfehlungs-, Beschwerde- und Wiederkaufverhalten von Konsumenten beeinflussen.[197] Neben direkten Transaktionspartnern wie z. B. Außendienst- und Verkaufspersonal werden hierbei auch Personen, zu denen nur indirekte Austauschbeziehungen bestehen (z. B. andere Konsumenten), mit in den zufriedenheitsdeterminierenden Vergleichsprozess eingeschlossen.

Eine strikte Auslegung der klassischen Equity-Theorie ist grundsätzlich kritisch zu betrachten. So macht diese nur dann Sinn, wenn Erträge und Aufwendungen der Tauschpartner von der Person, die den Vergleich durchführt, leicht zu quantifizieren sind und weiterhin bei allen Tauschpartnern in äquivalenten Maßeinheiten vorliegen. Darüber hinaus muss in diesem Zusammenhang angemerkt werden, dass sowohl die entsprechenden Erträge und Aufwendungen nicht zwingenderweise eindimensional sind. So können Konsumenten den Preis einer Unternehmensleistung sowie eventuell anfallende Wartezeiten oder Such- und Verhandlungskosten den in eine Tauschbeziehung eingebrachten Aufwendungen zurechnen. Eine enge Auslegung der formal mathematischen Darstellung der Equity-Theorie ist daher nicht immer sinnvoll. Ähnlich wie bereits in der Diskussion der Begriffe der subtraktiven und wahrgenommenen Diskonfirmation erkannt wurde, kann davon ausgegangen werden, dass Individuen, um zu Gerechtigkeitsurteilen zu gelangen, auch in diesem Zusammenhang keine abstrakt mathematischen Operationen vornehmen. Vielmehr stellt die Gerechtigkeit ein durch soziokulturelle Standards getriebenes Konstrukt dar, welches von Konsumenten individuell unterschiedlich wahrgenommen wird.[198] Neuere Ansätze der Equity-Theorie versuchen die entsprechenden Defizite der klassischen Modelle zu beseitigen. Neben den so genannten Equity-Intergration-Modellen zählen Expectations-States-Konzepte zu diesen neueren Entwicklungen.[199]

---

[195] Vgl. Oliver/Swan (1989, S. 373).
[196] Vgl. Huppertz et al. (1978). Im Unterschied zur Theorie der Kognitiven Dissonanz, bezieht sich die Gerechtigkeitstheorie aber nicht nur auf die ausgetauschte Unternehmensleistung. Vielmehr umschließt der Vergleichsprozess zumindest einen weiteren Tauschpartner. Darüber hinaus werden im Rahmen der Equity-Theorie auch distributive Gerechtigkeitsnormen explizit berücksichtigt.
[197] Den Ausführungen von Homburg/Stock (2003) u. a. folgend dient die Equity-Theorie nicht der Erklärung von Zufriedenheitsreaktionen. Vielmehr stelle im Wesentlichen die Zufriedenheit den Ertrag von Tauschbeziehungen dar. Mithilfe der Equity-Theorie können daher die Konsequenzen der Zufriedenheit, wie z. B. der Abbruch von Austauschbeziehungen, erklärt werden.
[198] Vgl. Oliver (1996, 196f.).
[199] Nach der Theorie der Erwartungszustände sind nicht alle Tauschpartner als gleich zu betrachten. Vielmehr können Tauschpartner einen unterschiedlichen gesellschaftlichen Status einnehmen und sich in unterschiedlicher Weise in den Tauschprozess einbringen bzw. von ihm profitieren. Gerechtigkeitsurteile werden unter Berücksichtigung von Abweichung vom erwarteten Rollenverhalten getroffen. Vgl. Berger et al. (1974).

Hinsichtlich der Integration von Gerechtigkeitsurteilen in Kundenzufriedenheitsmodellen unterscheiden Oliver (1996) und Oliver/Swan (1989b) mit den intervenierenden und nicht-intervenierenden Ansätzen zwei grundlegende Modellrahmen. In nicht-intervenierenden Ansätzen wird eine direkte Verbindung zwischen Ertrags-Aufwandsverhältnissen und Zufriedenheitsurteilen unterstellt. Unter Berücksichtigung einer von Kelley/Thibaut (1978) entwickelten Theorie des sozialen Austauschs kann ein dementsprechender direkter Zusammenhang erklärt werden. Hierbei werden Austauschszenarien betrachtet, in denen jeweils Gruppen von zwei Personen (Dyaden) interagieren. Hierbei wird angenommen, dass Individuen grundsätzlich eigennutzinteressiert sind und die Austauschergebnisse zusätzlich nicht nur vom eigenen, sondern auch vom Verhalten des Tauschpartners determiniert werden. Folglich hängt das Verhalten der Tauschpartner von den erwarteten und tatsächlich beobachteten Interaktionskonsequenzen ab. Die potenziellen Ergebnisse entsprechender Szenarien des sozialen Austauschs können von Pay-Off-Matrizen dargestellt werden. Kelley/Thibaut (1978) geben in diesem Zusammenhang weiterhin vor, dass Individuen die ursprünglich gegebenen Pay-Off-Matrizen im Rahmen von Transformationsprozessen in so genannte effektive Matrizen überführen können. Die entsprechenden Transformationsprozesse werden berücksichtigt, weil durch sie über das Eigeninteresse hinausgehende Präferenzen,[200] wie z. B. Altruismus, miteinbezogen werden können. Potenzielle Transformationsstrategien stellen hierbei die Maximierung des eigenen Tauschergebnisses (Hedonistische Strategie), des Ergebnisses des Tauschpartners (Altruistische Strategie) oder des gemeinsamen Ergebnisses sowie die Maximierung bzw. Minimierung der Ergebnisdifferenz dar.[201] Letztgenannte Option stellt die Transformationsalternative dar, die mit gerechtigkeitstheoretischen Überlegungen konform geht.[202] Nach Oliver (1996) kann die Zufriedenheit mit Austauschbeziehungen unter Berücksichtigung der vorgestellten Transformationsoptionen erklärt werden. Während die hedonistische Strategie genauso wie die Strategie der Maximierung der Ergebnisdifferenz tendenziell zu Unzufriedenheitsreaktionen seitens des Transaktionspartners führen würde, würden die restlichen Transformationen in Zufriedenheitsreaktionen münden. So kann argumentiert werden, dass eine Zufriedenheit mit einer egalitären Verteilung von Tauschertägen seitens eines Konsumenten auf die Transformationsstrategie der Minimierung von Ergebnisdifferenzen zurückzuführen ist.

Im Rahmen intervenierender Modellansätze wird unterstellt, dass zusätzliche Variablen zwischen die Output-Input-Verhältnisse und das Zufriedenheitskonstrukt geschaltet werden können, welche zusammenfassende Bewertungen bzw. Wahrnehmungen von Austauschergebnissen erfassen. Den Ausführungen von Oliver/Swan (1989a, 1989b), Swan/Oliver (1991) sowie Oliver (1996) folgend sind Gerechtigkeitswahrnehmungen zweidimensional ausgeprägt. Die Konstrukte der Fairness und Selbstbevorzugung (Preference) bilden die beiden

---

[200] Vgl. Kelley/Thibaut (1978, S. 19).
[201] Vgl. ebenda, S. 140.
[202] Vgl. Oliver/Swan (1989b, S. 24).

entsprechenden Dimensionen ab. Das Konstrukt der Fairness bzw. der Selbstbevorzugung stimmt hierbei inhaltlich mit den von Kelley/Thibaut (1978) vorgeschlagenen Transformationsalternativen der Minimierung respektive Maximierung von Ergebnisdifferenzen überein. Während das Fairnesskonstrukt die individuell wahrgenommene distributive Gerechtigkeit eines Tauschszenarios reflektiert, ist das Konstrukt der Selbstbevorzugung sozusagen die egozentrische Komponente von Gerechtigkeitsurteilen. In diesem Zusammenhang kann zum einen davon ausgegangen werden, dass die Wahrnehmung der Fairness zunimmt, wenn sich eine egalitäre Verteilung von Tauschgewinnen einstellt. Die Wahrnehmung der Selbstbevorzugung verstärkt sich, wenn das Output-Input-Verhältnis zuungunsten des Transaktionspartners ausfällt. Zum anderen ist festzuhalten, dass die Kundenzufriedenheit durch die Konstrukte der Fairness und Selbstbevorzugung positiv beeinflusst wird.

Das Bestehen des Einflusses von Gerechtigkeitswahrnehmungen auf die Kundenzufriedenheit konnte im Kontext der Konsumentenforschung im Rahmen mehrerer empirischer Studien nachgewiesen werden. Während Arbeiten wie etwa die von Huppertz et al. (1978) oder Fisk/Young (1985) auf dem nicht-intervenierenden Modellrahmen basieren, berücksichtigen Oliver/Swan (1989a, 1989b) die beschriebene Dualität von Zufriedenheitswahrnehmungen explizit. Im Zusammenhang mit der Validierung dieses intervenierenden Modellrahmens können aber lediglich gemischte Ergebnisse festgehalten werden. So werden Situationen, in denen eine individuell vorteilhafte Ungerechtigkeit besteht, von den Konsumenten als fair und darüber hinaus auch als zufriedenstellend wahrgenommen. Ein direkter Einfluss des Konstruktes der Selbstbevorzugung auf die Kundenzufriedenheit konnte nicht nachgewiesen werden. Als ein wichtiges Resultat sowohl der beiden Arbeiten von Oliver/Swan (1989a, 1989b) als auch des Beitrages von Oliver/DeSarbo (1988) kann festgehalten werden, dass neben Gerechtigkeitswahrnehmungen auch die Diskonfirmation von Erwartungen die Zufriedenheit signifikant beeinflusst.[203] Dies kann als Beleg für das Argument angesehen werden, dass sich Gerechtigkeits- und Erwartungsdiskonfirmationsmodelle nicht gegenseitig ausschließen.

4.2.4 Die emotionale Komponente von Zufriedenheitsurteilen

Mit dem Erwartungsdiskonfirmations-Paradigma sowie der Gerechtigkeits- und Attributionstheorie wurden drei konzeptionelle Ansätze vorgestellt, welche die Entstehung von Zufriedenheitsreaktionen unter Zuhilfenahme kognitiver Prozesse erklären. Mehrere Autoren vertreten in diesem Kontext aber die Meinung, dass Kundenzufriedenheitsurteile nicht nur alleine auf diesen kognitiven Prozessen basieren, sondern auch eine emotionale Komponente umfassen.[204] Zufriedenheit (Unzufriedenheit) ist mit positiven (negativen) Emotionen

---

[203] Oliver (1996, S. 208ff.) zeigt mehrere konzeptionelle Unterschiede zwischen dem Gerechtigkeits- und Diskonfirmationskonzept auf.
[204] Vgl. hierzu Shanker/Olshavsky (1995), Liljander/Strandvik (1997) oder Bickart/Schwarz (2001).

verbunden.[205] Die Ergebnisse einer qualitativen Studie von Fournier/Mick (1999) zeigen, dass die Kundenzufriedenheitsurteile nicht nur ausschließlich durch Erwartungen, subjektive Leistungswahrnehmungen und der Erwartungsdiskonfirmation, sondern auch durch situative und emotionale Faktoren bestimmt werden.

Eine Arbeit, in welcher der Aspekt der Verbraucheremotion in den kognitionsbasierten Modellrahmen der Kundenzufriedenheit integriert wurde, findet sich bei Westbrook (1987). Ausgehend von Izards (1977) Schema zur Kategorisierung von Emotionen[206] zeigt der Autor, dass die Emotionen im Kontext der Kundenzufriedenheit als zweidimensionales Konstrukt anzusehen sind. Demnach müssen sowohl der positive als auch der negative Affekt als emotionsbezogene Determinanten der Kundenzufriedenheit berücksichtigt werden.[207] Zu ähnlichen Ergebnissen hinsichtlich der Bedeutung des negativen und positiven Affekts kommen auch Westbrook/Oliver (1991), Mano/Oliver (1993) und Oliver (1993).[208]

Neben der Analyse der Dimensionalität der emotionalen Komponente von Zufriedenheitsreaktionen stellt sich auch Frage, ob die Emotionen in diesem Zusammenhang lediglich als mediierende Variable oder als eigenständiger Antezedent der Kundenzufriedenheit anzusehen ist.[209] So berücksichtigt und validiert etwa Oliver (1993, S. 419f.) die Konstrukte des negativen und positiven Affekts als Mediatoren zwischen der wahrgenommenen attributbezogenen Produktperformance und dem endgültigen Zufriedenheitsurteil. Die hierbei zugrundeliegende Idee ist, dass die Summe der (un-) zufriedenstellenden Erfahrungen mit verschiedenen Produktattributen zu (negativen) positiven affektiven Reaktionen führt. Somit besteht hinsichtlich der wahrgenommenen Performance von Produktattributen nicht nur ein direkter, sondern auch ein indirekter, affekt-mediierter Einfluss des wahrgenommenen Leistungsniveaus von Produktattributen auf Zufriedenheitsurteile.

Über die Rolle als mediierende bzw. moderierende Variable hinaus zeigen Evrard/Aurier (1994), Westbrook (1987) u. a. dass der positive Affekt sowie der negative Affekt als eigenständig zu betrachtende Konstrukte zur Erklärung der Entstehung von Zufriedenheitsurteilen beitragen können.

---

[205] Vgl. z. B. Westbrook (1980) für eine frühe Arbeit, die Aspekte des Affekts in ein Kundezufriedenheitsmodell integriert, oder Cadotte et al. (1987, S. 308), welche die Zufriedenheit mit einem Restaurant mit einer multiattributiven Gefühlsskala messen.
[206] Izard (1977) beschreibt zehn voneinander abzugrenzende Basisemotionen, von denen ein Teil positiven und ein anderer Teil negativen Gefühlszuständen zuzuordnen sind. Mit der als „Überraschung/Erstaunen" bezeichneten Emotion umfasst Izards Typologie des Weiteren eine affekt-neutrale Basisemotion.
[207] Ein Abgrenzungsversuch der Begriffe der Emotion, des Affekts und der Stimmungen findet sich bei Oliver (1996). Der Autor kommt zu der Schlussfolgerung, dass die Konstrukte trotz Existenz relevanter Unterscheidungskriterien nicht eindeutig voneinander separierbar sind.
[208] Für eine Kritik der vorgeschlagenen zweidimensionalen Struktur der emotionalen Basis der Kundenzufriedenheit siehe Stauss (1999, S. 9).
[209] Vgl. Liljander/Strandvik (1997, S. 150f.).

4.3 Gegenstandsbereich der Kundenzufriedenheit

Die in den vorangegangenen Kapiteln beschriebenen Modellansätze dienen der Erfassung der elementaren psychologischen Prozesse, welchen Zufriedenheitsurteile zugrunde liegen. Dies ist für ein umfassendes Verständnis des Konstruktes der Kundenzufriedenheit unverzichtbar. Dessen ungeachtet kann eine Berücksichtigung spezifischer Charakteristika konkreter Konsumszenarien zu weiteren Erkenntnissen führen. Entsprechende Konsumszenarien stellen den Gegenstandsbereich der Kundenzufriedenheit dar und lassen sich in diesem Zusammenhang auf sachlicher und zeitlicher Ebene differenzieren.[210] Während die Betrachtung der sachlichen Dimensionalität sowohl bei Sach- und Dienstleistungen von Bedeutung ist, beschränkt sich die Betrachtung des zeitlichen Gegenstandsbereichs primär auf Dienstleistungen. Ein weiterer, getrennt zu betrachtender Zugang zum Gegenstandsbereich der Kundenzufriedenheit stellt die Berücksichtigung von Defekten in der Erbringung von Unternehmensleistungen dar. Der entsprechende Zugang, der insbesondere im Kontext der Dienstleistungserstellung von Bedeutung ist (Service-Failures), lässt sich hierbei nicht eindeutig dem sachlichen bzw. zeitlichen Gegenstandsbereich der Kundenzufriedenheit zuordnen.

4.3.1 Sachliche Ebene des Gegenstandsbereichs: Merkmalsorientierte Betrachtung

Betrachtet man die Kundenzufriedenheit aus sachlicher Perspektive, so können grundsätzlich mehrere Bezugsebenen unterschieden werden. Zufriedenheitsurteile können sich etwa auf ganze Unternehmen, Marken oder auch Produktgruppen beziehen. Grundsätzlich stehen aber einzelne Sachgüter oder Dienstleistungen im Mittelpunkt der Betrachtung. Im Sinne des so genannten merkmalsorientierten bzw. multiattributiven Modellansatzes wird in diesem Zusammenhang versucht, den Beitrag der wahrgenommenen Performance einzelner Produktmerkmale zu globalen Zufriedenheitsurteilen zu bestimmen. Oliver (1996, S. 37ff.) kritisiert diese multiattributiven Modelle der Kundenzufriedenheit, da diese insbesondere die zufriedenheitsrelevanten psychologischen Prozesse nicht berücksichtigen. Einen zu Oliver (1996) konträren Standpunkt vertreten Mittal et al. (1998). Mittal et al. (1998, S. 34f.) sehen mehrere Argumente, die für eine Anwendung des multiattributiven Ansatzes sprechen. So ist davon auszugehen, dass Individuen nach Abschluss eines Konsumerlebnisses nicht nur globale, sondern auch partielle Zufriedenheitsurteile auf der Ebene der Produktattribute bilden. Multiattributive Modellansätze ermöglichen daher eine differenzierte Betrachtung der Zufriedenheit mit unterschiedlichen Produktattributen sowie des Beitrags attributspezifischer Zufriedenheiten zur Erklärung der Globalzufriedenheit. Generell sind Mittal et al. (1998) der Ansicht, dass multiattributive Ansätze im Vergleich zu aggregierten Zufriedenheitsmodellen spezifischere Ergebnisse liefern könnten. Darüber hinaus seien multiattributive Modelle in benachbarten Bereichen der Konsumentenforschung in Anwendung. So wird z. B. das mit der

---

[210] Vgl. z. B. Stauss (1999) oder Siefke (1999).

Kundenzufriedenheit verwandte Konstrukt der Servicequalität im Rahmen eines multiattributiven Modellzusammenhangs erklärt.[211]

Im Rahmen multiattributiver Modellansätze können die diversen Merkmale eines Produktes auf unterschiedlichen Aggregationsstufen betrachtet werden. So können die Attribute einerseits sehr detailliert als so genannte Mikrodimensionen berücksichtigt werden. Dies bedeutet letztendlich, dass jedes einzelne (relevante) Produktmerkmal berücksichtigt wird. Darüber hinaus besteht aber andererseits auch die Möglichkeit, verschiedene Produktattribute zu so genannten Makrodimensionen zu verdichten.[212] Über die Betrachtung von Produktattributen auf unterschiedlichen Aggregationsstufen hinaus, bestehen verschiedene Möglichkeiten zur Klassifizierung von Produktmerkmalen. So entwickeln Swan/Combs (1976) aufbauend auf der Zwei-Faktoren-Theorie von Herzberg,[213] einen Modellansatz, mit dessen Hilfe unterschiedliche Produktattribute unter Berücksichtigung ihrer spezifischen Zufriedenheitswirkung unterschieden werden können. Swan/Combs (1976) differenzieren hierbei zwischen instrumentellen und expressiven Dimensionen. Während sich die instrumentelle Dimension auf physische und funktionelle Produktmerkmale bezieht, erfasst die zweite Dimension nichtphysische und nicht-funktionelle Attribute (z. B. Markenimage). Instrumentelle Produktmerkmale fungieren in diesem Modellzusammenhang analog zu den Herzberg'schen Hygienefaktoren als zufriedenheitserhaltende Faktoren. Es wird angenommen, dass eine inadäquate Erbringung instrumenteller Faktoren zu Unzufriedenheit führt. Zufriedenheit kann im Sinne einer hierarchischen Ordnung der beiden Produktdimensionen nur dann eintreten, wenn über eine adäquate Erbringung instrumenteller Merkmale hinaus auch die hinsichtlich der expressiven Dimension von Produkten bestehenden Erwartungen erfüllt oder übertroffen werden. Neben Swan/Combs (1976) versucht auch Maddox (1981) die Zwei-Faktoren-Theorie im Rahmen der Kundenzufriedenheit empirisch zu validieren. Beide Studien kommen aber lediglich zu uneinheitlichen Ergebnissen. Im Rahmen einer prospect-theoretisch fundierten Arbeit gehen Mittal et al. (1998) ebenso wie Swan/Combs (1976) davon aus, dass in einer multiattributiven Betrachtung der Kundenzufriedenheit zwischen zufriedenheitserhaltenden und -steigernden Attributen unterschieden werden muss. Unter Berücksichtigung empirischer Ergebnisse der Studie von Mittal et al. (1998) entwickeln und testen Ting/Chen (2002) eine erweiterte Klassifizierung von Qualitätselementen (Attributen). Die entsprechende Klassifizierung umfasst hierbei neben klassischen Leistungsfaktoren (One-Dimensional-Elements) u. a. auch Begeisterungs- (Attractive-Quality-Elements) und Basisfaktoren (Must-Be-Quality-Elements). Mit ihrer Klassifizierung setzen Ting/Chen (2002) an dem von Kano (1984) entwickelten Mehrfaktorenmodell der Zufriedenheit an, in welchem ebenfalls zwischen den so genannten Basis-, Leistungs- und Begeisterungsfaktoren unterschieden wird. Die Bereitstellung von Basisfaktoren wird von den Kunden als selbstverständlich angesehen.

---

[211] Vgl. hierzu Parasuraman et al. (1985).
[212] Vgl. Oliver (1996, S. 43ff.).
[213] Vgl. Herzberg et al. (1959).

Während eine inadäquate Bereitstellung von Basisfaktoren daher in negativen Zufriedenheitsreaktionen resultiert, hat ein den Erwartungen entsprechendes Angebot keine Zufriedenheitswirkung. Während im Hinblick auf Begeisterungsfaktoren genauso wie bei expressiven Produktattributen von dem konträren Wirkungszusammenhang ausgegangen werden kann, führt eine Variation der Performance im Kontext so genannter Leistungsfaktoren zu Zufriedenheitsurteilen, die auch mit dem klassischen Diskonfirmations-Paradigma erklärt werden könnten.

Ein weiterer Ansatz zur Kategorisierung von Produktmerkmalen ist die auf Arbeiten von Nelson (1970), Darby/Karmi (1973) zurückgehende und von Hoch/Deighton (1989) erweiterte Einteilung in Such-, Erfahrungs-, Vertrauens- und mehrdeutige Produktmerkmale. Während Suchmerkmale bereits vor einem Konsumerlebnis individuell erfasst und bewertet werden können, ist dies bei Erfahrungsattributen erst nach Beendigung einer Konsumepisode der Fall. Die Ausprägung von Vertrauensmerkmalen einer Unternehmensleistung kann dagegen nicht perzeptiert und evaluiert werden. Mehrdeutige Produktmerkmale lassen sich keiner der drei beschriebenen Kategorien zuordnen. Generell kann konstatiert werden, dass Dienstleistungen im Vergleich zu Sachgütern stärker durch Erfahrungsmerkmale gekennzeichnet sind. Darüber hinaus sind komplexere Unternehmensleistungen tendenziell eher der Kategorie der Vertrauensgüter zu zuordnen. Die Bildung von Vergleichsstandards ist für Konsumenten nur schwer oder gar nicht möglich, wenn ein bestimmtes Produkt ausgeprägt durch Erfahrungs- und/oder Vertrauensmerkmale charakterisiert ist. Ferner kann das tatsächliche Leistungsniveau reiner Vertrauensgüter nicht wahrgenommen werden. Daher muss grundsätzlich davon ausgegangen werden, dass Konsumenten hinsichtlich einiger Produkte bzw. Produktmerkmale keine Zufriedenheitsurteile bilden können.[214] Ob der Prozess der Herausbildung von Zufriedenheitsurteilen im Kontext dieser Produkte überhaupt im Rahmen klassischer Modellansätze erklärt werden kann, ist fraglich.[215]

4.3.2 Zeitliche Ebene des Gegenstandsbereichs: Prozessuale Betrachtung

Ein wesentlicher Aspekt, aufgrund dessen sich Dienstleistungen von Sachleistungen unterscheiden, ist, dass der Kunde als externer Faktor mehr oder weniger stark in den Prozess der Dienstleistungserstellung integriert werden muss. Dies hat einerseits zur Folge, dass es im Verlauf des Dienstleistungsprozesses zu einer Serie von Interaktionen zwischen den Dienstleistungsanbietern und -nachfragern kommt. Darüber hinaus bedingt die Notwendigkeit der Integration eines externen Faktors in den Prozess der Dienstleistungserstellung andererseits, dass die Serviceproduktion und -konsumption weitgehend synchron ablaufen.[216] Der

---

[214] Vgl. Hill (1986, S. 313f.).
[215] Empirische Studien, die sich explizit mit der Struktur und Ergebnissen des Zufriedenheitsprozesses bei Produkten mit ausgeprägter Vertrauens- und Erfahrungskomponente befassen, wurden im Rahmen der Literatursuche nicht gefunden.
[216] Vgl. z. B. Hill (1986), der auf Basis einer Abgrenzung von Dienstleistungen und Sachgütern forschungsleitende Fragestellungen für den Bereich der Kundenzufriedenheit mit Dienstleistungen ableitet.

Dienstleistungsprozess konkretisiert sich für Kunden in den so genannten Service-Encounter. Ausgehend von den bereits beschriebenen Gesichtspunkten der Integration externer Faktoren und der Synchronität der Dienstleistungserstellung und -konsumption stellen Service-Encounter den Zeitraum dar, in dem es zu Interaktionen zwischen dem Serviceanbieter und seinen Kunden kommt. Die entsprechenden Interaktionen beschränken sich hierbei nicht nur auf interpersonelle Kontakte zwischen dem Kunden und dem Personal des Anbieters, sondern schließen auch physische Elemente wie etwa die Räumlichkeiten, in denen Dienstleistungen erstellt werden, mit ein.[217] Wesentlich ist, dass sich die Servicekontakte ausschließlich auf die Bestandteile des Dienstleistungsprozesses beziehen, die vom Kunden wahrgenommen werden können. Stauss/Seidel (2003) sprechen in diesem Kontext deshalb vom Kundenprozess, der alle Kontakte zwischen Kunden und dem Serviceanbieter umfasst. Alle Bestandteile des Prozesses der Dienstleistungserstellung, die hinter der so genannten Line-of-Visibility und somit außerhalb der Wahrnehmung der Konsumenten liegen,[218] werden nicht durch den Kundenprozess umfasst. Die entsprechenden Prozessbestandteile haben daher auch keine (direkte) Zufriedenheitsrelevanz und müssen folglich in Kundenzufriedenheitsmodellen nicht (explizit) berücksichtigt werden.

Unter Berücksichtigung des beschriebenen Prozesscharakters kann davon ausgegangen werden, dass Konsumenten eine Dienstleistung nicht nur erst nach Abschluss des konkreten Konsumerlebnisses, sondern bereits während desselben bewerten. Dies bedingt, dass die in frühen Phasen einer Dienstleistungserbringung gebildeten Zufriedenheitsurteile zeitlich nachgelagerte Evaluationen beeinflussen können.[219] Da Zufriedenheitsurteile im Kontext von Dienstleistungstransaktionen nicht als alleiniges Nachkaufphänomen angesehen werden können, ist eine den üblichen Ansätzen entsprechende Anwendung z. B. des Erwartungs-diskonfirmations-Paradigmas aus dieser Perspektive nicht möglich. Vielmehr bildet sich die endgültige Kundenzufriedenheit in diesem Kontext in einem mehrstufigen Prozess.[220] Es ist hierbei zu vermuten, dass globale Zufriedenheitsurteile nicht alleine durch das Leistungsniveau verschiedener Dienstleistungsattribute, sondern auch durch spezifische Wesensmerkmale des entsprechenden Prozesses der Dienstleistungserbringung beeinflusst werden.[221] Dementsprechend erscheint eine so genannte ereignisorientierte Konzeptionalisierung dem klassischen merkmalsorientierten Denkansatz,[222] der sich ausschließlich auf die individuelle Perzeption der Performance einzelner Produktattributen konzentriert, in diesem Zusammenhang überlegen.[223]

---

[217] Vgl. Bitner et al. (1990).
[218] Vgl. Shostack (1987).
[219] Vgl. Hill (1986, S. 312f.).
[220] Vgl. Walker (1995, S. 7ff.).
[221] Vgl. Danaher/Mattson (1994a, S. 5f.).
[222] In entsprechenden ereignisorientierten Konzeptionalisierungen werden zufriedenheitsrelevante Tatbestände unter Berücksichtigung des zeitlichen und räumlichen Kontexts berücksichtigt.
[223] Vgl. Stauss/Seidel (2003 S. 157f.).

Ein potenzieller Ausgangspunkt einer ereignisbezogenen Erfassung des prozessualen Charakters der Dienstleistungserstellung im Kontext der Zufriedenheitsforschung findet sich bei Walker (1995), der zwischen peripheren Dienstleistungselementen und Kernleistungen unterscheidet.[224] Unter Berücksichtigung eines Vorschlags von Fisk (1981) umfasst ein Service-Encounter, neben der eigentlichen Kernleistung, Komponenten, die der tatsächlichen Dienstleistungskonsumption vor- bzw. nachgelagert sind. Walker (1995) geht weiter davon aus, dass Konsumenten entsprechend der Vorgaben des Erwartungsdiskonfirmations-Paradigmas in jeder der drei unterschiedenen Dienstleistungsphasen partielle Zufriedenheitsurteile bilden. Die globale Zufriedenheit ergibt sich in diesem Konzeptualisierungsrahmen als eine Funktion der drei beschriebenen Teilzufriedenheiten. Entscheidend ist die Erkenntnis, dass Unzufriedenheit bei mangelhafter Qualität der peripheren Dienstleistungskomponenten auch entstehen kann, wenn Kernleistungen den Erwartungen entsprechend erbracht werden. Ein weiterer konzeptioneller Ansatz zur Berücksichtigung des prozessualen Charakters von Dienstleistungen findet sich bei Stauss/Seidel (2003). Hier wird die gesamte Dienstleistungstransaktion in einzelne Teilprozesse, den so genannten Dienstleistungsepisoden, eingeteilt. Diese Dienstleistungsepisoden werden darüber hinaus noch weitergehend differenziert, indem zusätzlich so genannte Dienstleistungskontakte berücksichtigt werden. Die Dienstleistungskontakte stellen hierbei die unterste Ebene dar, auf denen Dienstleistungen aus prozessualer Perspektive betrachtet werden können. Ausgehend von dieser Systematisierung unterscheiden Stauss/Seidel (2003) zwischen der Transaktions-, Episoden- und Kontaktzufriedenheit.[225] Genauso wie in dem von Walker (1995) entwickelten Modellrahmen wird der sequentielle Charakter der Bildung von Zufriedenheitsurteilen deutlich. So kann die Wahrnehmung einzelner Dienstleistungskontakte die Evaluationen zeitlich nachgelagerter Kontakte beeinflussen. Darüber hinaus bildet sich die mit der Konsumption einer Dienstleistung verbundene globale Transaktionszufriedenheit in Abhängigkeit der zeitlich vorgelagerten Zufriedenheiten mit Kontakten und Episoden. Empirische Arbeiten, welche sich mit der empirischen Validierung der entsprechenden sequentiellen Kundenzufriedenheitsmodelle auseinander setzen, liefern Danaher/Mattson (1994a, 1994b) und de Ruyter et al. (1997). In branchenspezifischen Forschungsansätzen zeigen die Autoren, dass sich der Dienstleistungsprozess im Kontext der Herausbildung von Zufriedenheitsurteilen durchaus in Teilprozesse zerteilen lässt. So wird u. a. der Einfluss der Zufriedenheit mit bestimmten Dienstleistungsepisoden auf die Global- bzw. Transaktionszufriedenheit empirisch belegt. Über den ausschließlich transaktionsspezifischen Aspekt der Zufriedenheitsdynamik hinaus, verweisen Stauss/Seidel (2003) auf die Möglichkeit der Existenz vergleichbarer Effekte auf der

---

[224] Die Unterscheidung zwischen peripheren und Kernleistungen kann nicht nur auf der zeitlichen, sondern auch auf der sachlichen Bezugsebene des Gegenstandsbereichs der Kundenzufriedenheit vorgenommen werden. Der Untersuchungsansatz von Walker (1995) verbindet daher implizit beide konzeptionellen Zugänge zur Abbildung von Konsumerlebnissen im Rahmen von Kundenzufriedenheitsmodellen.

[225] Konformgehend mit dem merkmalsorientierten Denkansatz bildet sich jedes der entsprechenden Zufriedenheitsurteile auf Basis der individuellen Beurteilung spezifischer Qualitätsmerkmale.

transaktionsübergreifenden Ebene der Zufriedenheit mit Geschäftsbeziehungen. Hierbei wird angenommen, dass das in diesem Zusammenhang relevante Konstrukt der Beziehungszufriedenheit entscheidend durch die Zufriedenheit mit einzelnen Dienstleistungstransaktionen beeinflusst wird. Wie bereits aus den Ausführungen zur Abgrenzung der Begriffe der Zufriedenheit und Einstellung bekannt ist, stellt die Beziehungszufriedenheit ein einstellungsverwandtes Konstrukt dar, welches eine hohe zeitliche Stabilität aufweist. Folglich kommen deutliche Verschlechterungen (Verbesserungen) der Beziehungszufriedenheit nur nach einer Serie von negativen (positiven) transaktionsbezogenen Zufriedenheitsurteilen zustande.

4.3.3 Zwischen sachlicher und zeitlicher Ebene: Die Bedeutung von Servicedefekten und Wiedergewinnungsstrategien

Ein weiterer konzeptioneller Zugang, der sich nicht eindeutig dem sachlichen oder zeitlichen Gegenstandsbereich der Kundenzufriedenheit zuordnen lässt, ist die Betrachtung von Defekten im Zusammenhang mit der Erstellung von Produkten. In diesem Zusammenhang steht mit dem Sachverhalt der so genannten Service-Failures insbesondere die Analyse von Defekten in der Erbringung von Dienstleistungen im Mittelpunkt der wissenschaftlichen Diskussion. Aus der Perspektive des Diskonfirmations-Paradigmas der Kundenzufriedenheit kann festgehalten werden, dass die subjektive Wahrnehmung eines Servicedefektes durch eine negative Abweichung der Performance von Vergleichsstandards bedingt ist. Während die wahrgenommene Schwere des Servicedefektes hierbei einerseits stark variieren kann,[226] resultieren Servicefehler andererseits grundsätzlich in Unzufriedenheitsreaktionen.[227]

Aus sachlicher Perspektive betrachtet kann das Problemfeld der Servicedefekte in die bereits beschriebenen multiattributiven Modellansätze integriert werden. Dies bedeutet, dass Servicefehler im Kontext von einzelnen Dienstleistungsattributen auftreten können. Ausgehend vom Mehrfaktorenmodell der Kundenzufriedenheit von Kano (1984) kann in diesem Zusammenhang aber davon ausgegangen werden, dass sich Servicedefekte grundsätzlich ausschließlich bei Leistungs- und Basisfaktoren ergeben. Produktattribute, die der Gruppe der so genannten Begeisterungsfaktoren zugeordnet werden, spielen in diesem Zusammenhang keine Rolle. Begeisterungsfaktoren sind definitionsgemäß nur mit positiven Zufriedenheitsreaktionen verbunden. Service-Failures können durch sie demzufolge nicht bedingt werden. Ein Ansatz zur Kategorisierung von Dienstleistungsdefekten findet sich bei Bitner et al. (1990), welche die im Rahmen des Serviceerstellungsprozesses über verschiedene Branchen hinweg auftretenden kritischen Ereignisse drei Hauptgruppen zuordnen. Bitner et al. (1990) betrachten hierbei sowohl Service-Failures als auch positive Konsumereignisse. Branchenspezifische Kategorisierungen von Service-Failures liefern z. B. Hoffman et al.

---

[226] Vgl. Kelley/Davis (1994).
[227] U. a. weisen Maxham/Netemeyer (2002) die entsprechende Zufriedenheitsreaktion, die im Grunde genommen bereits aus sachlogischer Perspektive auf der Hand liegt, nach. Treten Servicedefekte im Verbund mit effizienten Rückgewinnungsstrategien auf, können letztendlich auch positive Zufriedenheitsreaktionen resultieren.

(1991) und Kelley et al. (1993). Beide Arbeiten stellen Modifikationen des Kategorisierungsschemas von Bitner et al. (1990) dar. Verna (2001) identifiziert im Rahmen einer Betrachtung von vier Dienstleistungsindustrien ebenfalls wesentliche Kategorien von Dienstleistungsdefekten.

Ein weiterer in diesem Zusammenhang wesentlicher Punkt ist, dass Servicefehler zumeist mit Rückgewinnungsstrategien (Recovery-Strategy) seitens des Anbieters verbunden sind. Als Rückgewinnungsstrategien sind alle Handlungen anzusehen, die Dienstleistungsanbieter in Reaktion auf Service-Failures ergreifen und die zum Ziel haben, das ursprüngliche Zufriedenheitsniveau seitens der Kunden wiederherzustellen.[228] Eine Kategorisierung möglicher Rückgewinnungsstrategien findet sich bei Kelley et al. (1993). Als potenzielle Reaktionen stellen sich u. a. Preisnachlässe, Nachbesserungen oder simple Entschuldigungen seitens des Anbieters dar. Eine weitere Rückgewinnungsstrategie benennen Kelley et al. (1993) mit Correction-Plus.[229] Diese umfasst neben der alleinigen Beseitigung des Servicefehlers eine Auszahlung einer finanziellen Kompensation an die betroffenen Kunden. Smith/Bolton (1998) zeigen im Rahmen einer empirischen Studie, dass sowohl Zufriedenheitsurteile als auch Weiterempfehlungs- und Wiederkaufabsichten nach Anwendung einer erfolgreichen Rückgewinnungsstrategie höher ausfallen können als vor dem Eintreten eines Servicedefektes. Dieses so genannte Wiedergewinnungsparadoxon (Service-Recovery-Paradoxon) wird u. a. auch durch Maxham/Netemeyer (2002) empirisch nachgewiesen.[230] Bitner et al. (1990) zeigen darüber hinaus, dass die Unzufriedenheitsreaktion auf Servicedefekte durch negativ wahrgenommene Rückgewinnungsmaßnahmen sogar verstärkt werden können.[231] Smith et al. (1999) entwickeln ein umfassendes Modell der Kundenzufriedenheit im Kontext von Servicefehlern und Rückgewinnungsmaßnahmen. Im Rahmen des Modells werden Diskonfirmations- und Gerechtigkeitswahrnehmungen explizit berücksichtigt. Als ein wesentliches Forschungsresultat stellt sich die abweichende Zufriedenheitswirkung von Dienstleistungsfehlern heraus, die der Ergebnis- bzw. der Prozessebene zu zuordnen sind. Smith et al. (1999) berichten weiterhin, dass unterschiedliche Rückgewinnungsstrategien Gerechtigkeitswahrnehmungen differenziert beeinflussen.[232]

Betrachtet man Servicedefekte und Rückgewinnungsreaktionen aus der Perspektive des zeitlichen Gegenstandsbereichs der Kundenzufriedenheit, so kann zum einen festgehalten werden, dass Defekte in der Dienstleistungserstellung auf jeder Stufe des Dienstleistungspro-

---

[228] Vgl. Buttle/Burton (2001, S. 222).
[229] Entsprechende Strategien finden z. B. bei Fluglinien Anwendung. Neben der Umbuchung auf einen nachfolgenden Flug, zahlen Airlines Passagieren, die aufgrund der Überbuchung eines Fluges abgewiesen werden mussten, eine entsprechende Kompensation.
[230] Im Gegensatz zu Smith/Bolton (1998) und Maxham/Netemeyer (2002) zeigen die Ergebnisse einer empirischen Studie von Bolton/Drew (1991b) die entgegengesetzten Ergebnisse.
[231] Hinsichtlich dieses Effektes einer zweifachen Verschlechterung der Kundenzufriedenheit (Double-Deviation-Effect) kommen Maxwell/Netemeyer (2002) zu gemischten Ergebnissen. Der entsprechende Effekt der doppelten Verschlechterung konnte erst nach einer wiederholt als negativ empfundenen Rückgewinnungsreaktion beobachtet werden.
[232] Smith et al. (1998) berücksichtigen die Aspekte der distributiven, prozessualen und interaktionsbezogenen Gerechtigkeit.

zesses auftreten können. Neben Zufriedenheitsurteilen mit einer gesamten Dienstleistungstransaktion kann daher auch die Zufriedenheit mit einzelnen Dienstleistungsepisoden durch Servicefehler beeinflusst werden. Grundsätzlich kann vermutet werden, dass es je nach der spezifischen Konfiguration der Dienstleistungsprozesse oder aber auch des zeitlichen Auftretens der Dienstleistungsdefekte zu unterschiedlichen globalen Zufriedenheitswirkungen kommen kann.[233] Zum anderen ist ein weiterer wesentlicher Aspekt das Ausmaß und die Richtung transaktionsübergreifender Effekte von Service-Failures auf die Zufriedenheit mit der Beziehung des Kunden zu einem Dienstleistungsanbieter. So können Servicedefekte auch zu jedem Zeitpunkt einer Dienstleistungsbeziehung auftreten und je nach Beziehungsdauer eine unterschiedliche Zufriedenheitswirkung haben. Darüber hinaus ist es möglich, dass sich Servicefehler im Laufe einer Anbieter-Kunden-Beziehung wiederholen und sich dadurch Zufriedenheitseffekte verstärken. Maxham/Netemeyer (2002) untersuchen die Effekte variierender Servicefehler-Rückgewinnungsreaktions-Sequenzen. Es konnte gezeigt werden, dass eine Variation der Abfolge von positiv und negativ perzipierten Rückgewinnungshandlungen zu abweichenden Zufriedenheitsurteilen und Handlungsabsichten führt. Darüber hinaus weisen Maxham/Netemeyer (2002) eine Verstärkung der wahrgenommenen Schwere von Servicedefekten in Folge einer Wiederholung von Defekten nach.

Da die Servicedefekte und Rückgewinnungsstrategien nicht nur alleine die Zufriedenheit der betroffenen Kunden, sondern darüber hinaus auch deren Loyalität entscheidend beeinflussen kann, wird die Relevanz dieses Aspektes des Gegenstandsbereichs der Kundenzufriedenheit deutlich.[234] Über die Berücksichtigung von Dienstleistungsdefekten hinaus wurde in diesem Kontext klar, dass auch eine explizite Berücksichtigung verschiedener Produktattribute in multiattributiven Modellen sowie der zeitliche Abfolge von Serviceprozessschritten wesentlich zum Erkenntnisgewinn im Bereich der Kundenzufriedenheit beitragen kann. Die entsprechenden Ansätze sollten hierbei nicht als konkurrierende, sondern als komplementäre Ansätze zu den psychologisch fundierten Kundenzufriedenheitsmodellen, die sich dem Problemfeld auf einem höheren Aggregationsniveau nähern, angesehen werden.

4.4 Konsequenzen der Kundenzufriedenheit

Den Variationen der Zufriedenheit von Kunden werden viele einstellungs- und verhaltensrelevante Konsequenzen beigemessen.[235] Demzufolge kann davon ausgegangen werden, dass die Kundenzufriedenheit eine kritische Determinante des ökonomischen Erfolgs eines Unternehmens ist. Versucht man die kundenseitigen Zufriedenheitsreaktionen grob zu klassifizieren, so bietet sich einerseits eine Differenzierung nach abweichenden Reaktionen

---

[233] Empirische Untersuchungen, die sich explizit mit diesen Fragestellungen beschäftigen, konnten im Rahmen der Literaturrecherche zur vorliegenden Arbeit nicht gefunden werden.
[234] Für eine konzeptionelle Arbeit zur Relevanz von Servicedefekten auf die Kundenloyalität, vgl. Buttle/Burton (2001). Empirische Arbeiten zum Einfluss von Dienstleistungsfehlern auf Wiederkaufabsichten und Kundenloyalität finden sich bei Bejou/Palmer (1998) und Palmer et al. (2000).
[235] Vgl. Henning-Thurau/Klee (1997).

auf zufrieden und nicht zufrieden stellende Konsumerlebnisse an. Andererseits kann auch hinsichtlich abweichender zeitlicher Wirkungsspannen zwischen dem anfänglichen zufriedenheitsdeterminierenden Stimuli und den zufriedenheitsbedingten Kundenreaktionen unterschieden werden.[236] So kann etwa das Beschwerdeverhalten bei Befolgung dieses groben Kategorisierungsschemas als eine Reaktion angesehen werden, die durch Unzufriedenheit bedingt ist und die sich in einem vergleichsweise kurzen Zeitraum nach einem nicht zufrieden stellenden Konsumerlebnis realisiert. Umgekehrt kann der Aufbau von Kundenloyalität bzw. -bindung als eine langfristige Konsequenz zufrieden stellender Konsumerlebnisse angesehen werden.

4.4.1 Die Bedeutung des Beschwerdeverhaltens im Zusammenhang mit der Kundenzufriedenheit

Beschwerdereaktionen ergeben sich ausschließlich in Folge von unzufrieden stellenden Konsumerlebnissen. Zufrieden stellende Konsumerlebnisse können nicht in irgendeiner Form von Beschwerdeverhalten resultieren. Die durch eine Entsprechung bzw. ein Übertreffen individuell bestehender Erwartungen bedingte Zufriedenheit ist darüber hinaus in der kurzen Frist grundsätzlich mit keinen dem Beschwerdeverhalten vergleichbaren kundenseitigen Reaktionen verbunden. Wenn überhaupt, dann kann sich sich eine hohe Kundenzufriedenheit in der kurzen Frist in Lobäußerungen[237] oder Begeisterungsreaktionen[238] niederschlagen. Die verschiedenen Formen des Beschwerdeverhaltens können grundsätzlich in verhaltensbezogene und nicht-verhaltensbezogene Reaktionen eingeteilt werden. Verhaltensbezogene Reaktionen umfassen hierbei jegliche Art von Verhaltensweisen, die als Unzufriedenheitsäußerung angesehen werden können. Neben dem Produzenten oder Verkäufer einer unzufrieden stellenden Unternehmensleistung können hierbei auch Personen aus dem sozialen Umfeld des Konsumenten oder Dritte Empfänger der Unzufriedenheitsäußerung sein. Der Begriff der nicht-verhaltensbezogenen Beschwerdereaktionen bezieht sich auf die negativ wahrgenommenen Konsumerlebnisse, in Folge derer keine expliziten Unzufriedenheitsreaktionen zu beobachten sind. Da verschiedene Konsumenten in vergleichbaren Konsumszenarien sowohl verhaltensbezogen als auch nicht-verhaltensbezogen reagieren, wird die letztere (ausbleibende) Unzufriedenheitsreaktion ebenfalls unter den Komplex des Beschwerdeverhaltens subsumiert.[239] An der Tatsache, dass das Ausbleiben einer spezifischen Handlung häufig eine der dominierenden Unzufriedenheitsreaktion ist,[240] kann ebenfalls die Bedeutung dieser Form des Beschwerdeverhaltens abgelesen werden. Da den Unternehmen beim Ausbleiben von

---

[236] Vgl. Oliver (1996, S. 357).
[237] Vgl. ebenda S. 373.
[238] Vgl. Oliver et al. (1997).
[239] Vgl. Singh (1988, S. 94).
[240] Vgl. z. B. Day/Bodur (1978).

Beschwerden die Möglichkeit zur Nachbesserung genommen wird, sollte die Rückmeldung unzufriedener Kunden gefördert werden.[241]

Im Kontext der verschiedenen Formen des Beschwerdeverhaltens unterscheidet Hirschmann (1970) mit dem Anbieterwechsel, der Beschwerde, sowie der Loyalität zwischen zwei verhaltens- und einer nichtverhaltensrelevanten Unzufriedenheitsreaktion. In Erweiterung dieses Klassifizierungsschemas differenzieren Day/Landon (1977) in einem zweistufigen Ansatz darüber hinaus zwischen Beschwerdeverhalten, welche entweder die Form einer privaten oder öffentlichen Handlung annehmen. Singh (1988) entwickelt eine empirisch fundierte Taxonomie des Beschwerdeverhaltens. Einerseits differenziert Singh (1988) danach, ob das Objekt auf das das Beschwerdeverhalten gerichtet ist, dem sozialen Umfeld des Konsumenten angehört (External vs. Internal). Auf der anderen Seite wird berücksichtigt, ob die angesprochene Person oder Institution in die der Unzufriedenheit zugrunde liegenden Austauschsituation direkt involviert ist (Involved vs. not involved). Aus der entsprechenden Taxonomie resultieren mit dem Beschwerdeverhalten im engeren Sinne (External/involved),[242] dem Beschwerdeverhalten gegenüber Dritten (External/not involved) und dem Beschwerdeverhalten im Rahmen des privaten Umfelds (Internal/not involved) insgesamt drei Beschwerdekategorien.[243]

Im Rahmen der Erklärung des Beschwerdeverhaltens unterscheidet Crié (2003) zwischen mehreren Antezedenten. Neben dem Nachkaufphänomen der Unzufriedenheit wird auf einen umfangreichen Kanon von psychologischen, ökonomischen und ethischen Erklärungsdeterminanten verwiesen. Day (1984) liefert einen konzeptionellen Modellansatz des Beschwerdeverhaltens von Kunden. Die Entscheidung zwischen der Durchführung und der Unterlassung einer Beschwerde basiert hierbei insbesondere auf dem individuell wahrgenommenen Verhältnis zwischen den Kosten und dem potenziellen Ertrag von Beschwerden. In einem weiteren Modellansatz überprüfen Halstead/Dröge (1991) den Einfluss der individuellen Einstellung zu Beschwerden als direkte Einflussvariable von Beschwerdereaktionen.[244] Neben gemischten Ergebnissen hinsichtlich der Bedeutung der berücksichtigten Einstellungskonstrukte, kann die Existenz eines direkten Einflusses der Unzufriedenheit auf Beschwerdereaktionen nachgewiesen werden. Den entsprechenden inversen Kausalzusammenhang zwischen Zufriedenheit und Beschwerdereaktionen weisen u. a. auch Bearden/Teel (1983), Oliver (1987) und Westbrook (1987) nach.

Über die Bedeutung der Kundenzufriedenheit als Antezedent des Beschwerdeverhaltens hinaus, kann ferner davon ausgegangen werden, dass eine weitere Verbindung zwischen den beiden kundenbeziehungsrelevanten Konstrukten besteht. In Folge einer Beschwerde kommt

---

[241] Vgl. Fornell/Wernerfeldt (1987, 1988) sowie Davidow/Dacin (1997).
[242] Die Kategorie des Beschwerdeverhaltens im engeren Sinne umfasst auch alle nicht-verhaltensrelevanten Unzufriedenheitsreaktionen.
[243] Modifikationen des Kategorisierungsansatzes von Singh (1988) finden sich etwa bei Crié (2003) oder Davidow/Dacin (1997).
[244] Einen ähnlichen Ansatz verfolgen z. B. Bearden/Crockett (1981).

es zumeist zu einer Reaktion des betroffenen Anbieters. Konsumenten bilden unter Einbeziehung individuell bestehender Erwartungen Zufriedenheitsurteile hinsichtlich der Verhaltensweise des Anbieters, welche letztendlich transaktions- und beziehungsbezogenen Globalzufriedenheiten entscheidend mitbeeinflussen können. Gilly/Gelb (1982) weisen in diesem Kontext z. B. nach, dass eine prompte Reaktion zu günstigeren Zufriedenheitsreaktionen der beschwerdeführenden Konsumenten führt. Nyer (2000) zeigt, dass die Zufriedenheit von unzufriedenen Konsumenten allein durch den Akt der Beschwerde erhöht werden kann.[245] Im Gegensatz zu Gilly/Gelb (1982) und Nyer (2002) kann Oliver (1987) diesen eindeutigen Zusammenhang zwischen der Beschwerdeaktivität von Konsumenten und deren letztendlicher Zufriedenheit nicht nachweisen.

4.4.2 Kundenzufriedenheit, Kundenloyalität und Ertragskraft von Unternehmen

Die Kundenloyalität wird als eine weitere wichtige Konsequenz des Kundenzufriedenheitskonstruktes angesehen. Während der Begriff des Beschwerdeverhaltens verschiedene Formen von kurzfristigen Unzufriedenheitsreaktionen umfasst, kann sich Kundenloyalität auf der Basis einer Wiederholung von zufrieden stellenden Erfahrungen jedoch nur langfristig herausbilden. Demgemäß stellt die Kundenloyalität ein zeitlich vergleichsweise stabiles, einstellungsähnliches Konstrukt dar. Die entsprechende loyale Einstellung stellt eine Neigung von Kunden dar, gezielt Produkte oder Dienstleistungen einer bestimmten Unternehmung bzw. Marke zu kaufen. Kundenloyalität führt über einen unterschiedlich langen Zeitraum zu selektiven Wiederkäufen bestimmter Unternehmensleistungen. Im Gegensatz zum Wiederkaufverhalten, welches sich z. B. auch aufgrund fehlender Alternativen ergeben kann, basiert das kundenseitig bestehende loyale Verhalten auf psychologischen Prozessen, deren Resultat die Wahl einer oder mehrerer optimaler Unternehmensleistungen aus einem Pool alternativer Produkte bzw. Dienstleistungen ist.[246] Die Kundenloyalität kann daher als eine spezifische Form des Wiederkaufverhaltens angesehen werden. Ein weiteres mit der Kundenloyalität verwandtes Konstrukt ist die so genannte Kundenbindung. Unter Kundenbindung versteht man die Aufrechterhaltung von Geschäftsbeziehungen, welche durch eine nicht zufällige Folge von Markttransaktionen charakterisiert ist.[247] Während der Loyalitätsbegriff sowohl verhaltens- als auch einstellungsbezogene Facetten umfasst, stellt der Begriff der Kundenbindung nach Henning-Thurau/Klee (1997) hauptsächlich auf verhaltensspezifische Phänomene ab. Während Henning-Thurau/Klee (1997) die Kundenbindung als ein rein verhaltensbezogenes Konstrukt ansehen, welches entscheidend durch spezifische anbieterseitige Marketing-Maßnahmen bestimmt wird, misst z. B. Krafft (1999) der Kundenbindung auch kundenseitig

---

[245] Das entsprechende Ergebnis kann u. a. durch die positiven Effekte eines Abbaus kognitiver Dissonanzen erklärt werden.
[246] Vgl. Jacoby (1971) und Jacoby/Kyner (1973).
[247] Vgl. Peter (1997).

bestehende einstellungsbezogene Aspekte zu. Eine eindeutige Trennung der Kundenbindung und -loyalität fällt daher schwer bzw. ist inhaltlich bedeutungslos.

Eine Vielzahl von Autoren geht davon aus, dass die Kundenzufriedenheit eine der entscheidenden Determinanten der Kundenbindung bzw. -loyalität darstellt.[248] Zur konzeptionell theoretischen Fundierung des beschriebenen Kausalzusammenhangs kann genauso wie im Kontext des Beschwerdeverhaltens der Ansatz von Hirschman (1970) benutzt werden. Im Gegensatz zu dem durch Unzufriedenheit bedingten Beschwerdeverhalten (Exit-and-Voice), resultiert Loyalität in diesem Modellrahmen aus Zufriedenheit.[249] Das Bestehen eines positiven linearen Kausalzusammenhangs zwischen der Kundenzufriedenheit und Wiederkaufabsichten wird z. B. von Newman/Werbel (1973), Oliver (1980a), Bearden/Teel (1983), Fornell (1992) oder Anderson/Sullivan (1993) nachgewiesen. Neben der Kundenzufriedenheit können aber u. a. auch die Attraktivität von Konkurrenzangeboten, Variety-Seeking-Motive[250] sowie verschiedene Formen von Wechselbarrieren das Ausmaß der Bindung bzw. Loyalität von Kunden beeinflussen.[251] In einer konzeptionellen Arbeit betrachten Henning-Thurau/Klee (1997) den Zusammenhang zwischen Kundenzufriedenheit und -bindung. Als zentralen Aspekt des Beitrags von Henning-Thurau/Klee (1997) können die konzeptionellen Überlegungen zur Existenz eines nicht-linearen Funktionszusammenhangs zwischen der Zufriedenheit bzw. wahrgenommener Qualität und der Kundenbindung angesehen werden. Der Grund entsprechender Nicht-Linearitäten kann bei Berücksichtigung der Zwei-Faktoren-Theorie von Herzberg et al. (1959) zum einen auf der Ebene einzelner Produktattribute gesehen werden. So ist z. B. zu vermuten, dass bei einigen Produktattributen zwar eine nicht den Erwartungen entsprechende, nicht aber eine erwartungsübertreffende Erbringung der Leistung Auswirkungen auf das Wiederkaufverhalten hat. Im Rahmen empirischer Studien zeigen Yoon/Kim (2000), dass eine attributspezifische negative Erwartungsdiskonfirmation stärkere Effekte auf die Kundenloyalität haben kann.[252] Dies kann als ein Hinweis für die Gültigkeit der Zwei-Faktoren-Theorie angesehen werden. Auch Rust/Zahorik (1993) zeigen, dass attributspezifische Zufriedenheitsurteile die Kundenbindung direkt beeinflussen. Neben diesem auf einzelne Produktattribute abhebenden Denkansatz vermuten Henning-Thurau/Klee (1997) auch aus globaler Perspektive einen durch Schwellenwerte bestimmten, nicht-linearen Funktionszusammenhang zwischen Zufriedenheit und Kundenbindung bzw. -loyalität.[253] Hinsichtlich des konkreten Verlaufs der entsprechenden nicht-linearen Funktion besteht in der wissenschaftlichen Diskussion allerdings Unklarheit. Neben konzeptionellen Ansätzen zur Erklärung des

---

[248] Vgl. für viele z. B. Anderson et al. (1994) oder Fornell et al. (1996).
[249] Ein Überblick über weitere theoretischen Ansätze zur Erklärung der Kundenbindung findet sich bei Homburg/Bruhn (2000).
[250] Vgl. hierzu z. B. Tscheulin (1994) oder Helmig (1997).
[251] Vgl. Krafft (1999, S. 520f.).
[252] Yoon/Kim (2000) weisen darüber hinaus auch einen im Vergleich zur Wirkung der Globalzufriedenheit stärkeren Effekt der attributspezifischen Erwartungsdiskonfirmation auf die Kundenloyalität nach.
[253] Vgl. hierzu auch Söderlund (1998) und Mittal/Kamakura (2001).

Funktionsverlaufs[254] finden sich auch empirische Studien zur unterstellten Nichtlinearität. So belegen etwa Söderlund (1998), Hermann/Johnson (1999) und Kamakura/Mittal (2001) die postulierte Nichtlinearität. Zusammenfassend kann konstatiert werden, dass die Kundenzufriedenheit eine wesentliche Bestimmungsgröße der Kundenloyalität ist, neben der aber auch andere Determinanten und moderierende Faktoren berücksichtigt werden müssen.

Zur Begründung der Fokussierung auf die beziehungsbezogenen Konstrukte der Kundenzufriedenheit und -bindung wird angeführt, dass beide Bestandteile eines Wirkungszusammenhangs sind, an dessen Ende der ökonomische Erfolg von Unternehmen steht.[255] Es wird im Allgemeinen davon ausgegangen, dass sich nach einer Wiederholung von zufrieden stellenden Transaktionen kundenseitig eine hohe beziehungsbezogene Zufriedenheit einstellt. Diese bedingt ihrerseits eine hohe Loyalität der Kunden, welche sich u. a. in erhöhten Wiederkaufabsichten, in tatsächlichen Wiederkaufhandlungen und letztendlich in einem höheren Ertrag niederschlägt. Der von Heskett et al. (1994) im Kontext der Dienstleistungsqualität vorgeschlagene Modellrahmen der Service-Profit-Chain bildet diese Kausalstruktur ab. Der Service-Profit-Chain-Gedanke lässt sich darüber hinaus auch auf den Bereich der Kundenzufriedenheit und -loyalität übertragen. Heskett et al. (1994) sehen Maßnahmen zur Erhöhung der Dienstleistungsqualität (Kundenzufriedenheit) als Investitionen an, die bei gezieltem Mitteleinsatz zu Verbesserungen der kundenseitigen Qualitätswahrnehmung und darauf aufbauend der Ertragssituation von Unternehmen führen können. Als Gründe, die neben einer erhöhten Kundenloyalität für positive Effekte der Zufriedenheit auf den ökonomischen Erfolg von Unternehmen und somit für den Service-Profit-Chain-Gedanken sprechen, sind u. a. geringere Preiselastizitäten im Segment der zufriedenen Kunden sowie der Aufbau eines positiven Firmenimages aufgrund zufriedenheitsbedingter Mundwerbung zu nennen.[256] Reichheld/Sasser (1990) sehen die Kundenloyalität als einen Indikator für die Ertragskraft einer Unternehmung an. Je höher die Kundenloyalität umso mehr Wiederkäufe realisieren sich aus dem bestehenden, loyaleren Kundenstamm. Da ein loyaler Kundenstamm positive Zahlungsströme in der Zukunft sichert, überzeugt der Denkansatz der Service-Profit-Chain auch aus dieser Perspektive. Konform gehend mit Reichheld/Sasser (1990) sprechen Fornell/Wernerfelt (1987, 1988) und Fornell (1992) von defensiven Marketingstrategien, die über eine gezielte Verringerung der Abwanderung bestehender Kunden die Ertragsbasis von Unternehmen sichern bzw. ausbauen helfen. Neben der Errichtung von Wechselbarrieren und dem Beschwerdemanagement ist die Schaffung von Kundenzufriedenheit das entscheidende Instrument zur Realisierung der Vorgaben dieser defensiven Marketingstrategie.[257] Kritik an dem Service-Profit-Chain-Gedanken kommt neben Stadell/Fjeldstad (1998), die für

---

[254] Vgl. Coyne (1989) oder Zeithaml et al. (1996).
[255] Vgl. z. B. Homburg/Bruhn (2000, S. 9f.).
[256] Vgl. z. B. Anderson et al. (1994, S. 55).
[257] Während nach Fornell (1992) defensive Marketingstrategien darauf abzielen, den bestehenden Kundenstamm und die Umsatzentwicklung zu sichern, konzentrieren sich offensive Marketingstrategien auf die Akquise von Neukunden.

verschiedene Dienstleistungsbranchen anstatt einer Wertschöpfungskette so genannte Value-Shops und Value-Networks vorschlagen, u. a. von Krafft (1999). Abgesehen von der Gültigkeit der auf den einzelnen Stufen der Service-Profit-Chain postulierten Kausalzusammenhänge, verweist Krafft (1999) auf die Notwendigkeit der Berücksichtigung des Werts bzw. der Rentabilität gebundener Kunden. Die Beziehung zu Kunden müssen unter Investitionsgesichtspunkten betrachtet werden. Die Bindung von Kunden ist dementsprechend nur dann zweckmäßig, wenn im Laufe einer Geschäftsbeziehung die kundenspezifischen Erträge die kundenspezifischen Aufwendungen (z. B. Akquirierungskosten) übersteigen. Rust et al. (1995) und Kamakura et al. (2002) integrieren dementsprechend Kosteneffekte in Modelle,[258] die (explizit) auf der Service-Profit-Chain-Konzeptionalisierung aufbauen. Beide Autoren postulieren ähnlich wie Heskett et al. (1990) eine Kausalkette, die von Maßnahmen der Qualitätsverbesserung über die Zufriedenheits- bzw. Qualitätswahrnehmungen und kundenloyalitätsbezogenen Größen bis hin zur Ertragskraft von Unternehmen reicht. Die elementare Neuheit beider Modellansätze ist die Einsicht, dass die Ertragswirkungen von Zufriedenheitsinvestitionen quantifiziert werden müssen. Wenn dies gelingt, können nach Rust et al. (1995) unrentable Mittelverwendungen identifiziert und darauf aufbauend die Ressourcenverwendung im Kontext des Zufriedenheitsmanagements zielkonformer gesteuert werden. Rust et al. (1995) berücksichtigen zusätzlich zu der von Heskett et al. (1990) postulierten Wertschöpfungskette einen direkten positiven Effekt der Qualitätsverbesserung auf den ökonomischen Erfolg, der durch Kostensenkungspotenziale gerechtfertigt wird. Dagegen berücksichtigen Kamakura et al. (2002) einen direkten, kosteninduzierten Kausalzusammenhang mit negativem Vorzeichen zwischen dem Umfang an Zufriedenheitsinvestitionen und dem Unternehmensertrag.

Neben der Vielzahl an konzeptionellen Ansätzen, in deren Rahmen die Konzepte der Kundenzufriedenheit und -loyalität mit dem ökonomischen Erfolg von Unternehmen verknüpft werden, finden sich auch empirische Arbeiten, welche die entsprechenden Kausalzusammenhänge empirisch überprüfen. So weisen z. B. Ittner/Larckner (1998) in einer branchenspezifischen Analyse positive Bindungs- und Umsatzeffekte der Kundenzufriedenheit nach. Auf Basis nationaler Kundenzufriedenheitsbarometer zeigen Anderson et al. (1994) ebenfalls auf, dass Unternehmenserträge durch eine Verbesserung der Kundenzufriedenheit erhöht werden können. Die Ertragswirkungen treten zusammen mit zufriedenheitsdeterminierten Verhaltensänderungen aber erst zeitversetzt ein. Hier zeigt sich wieder der Investitionscharakter des Zufriedenheitsmanagements. Kamakura et al. (2002) zeigen im Gegensatz zu den beiden vorangegangenen Arbeiten, dass Verbesserungen der Dienstleistungsqualität nicht zwingend profitabel sind. So konnte die Relevanz sowohl der indirekten positiven als auch der direkten negativen Ertragswirkung von Qualitätsanstrengungen nachgewiesen werden. Je nach Umfang und Zweck der Mittelverwendung können sich negative oder positive

---

[258] Rust et al. (1995) und Kamakura et al. (2002) machen dies aber nicht kundenbezogen, sondern beschränken sich auf eine globale Betrachtung über alle Kunden eines Unternehmens.

Nettoertragseffekte ergeben. Indem sie empirisch belegen, dass aufgrund abnehmender Grenzerträge zuviel für Qualität ausgegeben werden kann, kommen Rust et al. (1995) zu ähnlichen Resultaten. Ferner wird auch gezeigt, dass Qualitätsaufwendungen nicht in jeder potenziellen Verwendungsrichtung gleich profitabel sind.

Zusammenfassend kann festgehalten werden, dass die Kundenzufriedenheit eine entscheidende Determinante einstellungs- und verhaltensbezogener Nachkaufphänomene ist. Neben diversen Unzufriedenheitsreaktionen bestimmt die Kundenzufriedenheit die Bindung bzw. Loyalität von Kunden entscheidend mit. Dieser Punkt scheint trotz eventuell bestehender Nichtlinearitäten des Kausalzusammenhangs zwischen Zufriedenheit und Loyalität weitgehend verallgemeinerbar zu sein. Über die alleinige Loyalitätswirkung hinaus, wurden auch positive Ertragseffekte von Investitionen in die Kundenzufriedenheit nachgewiesen. Positive Nettoertragseffekte können aber nicht grundsätzlich bei jeglicher Zufriedenheitsinvestition erwartet werden.

Im nachfolgenden Kapitel werden die aus der vorangegangenen Betrachtung der Kundenzufriedenheit resultierenden Erkenntnisse in den Themenbereich des Yield-Managements integriert. Aufbauend auf konzeptionellen Vorüberlegungen werden hierbei forschungsleitende Fragestellungen abgeleitet, welche im Rahmen nachfolgender empirischer Betrachtungen einer Verifizierung zu geführt werden.

5 Zufriedenheitsrelevante Effekte des Yield-Managements und Ableitung forschungsleitender Fragestellungen

Nachdem das Konstrukt der Kundenzufriedenheit sowie dessen Bedeutung für den ökonomischen Erfolg von Unternehmen in den vorangegangenen Abschnitten beleuchtet wurde, soll nun eine Fokussierung auf die potenziell zufriedenheitsrelevanten Effekte des Yield-Managements erfolgen. In einem ersten Schritt muss hierbei der Gegenstandsbereich der Kundenzufriedenheit im Kontext des Yield-Managements konzeptionell erfasst werden. So kann erkannt werden, wo die Schnittstellen zwischen dem unternehmensinternen Optimierungsprozess des Yield-Managements und der kundenseitig wahrnehmbaren Effekte der entsprechenden Preis- und Kapazitätssteuerungsstrategien liegen. Hierbei soll insbesondere auf das klassische, kapazitätsbasierte Yield-Management eingegangen werden. Genauer gesagt stellt sich hier die Frage, ob Entscheidungen bzgl. der differenzierten Bepreisung, Kontingentierung und Überbuchung beschränkter Leistungserstellungskapazitäten die Kundenzufriedenheit verringern können. Hierbei muss berücksichtigt werden, dass das Yield-Management, z. B. über eine Ausweitung des Angebots preisreduzierter Kapazitätseinheiten, auch positive Zufriedenheitsreaktionen bedingen kann. In einem zweiten Schritt müssen die erwarteten Zufriedenheitsreaktionen einer verhaltenswissenschaftlichen Fundierung zugeführt werden. Hierzu eigenen sich insbesondere die Ansätze des Erwartungsdiskonfirmations-Paradigmas sowie der Equity-Theorie. Aufbauend auf den entsprechenden konzeptionellen Vorüberlegungen kann in einem dritten Schritt die Ableitung forschungsleitender Fragestellungen erfolgen.

5.1 Überblick über das im Bereich der kundenbeziehungsrelevanten Wirkung des Yield-Managements vorhandene Schrifttum

Vor der Entwicklung von Forschungshypothesen sollen die im Themenbereich der Analyse von kundenbeziehungsrelevanten Wirkungen der simultanen Preis- und Kapazitätssteuerung publizierten Arbeiten genauer betrachtet werden. Bis zum heutigen Zeitpunkt sind im vorliegenden Forschungsgebiet weniger als zehn Pubikationen vorzufinden.[259] Wirtz et al. (2003) liefern einen ausführlichen Überblick über mögliche Yield-Management-induzierten Kundenkonflikte. Wirtz et al. (2003) weisen hierbei darauf hin, dass die Beziehung von Unternehmen zu Kunden sowohl durch Preis- als auch durch Kapazitätssteuerungsmaßnahmen beeinträchtigt werden können. Im Kontext der Kapazitätssteuerung können negative Effekte aufgrund einer kontingentierungsbedingten Abweisung von Reservierungsanfragen entstehen. Die ungünstigen Wirkungen der unfreiwilligen Abweisung „überbuchter" Kunden liegen ebenfalls auf der Hand. Darüber hinaus unterscheiden Wirtz et al. (2003) zwischen negativen Effekten der Preissteuerung, die einerseits aufgrund einer Abweichung des

---

[259] Dies sind die sieben Arbeiten von Kimes (1994, 2002), Kimes/Wirtz (2002), McMahon-Beattie et al. (2002), Noone et al. (2003), Wirtz et al. (2003) und Choi/Mattila (2004).

tatsächlichen Preises von einem Referenzpreis bzw. andererseits wegen einer Abweichung des tatsächlichen Konsumerlebnisses von einer kundenseitig erwarteten Referenztransaktion zustande kommen. Negativ empfundene Abweichungen von einer erwarteten Referenztransaktion kommen nach Wirtz et al. (2003) z. B. durch eine durch starke Preisnachlässe bedingte Überfüllung der Business-Class einer Airline zustande.

Genauso wie Wirtz et al. (2003) legen auch Kimes (1994, 2002) und Kimes/Wirtz (2002a, b) ihren Forschungsarbeiten die von Kahnemann et al. (1986) vorgeschlagene verhaltenswissenschaftliche Theorie des Dual-Entitlement zugrunde. Entsprechend der Theorie des Dual-Entitlement wird die wahrgenommene Fairness eines Konsumerlebnisses entscheidend durch die (den) kundenseitig erwartete(n) Referenztransaktion (Referenzpreis) bestimmt. Analog zur Gerechtigkeitstheorie nehmen Kunden den Standpunkt ein, dass der Ertrag einer Transaktion von Unternehmensleistungen kunden- und anbieterseitig in etwa gleich groß sein muss. Sowohl das vom Kunden zu leistende Entgelt als auch der vom Unternehmen erwirtschaftete Profit müssen aus dieser Perspektive angemessen sein. Der in diesem Kontext wesentliche Punkt der Theorie des Dual-Entitlement ist, dass Kunden eine Preiserhöhung, die nicht durch unternehmensseitige Kostensteigerungen begründet ist, als unfair ansehen. Die wahrgenommene Unfairness führt nach Kimes (1994, 2002) zur Unzufriedenheit von Kunden. Ähnlich argumentieren auch Choi/Mattila (2004), welche aber primär die Wirkung des Yield-Managements auf das gerechtigkeitstheoretisch fundierte und ebenfalls potenziell zufriedenheitsrelevante Konstrukt der Preisfairness untersuchen. Über die Theorie des Dual-Entitlement und der Gerechtigkeitstheorie hinaus, finden sich bei Wirtz et al. (2003) bzw. McMahon-Beattie et al. (2002) verhaltenswissenschaftliche Fundierungsversuche, die auf der Prospect-Theorie bzw. auf Ausführungen zum Konstrukt des Kundenvertrauens fußen. Kimes (1994, 2002), Kimes/Wirtz (2002a, b) und Choi/Mattila (2004) versuchen die unterstellten Effekte des Yield-Managements auch empirisch zu analysieren. Kimes (1994, 2002), Kimes/Wirtz (2002a, b) und Choi/Mattila (2004) untersuchen hierbei mithilfe der Szenariotechnik die Fairness-Wirkung des Yield-Managements in der Airline- und Beherbergungsindustrie. Als unfaire Geschäftspraktiken identifiziert Kimes (2002) zu geringe Preisnachlässe im Austausch gegen strenge Tarifbestimmungen, die Auferlegung zu strenger Tarifbestimmungen im Allgemeinen sowie fehlende Informationen hinsichtlich des Tarifsystems. Während sich Kimes (1994, 2002) und Kimes/Wirtz (2002a, b) im Rahmen ihres Forschungsdesigns auf die experimentelle Manipulation von Preisen und korrespondierenden Tarifbestimmungen beschränken, berücksichtigen Choi/Mattila (2004) auch unterschiedliche Referenzpreise, interpersonelle Preisvergleiche und unternehmensseitige Informationsstrategien. Hierbei wird gezeigt, dass insbesondere Preisunterschiede zwischen verschiedenen Kunden entscheidend für die wahrgenommene Fairness von Yield-Management-Maßnahmen sind. Darüber hinaus werden günstige Zufriedenheitseffekte gezielter unternehmensseitiger Informationsstrategien aufgezeigt.

Strategische Hebel zur Verringerung der durch das Yield-Management bedingten Kundenkonflikte präsentieren Noone et al. (2003) und Wirtz et al. (2003). Noone et al. (2003) zeigen hierbei, wie das Yield-Management strategisch in ein Kundenbeziehungsmanagement integriert werden kann. Die Autoren schlagen abweichende Preissetzungs- und Kapazitätssteuerungsstrategien für vier unterschiedliche Kundensegmente vor. Die Anwendung traditioneller Yield-Management-Methoden wird hierbei nur für die Segmente vorgesehen, denen loyale und unloyale Kunden mit geringem Kundenwert zugeordnet sind. Ferner wird eine Kombination aus unterschiedlichen Loyalitätsmanagement- und kommunikationspolitischen Maßnahmen vorgeschlagen. Wirtz et al. (2003) schlagen darüber hinaus u. a. die Verwendung so genannter Loyalitäts-Multiplikatoren vor, die als Korrekturgrößen im Rahmen quantitativer Planungsmodelle berücksichtigt werden könnten. Weiterhin wird auf die Relevanz adäquater Rückgewinnungsmaßnahmen im Kontext der Abweisung überbuchter Kunden hingewiesen.

Überblickt man die im vorliegenden Kontext veröffentlichten Arbeiten, so muss festgehalten werden, dass sowohl hinsichtlich der konzeptionellen Erfassung als auch hinsichtlich der empirischen Analyse von Yield-Management-bedingten Kundenkonflikten Lücken bestehen. So ist weder der Gegenstandsbereich des Yield-Managements explizit beschrieben worden, noch findet sich eine tiefergehende verhaltenswissenschaftliche Fundierung der Thematik. Insbesondere werden die durch das Yield-Management induzierten Zufriedenheitswirkungen bis zum heutigen Zeitpunkt nicht oder wenn dann nur am Rande thematisiert. Darüber hinaus finden sich bisher kaum kausalanalytische Betrachtungen der entsprechenden Effekte. Diese Lücken sollen im Rahmen der vorliegenden Arbeit geschlossen werden.

5.2 Darstellung des Gegenstandsbereichs der Kundenzufriedenheit im Kontext des Yield-Managements

Da die sich die vorliegende Arbeit auf das Yield-Management von Fluglinien konzentriert, soll im Folgenden der sachliche und zeitliche Gegenstandsbereich der Kundenzufriedenheit aus einer branchenspezifischen Perspektive beleuchtet werden. Die entsprechende Betrachtung erfolgt in diesem Zusammenhang unter Berücksichtigung der Schnittstellen zwischen den Bereichen des Yield-Managements und der Kundenzufriedenheit.

a) Sachlicher Gegenstandsbereich im Kontext des Yield-Managements

Tabelle 12 stellt verschiedene potenziell zufriedenheitsrelevante Merkmale des Leistungsangebots von Fluggesellschaften dar. Es kann hierbei davon ausgegangen werden, dass die Wahrnehmung eines höheren (niedrigeren) merkmalsspezifischen Leistungsniveaus grundsätzlich zu positiven (negativen) Zufriedenheitsreaktionen führt.[260] Aufbauend auf den Arbeiten von Tscheulin/Jaques (1996) und Tscheulin (2000) werden im Sinne eines

---

[260] Der Annahme dieses linearen Zusammenhangs zwischen der Zufriedenheit mit Produktmerkmalen und der Globalzufriedenheit mit einem Produkt widersprechen z. B. Kano (1984) und Mittal et al. (1998).

multiattributiven Zufriedenheitsansatzes unterschiedliche Markodimensionen von Airline-Produkten wie etwa „Pünktlichkeit", „Preis" oder „Service" berücksichtigt.[261] Die Makrodimension „Tarifbestimmungen, flexibilitätsspezifische Produktmerkmale" wird dabei zusätzlich zu der von Tscheulin/Jaques (1996) bzw. Tscheulin (2000) entwickelten Systematik nutzenstiftender Produktmerkmale einbezogen.[262] Zu jedem, dieser aggregierten Produktmerkmale werden – soweit möglich – Beispiele so genannter Mikrodimensionen aufgelistet, die auf einem geringeren Abstraktionsniveau angesiedelt und konstituierend für die jeweilige Makrodimension sind.[263] Die Auflistung erhebt hierbei keinen Anspruch auf Vollständigkeit. Dessen ungeachtet wird deutlich, dass direkte Effekte des Yield-Managements aus der Perspektive des sachlichen Gegenstandsbereiches lediglich auf der Ebene der Makrodimensionen „Preis" und „Tarifbestimmungen, flexibilitätsspezifische Leistungsmerkmale" bestehen. Darüber hinaus können weitere zufriedenheitsdeterminierende Leistungsdimensionen lediglich indirekt beeinflusst werden. Im Kontext des Produktmerkmals „Pünktlichkeit" können sich aufgrund einer überbuchungsbedingten Abweisung und der nachfolgenden Wartezeit negative Leistungswahrnehmungen ergeben. Direkte Wirkungen des Yield-Managements auf die allgemeine Pünktlichkeit einer Fluglinie bestehen aber nicht. Indirekte Effekte des Yield-Managements ergeben sich nach Wirtz et al. (2003) auch hinsichtlich der Leistungsdimension „Komfort". So kann eine übermäßige Gewährung von Preisnachlässen zu einer Überfüllung der Business-Class und einer daraus resultierenden Verschlechterung von Komfortwahrnehmungen führen. Es kann davon ausgegangen werden, dass der letztgenannte Punkt nur von geringer Relevanz ist. Hinsichtlich der Makrodimensionen „Sicherheit" und „Servicespezifische Produktmerkmale" können keine direkten oder indirekten Ansatzpunkte zufriedenheitsrelevanter Effekte des Yield-Managements identifiziert werden.

Wie in den Kapiteln 2 und 3 dieser Arbeit dargestellt, umfasst das Yield-Management quantitative Planungsansätze, welche zum Ziel haben, die Erlöse kapazitätsbeschränkter Unternehmen über eine simultane Steuerung von Preisen und Kapazitätsverfügbarkeiten zu maximieren. Direkte Berührungspunkte zwischen der Anwendung dieser Planungsmethoden und dem Bereich der Kundenzufriedenheit bestehen – wie gerade gezeigt – im Kontext der Leistungsmerkmale „Preis" und „Tarifbestimmungen, flexibilitätsspezifische Produktmerkmale". Während der Preis ein konstituierendes Charakteristikum aller Unternehmensleistungen ist, werden die Tarifbestimmungen erst durch die Anwendung von Maßnahmen des Yield-Managements zu der Liste relevanter Produktmerkmale hinzugefügt.

---

[261] Oliver (1996) schlägt die Berücksichtigung der so genannten Mikro- und Makrodimensionen im Rahmen multiattributiver Kundenzufriedenheitsmodelle vor.
[262] Die von Tscheulin/Jaques (1996) und Tscheulin (2000) berücksichtigten nutzenstiftenden Produktmerkmale „Nationalität der Airline" und „Erfahrung der Airline" werden hier nicht berücksichtigt.
[263] Im Rahmen einer Arbeit zur wahrgenommenen Servicequalität von Fluglinien ermitteln Gourdin/Kloppenborg (1991) einen Katalog relevanter Produktmerkmale.

Tabelle 12: Zufriedenheitsrelevante Produktmerkmale des Leistungsangebots von Fluglinien

Makrodimension	Mikrodimensionen	Einfluss des Yield-Managements
Physisches Dienstleistungsumfeld („Komfort")	<ul><li>Komfortabler Sitzplatz</li><li>Ausreichende Bewegungsfreiheit</li><li>Unterhaltungsmöglichkeiten etc.</li></ul>	indirekt
Preis		direkt / indirekt
Pünktlichkeit	<ul><li>Pünktlicher Abflug auf dem Hin- und Rückflug</li><li>Wartezeiten</li><li>Zeitnahe Gepäckausgabe etc.</li></ul>	indirekt
Servicespezifische Leistungsmerkmale („Service")	<ul><li>Persönliche Interaktion mit Servicepersonal</li><li>Umfang des Routennetzes</li><li>Verpflegung etc.</li></ul>	nein
Sicherheit	<ul><li>Allgemeine Flugsicherheit</li><li>Sonstige sicherheitsrelevanten Produktmerkmale</li></ul>	nein
Tarifbestimmungen, flexibilitätsspezifische Leistungsmerkmale	<ul><li>Frühbuchungsbestimmungen</li><li>Umbuchungs- und Stornierungsbedingungen etc.</li></ul>	direkt

Die Implementierung von Tarifbestimmungen im Rahmen einer differenzierten Bepreisung dient einer auf Self-Selecting-Mechanismen basierenden Marktsegmentierung und führt dazu, dass unterschiedlich bepreiste Flugreisen zum einen variierende Flexibilitätsmerkmale aufweisen. Es ist zu vermuten, dass diese direkt durch das Yield-Management bestimmten Flexibilitätsvariationen kundenseitige Zufriedenheitsreaktionen bedingen können. Über die Beeinflussung von Flexibilitätsmerkmalen hinaus legt die differenzierte Preissetzung im Kontext des klassischen, kapazitätsbasierten Yield-Management zum anderen das Fundament dafür, dass von verschiedenen Kunden für die identische Kernleistung unterschiedliche Preise gezahlt werden müssen.[264]

Aufbauend auf der Differenzierung von Preisen bedingt die Kontingentierung beschränkter Kapazitäten, dass die Verfügbarkeit von Sitzplätzen in unterschiedlichen Tarifklassen variiert. Über die Abweisung von Reservierungsanfragen oder Umlenkung in teurere Tarifklassen hinaus führt die Kontingentierung über das Öffnen und Schließen von Tarifklassen für Reservierungsanfragen letztendlich dazu, dass von den Kunden Preisvariationen wahrgenommen werden. Ähnliche Kundenwahrnehmungen hat auch die Anwendung des preisbasierten Yield-Managements, in dessen Rahmen Preise explizit gesteuert werden, zur Folge. Dies

---

[264] Vgl. hierzu auch die Arbeiten von Kimes (1994, 2002) und Kimes/Wirtz (2002).

gilt insbesondere dann, wenn die Preissteuerung nicht durch eine stetige Variation von Preisen, sondern unter Berücksichtigung diskreter Preisschritte erfolgt.[265]

Neben diesen direkten Effekten der (kontingentierungsbedingten) Variation des Produktmerkmals „Preis" können sich im Rahmen von Konsumerlebnissen von Flugpassagieren aber auch indirekte kundenseitige Wirkungen ergeben. Diese ergeben sich dann, wenn der eigene Preis vom Preis abweicht, den andere Kunden für den gleichen Flug gezahlt haben. Es kann vermutet werden, dass sowohl die direkten als auch die indirekten Effekte der Kontingentierung zu Zufriedenheitsreaktionen führen können.

Die beiden im Wesentlichen durch das Yield-Management beeinflussten Produktmerkmale "Preis" und "Tarifbestimmungen, flexibilitätsspezifische Leistungsmerkmale" können der von Kano (1984) beschriebenen Kategorie der Leistungsmerkmale zugeordnet werden. So kann grundsätzlich davon ausgegangen werden, dass Preissenkungen (Preiserhöhungen) genauso wie weniger strikte (striktere) Tarifbestimmungen zu (Un-) Zufriedenheitsreaktionen führen. Konform gehend mit dem elementaren multiattributiven Zufriedenheitsmodell kann demzufolge von einer weitgehend linear kompensatorischen Beziehung zwischen den beiden Leistungsmerkmalen und den Zufriedenheitsreaktionen ausgegangen werden. Negative Preiswahrnehmungen können demzufolge durch positiv bewertete Tarifbestimmungen ausgeglichen werden. Dies entspricht auch der grundlegenden Logik der Implementierung von Tarifbestimmungen, die darauf beruht, dass Preisnachlässe nur im Austausch gegen striktere Tarifbestimmungen gewährt werden. Darüber hinaus kann auch davon ausgegangen werden, dass Preise und Tarifbestimmungen der Kategorie der Suchmerkmale zugeordnet werden können, welche von den Kunden im Gegensatz zu Erfahrungs- und Vertrauensmerkmalen bereits vor dem eigentlichen Konsumerlebnis wahrgenommen und bewertet werden können.[266]

b) Zeitlicher Gegenstandsbereich im Kontext des Yield-Managements

Die Notwendigkeit der Integration von Kunden als externe Faktoren bedingt, dass sich die Produktion von Dienstleistungen als Prozess darstellt. Den Ausführungen von Stauss/Seidel (2003) folgend, lassen sich Dienstleistungsprozesse dementsprechend durch einzelne Serviceepisoden, in denen es zu Kontakten zwischen den Kunden und Dienstleistungsanbietern kommt, darstellen. Tabelle 13 kann ein Überblick entnommen werden, welcher die wesentlichen Serviceepisoden einer Dienstleistungstransaktion zwischen Airlines und ihren Kunden darstellt. Über die alleinige Darstellung der Serviceepisoden hinaus, werden die unterschiedlichen Episoden, einer Systematisierung von Walker (1995) folgend, den Kategorien der Kernleistungs- und peripheren Episoden zugewiesen. Weiterhin werden in Tabelle 13 jeder Serviceepisode Beispiele von zugehörigen Servicekontaktpunkten zugeord-

---

[265] Entsprechende Modelle eines preisbasierten Yield-Managements liefern z. B. Feng/Gallego (2000) und Feng/Xiao (2000a).
[266] Zur Unterscheidung von Such-, Erfahrungs- und Vertrauensmerkmalen vgl. z. B. Hoch/Deighton (1989).

net, die sich neben den persönlichen Interaktionen zwischen Kunden und dem Dienstleistungsanbieter u. a. auch auf physische Produktmerkmale beziehen können.[267] Bei näherer Betrachtung der einzelnen Kontaktpunkte wird deutlich, dass z. T. weitgehende inhaltliche Überschneidungen mit den im Abschnitt zum sachlichen Gegenstandsbereich der Kundenzufriedenheit präsentierten Produktmerkmalen bestehen. Grundsätzlich können Kunden hinsichtlich jedes einzelnen Servicekontaktpunktes Zufriedenheitsurteile bilden. Die entsprechenden Kontaktzufriedenheiten wirken über Zufriedenheiten mit einzelnen Serviceepisoden auf die transaktionsspezifische Globalzufriedenheit. Bei einer Wiederholung von Dienstleistungstransaktionen können die einzelnen Transaktionszufriedenheiten ferner die Zufriedenheit mit der Beziehung zu den Serviceanbietern beeinflussen.[268]

Zusätzlich zu der Systematisierung von Dienstleistungsepisoden und -kontaktpunkten zeigt Tabelle 13 im Rahmen welcher Dienstleistungsepisoden es zu zufriedenheitsrelevanten Effekten des Yield-Managements kommen kann. Hierbei ist es wesentlich, dass das Yield-Management nur dann von Relevanz sein kann, wenn sich kundenseitig wahrnehmbare Effekte der Preis- und Kapazitätssteuerung ergeben. Auch wenn sich ein Großteil des Planungsprozesses des Yield-Managements hinter der so genannten Line-of-Visibility verbirgt,[269] können kundenseitig wahrnehmbare Effekte im Kontext der Buchungs- und der Check-In- bzw. Boarding-Episode identifiziert werden. So beeinflusst die auf der differenzierten Bepreisung beschränkter Kapazitäten basierende Kontingentierung im Rahmen der Buchungsepisode sowohl Preise als auch Tarifbestimmungen, mit denen Kunden im Rahmen einer Dienstleistungstransaktion konfrontiert werden. Dies wurde bereits im vorangegangen Abschnitt zur Betrachtung der Effekte des Yield-Managements aus der Perspektive des sachlichen Gegenstandsbereichs der Kundenzufriedenheit thematisiert. Des Weiteren kann es in der Check-In- und Boarding-Episode zu (Un-) Zufriedenheitsreaktionen kommen, wenn es aufgrund von überbuchungsbedingten Überverkäufen zur unfreiwilligen Abweisung von Fluggästen kommt. Interessanterweise kann festgehalten werden, dass sich diese direkten Effekte des Yield-Managements nur auf der Ebene zweier peripherer Dienstleistungsepisoden manifestieren. Die Episoden, in denen mit dem Transport von Flugpassagieren die eigentliche Kernleistung erstellt wird, sind grundsätzlich nicht betroffen. Zusätzlich zu den direkten Effekten auf der Ebene der beiden peripheren Dienstleistungsepisoden kann es, wenn Kunden interpersonelle Preisunterschiede feststellen, auch in Kernleistungsepisoden zu indirekten Zufriedenheitsreaktionen kommen. Alles in allem kann aber davon ausgegangen werden, dass eine Betrachtung zufriedenheitsrelevanter Effekte des Yield-Managements primär nicht aus der Perspektive des zeitlichen Gegenstandsbereichs erfolgen muss.

---

[267] Vgl. Bitner et al. (1990).
[268] Vgl. Stauss/Seidel (2003).
[269] Shostack (1987).

Tabelle 13: Serviceepisoden und -kontaktpunkte im Kontext von Servicetransaktionen zwischen Airlines und ihren Kunden

Serviceepisoden		Servicekontakte	Einfluss des Yield-Managements	
Periphere Dienstleistungsepisoden	Buchung	• Preis • Tarifbestimmungen • Persönliche Interaktion mit dem Serviceanbieter • etc.	direkt	
	Check-in, Boarding	• Wartezeit • Persönliche Interaktion mit dem Serviceanbieter • etc.	direkt	
Kernleistungsepisoden	Abflug	• Pünktlicher Abflug • Persönliche Interaktion mit dem Serviceanbieter • etc.	nein	Indirekt über den Kontakt mit anderen Fluggästen
	Flug	• Flugdauer • Sitzplatzkomfort • Qualität der Verpflegung • Persönliche Interaktion mit dem Serviceanbieter • etc.	nein	
	Ankunft	• Pünktliche Ankunft • Persönliche Interaktion mit dem Serviceanbieter • etc.	nein	
Periphere Dienstleistungsepisoden	Gepäckausgabe	• Zeitnahe Gepäckausgabe • Persönliche Interaktion mit dem Serviceanbieter • etc.	nein	

c) *Servicedefekte und Rückgewinnungsstrategien: Die Abweisung „überbuchter" Passagiere*

Im Rahmen der Betrachtung der Effekte des Yield-Managements aus der Perspektive des zeitlichen Gegenstandsbereichs der Kundenzufriedenheit wurde die Abweisung von Passagieren aufgrund einer Überbuchung von Sitzplatzkapazitäten bereits als potenziell zufriedenheitsrelevante Konsequenz identifiziert. Die Abweisung von überbuchten Kunden stellt ein idealtypisches Beispiel eines Servicedefektes dar.[270] Im Falle einer faktischen Überbuchung von Sitzplatzkapazitäten versuchen Fluglinien, die negativen Konsequenzen zuerst z. B. durch eine kostenlose Umbuchung von Passagieren aus der Economy in die Business Class (Upgrading) zu vermeiden.[271] Weiterhin wird in mehr oder weniger expliziten Auktionsverfahren versucht,[272] Passagiere zu finden, die gegen eine finanzielle Kompensation bereit sind, freiwillig bis zu dem nächstmöglichen Flug zu warten. Im Erfolgsfalle würde das Eintreten eines durch die Überbuchung bedingten Servicedefektes konsequenterweise ebenfalls verhindert werden. Trotz allem können Fluglinien eine unfreiwillige Abweisung eines Teils ihrer Fluggäste aber nicht vollkommen vermeiden. Kommt es tatsächlich zu einer Abweisung von Kunden, buchen Airlines – im Sinne einer Rückgewinnungsstrategie – die betroffenen Personen routinemäßig unter Gewährung einer finanziellen Kompensation[273] auf einen nachfolgenden Flug um.[274] Während die Abweisung von Kunden bei isolierter Betrachtung grundsätzlich nur Unzufriedenheitsreaktionen bedingen kann, ist die letztendliche Richtung von Zufriedenheitswirkung bei einer gleichzeitigen Betrachtung von überbuchungsbedingten Abweisungen und unternehmensseitigen Rückgewinnungsstrategien vorab nicht eindeutig vorhersagbar. So kann die Kundenzufriedenheit im Rahmen einer erfolgreichen Rückgewinnungsmaßnahme sogar ihr ursprüngliches Niveau übersteigen. Dies erklärt sich dadurch, dass betroffene Fluggäste ihrem endgültigen Zufriedenheitsurteil neben einer Bewertung verschiedener Produktattribute wie Preis oder Tarifbestimmungen auch ihre subjektive Wahrnehmung der mit der Überbuchung verbundenen Unannehmlichkeiten (insbesondere das Ausmaß der resultierenden Wartezeit) sowie der Rückgewinnungsstrategien (insbesondere die finanzielle Kompensation) zugrundelegen. Hinsichtlich der Evidenz des Bestehens dieses so genannten Service-Recovery-Paradoxons liegen aber keine einheitlichen Forschungsergebnisse vor.[275]

Zusammenfassend kann aus der Perspektive des Gegenstandsbereichs der Kundenzufriedenheit festgehalten werden, dass diverse Ansatzpunkte kundenzufriedenheitsrelevanter Effekte des Yield-Managements bestehen. Während die Aspekte des zeitlichen Gegenstandsbereichs der Kundenzufriedenheit in diesem Kontext weitgehend vernachlässigt werden können, übt das Yield-Management auf der sachlichen Ebene einen wesentlichen Einfluss auf das objektive Leistungsniveau verschiedener Produktmerkmale aus. Zum einen sind dies der Preis und die Flexibilitätsleistungen einer Flugreise, die im Rahmen des kapazitätsbasierten Yield-Managements durch Preisdifferenzierungs- und Kontingentierungsmaßnahmen direkt

---

[270] Suzuki (2004) nennt Verspätungen und Probleme mit dem Gepäck von Fluggästen als weitere Airline-spezifische Beispiele von Servicedefekten. Verma (2001) fügt dazu noch Servicedefekte hinzu, die sich auf die Interaktion mit dem Servicepersonal und dem Service an Bord beziehen.
[271] Vgl. z. B. Bierman/Thomas (1973).
[272] Zur inhaltlichen Bedeutung entsprechender Auktionsmechanismen vgl. Simon (1968).
[273] Entsprechend der EU-Verordnung 295/91 sind Airlines im Falle einer Abweisung verpflichtet, in Abhängigkeit der resultierenden Verspätung und des Ausmaßes der Flugstrecke eine Kompensation von 75 bis 600 € auszuzahlen.
[274] Kelley et al. (1993) bezeichnen die entsprechenden Rückgewinnungsmaßnahmen als „Compensation plus".
[275] Vgl. z. B. Smith et al. (1999).

beeinflusst werden.[276] Im Falle des Service-Defektes der überbuchungsbedingten Abweisung von Fluggästen kommt es darüber hinaus zum anderen zu einer Beeinflussung der Wartezeit zwischen Check-In und letztendlichem Abflug sowie zu einer Realisierung unternehmensseitiger Kompensationsbemühungen, welche beide ebenfalls in Kategorien von Produktattributen erfasst werden können. Führen die entsprechenden objektiven Variationen des Leistungsniveaus von Produktmerkmalen zu korrespondierenden Veränderungen subjektiver Leistungswahrnehmungen, so kann es sein, dass der Einsatz des Yield-Managements zu einer Änderung der transaktionsspezifischen Globalzufriedenheit führt.

Unter Berücksichtigung dieser Erkenntnisse erscheint eine Analyse der kundenzufriedenheitsrelevanten Effekte des Yield-Managements unter Hinzuziehung multiattributiver Aspekte angezeigt. Auch wenn Autoren wie etwa Oliver (1996) die Verwendung entsprechender multiattributiver Zufriedenheitsmodelle kritisieren, finden entsprechende Ansätze in referierten Marketing-Zeitschriften wie z. B. bei Rust/Zahorik (1993), Krishnan/Olshavsky (1995), Spreng et al. (1996) oder Mittal et al. (1999) Verwendung. Obwohl diese Ansätze die den Zufriedenheitsreaktionen zugrundeliegenden psychologischen Prozesse z. T. nicht oder nur partiell abbilden können, weisen sie auf der Ebene der einzelnen Produktattribute einen höheren diagnostischen Gehalt auf als Modelle, die auf einem hohen Aggregationsniveau ansetzen. Nicht zuletzt spricht für den multiattributiven Denkansatz, dass die produktattributspezifischen Wirkungen des Yield-Managements sowie die darauf aufbauende Ableitung spezifischer Handlungsempfehlungen und nicht die weitere Durchdringung allgemeiner psychologischer Zufriedenheitsprozesse im Mittelpunkt der Betrachtung stehen.[277]

5.3 Verhaltenswissenschaftlich fundierter Zugang zu den zufriedenheitsrelevanten Effekten des Yield-Managements

Nachdem in den vorangegangenen Abschnitten insbesondere auf die im vorliegenden Kontext bestehende Relevanz einer auf einzelnen Produktattributen basierenden Betrachtung zufriedenheitsrelevanter Effekte hingewiesen wurde, soll darüber hinaus auch eine verhaltenswissenschaftliche Fundierung erfolgen. Hierbei sei darauf hingewiesen, dass sich die beiden Betrachtungsweisen nicht gegenseitig ausschließen, sondern ergänzen sollen. So kann z. B. das Erwartungsdiskonfirmations-Paradigma gut in produktattributsbezogene Zufriedenheitsmodelle integriert werden.

Wie bereits besprochen, besteht hinsichtlich des Preises einer Flugreise als auch bzgl. der korrespondierenden Tarifbestimmungen ein direkter Einfluss der simultanen Preis- und Kapazitätssteuerung auf das objektive Leistungsniveau von Produktmerkmalen. Es ist zu vermuten, dass diese Variation des objektiven Leistungsniveaus auch kundenseitig wahrge-

---

[276] Im Rahmen des preisbasierten Yield-Managements erfolgt die Steuerung des Verkaufs beschränkter Kapazitäten ohne (explizite) Festlegung von Tarifbestimmungen.

[277] Darüber hinaus sind die entsprechenden, der Kundenzufriedenheit zugrundeliegenden psychologischen Prozesse bereits weitgehend erforscht.

nommen wird. Da die produktattributspezifische Leistungswahrnehmung von Kunden eine wesentliche Komponente des Ansatzes der Erwartungsdiskonfirmation ist, erscheint eine entsprechende verhaltenswissenschaftliche Fundierung dieser Effekte sinnvoll. Neben diesen direkten Effekten des Yield-Managements kommen indirekte Effekte insbesondere dann zustande, wenn Passagiere während eines Fluges interpersonelle Preisunterschiede zwischen dem selbst geleisteten Entgelt und den Preisen, die andere Fluggäste gezahlt haben, feststellen. Dies ist besonders dann relevant, wenn die betroffenen Kunden im Kontext des Vergleichsprozesses die korrespondierenden Tarifbestimmungen und damit die Begründung für die Preisdifferenzen nicht kennen. Die entsprechenden kundenseitig wahrnehmbaren Wirkungen der auf einer differenzierten Bepreisung basierenden Kontingentierung bzw. der dynamischen Preissetzung bieten sich geradezu idealtypisch für eine gerechtigkeitstheoretische Fundierung an. Hinsichtlich der Konsequenzen einer überbuchungsbedingten unfreiwilligen Abweisung von Kunden liegt die Richtung einer verhaltenswissenschaftlichen Fundierung nicht ebenso deutlich auf der Hand. Wie später dargestellt wird, erscheint letztendlich aber ebenfalls eine durch gerechtigkeits- und attributionstheoretische Aspekte ergänzte Berücksichtigung des Erwartungsdiskonfirmations-Paradigmas sinnvoll.

a)   Erwartungsdiskonfirmationstheoretische Fundierung der Effekte simultaner Preisdifferenzierungs- und Kontingentierungsmaßnahmen

Die auf der differenzierten Bepreisung beschränkter Sitzplatzkapazitäten beruhende Kontingentierung bestimmt, ob eine Reservierungsanfrage in einer bestimmten Tarifklasse berücksichtigt werden kann. Günstigstenfalls sind, über die Sitzplätze in der ursprünglich gewünschten Tarifklasse hinaus, sogar günstigere Plätze verfügbar. Im ungünstigeren Fall sind ausschließlich Plätze in einer höher bepreisten Tarifklasse verfügbar. Berücksichtigt werden muss, dass die Reservierung in unterschiedlichen Tarifklassen mit variierenden Preis-Tarifbestimmungs-Kombinationen einhergeht.

Wenn sich diese tatsächliche Variation des allgemeinen Leistungsniveaus einer Fluggesellschaft auch in der Wahrnehmung der Kunden realisiert, kann unter Berücksichtigung des Erwartungsdiskonfirmations-Paradigmas davon ausgegangen werden, dass sich diese über eine (Dis-) Konfirmation von Erwartungen auf die globale Kundenzufriedenheit auswirkt.[278] Betrachtet man die entsprechenden Effekte des Yield-Managements aus der Perspektive eines multiattributiven Zufriedenheitsmodells, kann argumentiert werden, dass sich auch auf der Ebene der einzelnen Produktmerkmale Diskonfirmationswahrnehmungen ergeben. Die entsprechenden attributspezifischen Evaluationen resultieren letztendlich in einem globalen Zufriedenheitsurteil. Grundsätzlich kann davon ausgegangen werden, dass eine Verbesserung (Verschlechterung) attributspezifischer Leistungswahrnehmungen zu einer Verbesserung (Verschlechterung) globaler Zufriedenheitsurteile führt. Da im Rahmen des Yield-Managements höhere (niedrigere) Preise systematisch mit weniger strikten (strikteren)

---

[278] Vgl. für viele Oliver (1980a).

Tarifbestimmungen verknüpft sind, ist eine Prognose des Nettozufriedenheitseffekts in diesem Zusammenhang per se aber nicht möglich. Dies erklärt sich dadurch, dass eine positive Evaluation des einen Produktmerkmals durch die korrespondierende negative Wahrnehmung des anderen Produktmerkmals konterkariert werden kann. Da die bisher publizierten Arbeiten zu kundenseitigen Aspekten des Yield-Managements aber ausschließlich von negativen Effekten der simultanen Preisdifferenzierung und Kontingentierung sprechen,[279] kann vermutet werden, dass die direkten Zufriedenheitseffekte der Kontingentierung negativ sind.

Ein wichtiger Punkt ist, ob positive und negative Abweichung von individuellen Referenzgrößen die gleichen absoluten Zufriedenheitswirkungen haben. Die entsprechenden positiven und negativen Abweichungen ergeben sich im Rahmen der simultanen Kontingentierung, wenn einer Reservierungsanfrage in der gewünschten oder in einer geringer bzw. höher bepreisten Tarifklasse entsprochen werden kann. Eine Erklärung potenziell unterschiedlicher Zufriedenheitsreaktionen kann in diesem Zusammenhang die Prospect-Theorie liefern.[280] Entsprechend der Vorgaben der Prospect-Theorie muss eine positive Abweichung von zugrundeliegenden Referenzgrößen zu einer geringeren absoluten Zufriedenheitsreaktion führen als eine negative.[281] Dieser Logik folgend wird eine durch die simultane Preisdifferenzierung und Kontingentierung bedingte Buchung in höher bepreisten Tarifklassen – trotz weniger strikten Tarifbestimmungen – zu stärker ausgeprägten negativen Effekten führen als eine Buchung eines günstigeren Fluges.

b)   Gerechtigkeitstheoretische Fundierung der Effekte von Yield-Management-bedingten interpersonellen Preisunterschieden

Genauso wie das Erwartungsdiskonfirmations-Paradigma fußt die Gerechtigkeitstheorie auf kognitiven Vergleichsprozessen. Hierbei bezieht sich der Vergleich aber nicht auf Merkmale von Produkten. Stattdessen stehen Ertrags-Aufwands-Relationen von an Markttransaktionen beteiligten Parteien im Mittelpunkt. Hierbei kann ein Kunde neben der eigenen und der anbieterseitigen Austauschrelation auch das Ertrags-Austausch-Verhältnis von anderen Kunden mit in sein Vergleichskalkül einbeziehen. Abweichungen zwischen den Ertrags-Aufwands-Verhältnissen führen zu Ungerechtigkeitswahrnehmungen, in deren Folge es zu kundenseitigen Zufriedenheitsreaktionen kommt.[282] Bei strikter Befolgung der Logik der Gerechtigkeitstheorie müsste sowohl eine kundenseitige Schlechter- als auch Besserstellung zu Ungerechtigkeitswahrnehmungen und Unzufriedenheitsreaktionen führen. Dem Denkansatz von Oliver/Swan (1989a, b) folgend sind Gerechtigkeitswahrnehmungen im Kontext der Zufriedenheitsforschung aber zweidimensional ausgeprägt. Neben einer Präferenz für eine

---

[279] Vgl. Kimes (1994, 2002) und Kimes/Wirtz (2002), Noone et al. (2003) und Wirtz et al. (2003).
[280] Zur Prospect-Theorie vgl. Kahneman/Tversky (1979).
[281] Vgl. Mittal et al. (1998) oder Ting/Chen (2002).
[282] Für eine allgemeine Betrachtung gerechtigkeitstheoretischer Aspekte im Rahmen der Kundenzufriedenheit vgl. z. B. Oliver/Swan (1989b) oder Oliver (1996).

egalitäre bzw. faire Verteilung von Tauscherträgen realisiert sich auch die egozentrische Gerechtigkeitsdimension der Selbstbevorzugung. Eine Verbesserung der perzeptierten Fairness erhöht demzufolge, genauso wie eine Verstärkung der Selbstbevorzugung, die Zufriedenheit mit einer Austauschsituation.

Die Gerechtigkeitstheorie erscheint im Kontext des Yield-Managements insbesondere im Hinblick auf die durch die simultane Preisdifferenzierung und Kontingentierung bedingten interpersonellen Preisunterschiede von Bedeutung. Hierbei kommt es primär nicht zu einem Vergleich der eigenen mit der unternehmensseitig realisierten Ertrags-Aufwands-Relation, sondern zu einer Einbeziehung der bei anderen Kunden wahrgenommenen Tauschergebnisse. Da der Preis eine der wesentlichen Komponenten individueller Tauschergebnisse ist, liegt es auf der Hand, dass interpersonelle Preisunterschiede die Wahrnehmung der in den kognitiven Vergleichsprozess einbezogenen Ertrags-Aufwands-Relationen beeinflusst. Während individuell ungünstige Preisunterschiede aufgrund der durch sie bedingten Unfairnesswahrnehmungen zu Unzufriedenheit führen müssten, müssten individuell vorteilhafte Preisunterschiede aufgrund der egozentrischen Gerechtigkeitskomponente der Selbstbevorzugung in Zufriedenheitsreaktionen resultieren.

c)   Verhaltenswissenschaftliche Fundierung der zufriedenheitsrelevanten Effekte der überbuchungsbedingten Abweisung von Kunden

Während die verhaltenswissenschaftliche Fundierung direkter und indirekter kundenseitiger Konsequenzen der simultanen Preisdifferenzierung und Kontingentierung des Yield-Managements auf der Hand liegt, ist dies im Zusammenhang mit der Überbuchung beschränkter Sitzplatzkapazitäten nicht der Fall. Grundsätzlich ist aber eine Fundierung über das Erwartungsdiskonfirmations-Paradigma und darüber hinaus auch eine gerechtigkeits- oder attributionstheoretische Betrachtung der kundenseitigen Überbuchungsfolgen denkbar.

Aus der Perspektive des Erwartungsdiskonfirmations-Paradigmas kann eine überbuchungsbedingte Abweisung von Fluggästen grundsätzlich nur in einer negativen Diskonfirmation von Erwartungen resultieren. Der durch die Abweisung verletzte Anspruch auf Beförderung kann daher der Kategorie der Basis- bzw. zufriedenheitserhaltenden Faktoren zugeordnet werden,[283] in deren Rahmen es bei Leistungsvariationen ausschließlich zu Unzufriedenheitsreaktionen kommen kann.[284] Diese können – im Sinne des Service-Recovery-Paradoxon – durch eine Übererfüllung bestehender Erwartungen im Zusammenhang mit Rückgewinnungsstrategien eventuell (über-) kompensiert werden.

Aus der Perspektive der Gerechtigkeitstheorie beeinflusst eine überbuchungsbedingte Abweisung das vom Kunden wahrgenommene Austauschverhältnis. Die durch die Abweisung bedingten Unannehmlichkeiten erhöhen einerseits den Aufwand der Kunden. Da die Kompensationsbemühungen der Airline andererseits bis zu einem bestimmten Ausmaß auch

---

[283]   Vgl. hierzu z. B. Kano (1984) oder Mittal et al. (1998).
[284]   Vgl. z. B. Ting/Chen (2002).

zu einer Erhöhung des Tauschertrags führen, kann sich die kundenseitige Ertrags-Aufwands-Relation sowohl verbessern als auch verschlechtern. Hinsichtlich des vom Kunden wahrgenommenen Tauschergebnisses der überbuchenden Airline ergeben sich die umgekehrten Effekte.

Obwohl die Gerechtigkeitswahrnehmung der überbuchungsbedingten Abweisung zwar letztendlich von der individuellen Gewichtung der beschriebenen Effekte abhängt, wird konformgehend mit anderen Autoren davon ausgegangen,[285] dass die Überbuchungskonsequenzen insgesamt als unfair bzw. als negative Erwartungsdiskonfirmation perzeptiert werden. Diese Behauptung lässt sich auch mithilfe der Attributionstheorie untermauern.[286] Zum einen kann der Auslöser der von den Kunden wahrgenommenen Unannehmlichkeiten der Überbuchung der Airlines zugeschrieben werden. Darüber hinaus stellen sich die Überbuchung und somit auch die durch sie bedingte unfreiwillige Abweisung von Fluggästen als unternehmensseitig kontrollierbar dar.[287] Der Attributionstheorie folgend bedingen entsprechende negative Konsumerfahrungen, welche im Hinblick auf die Attributionsdimensionen[288] „Lokus" und „Kontrollierbarkeit" als extern und kontrollierbar angesehen werden müssen, besonders starke Unzufriedenheitsreaktionen.[289] Auch aus diesem Grunde soll davon ausgegangen werden, dass die zufriedenheitsrelevanten Überbuchungskonsequenzen im Rahmen üblicher Rückgewinnungsstrategien insgesamt negativ sind.

5.4 Yield-Management in der Service-Profit-Chain

Vor der Ableitung der konkreten forschungsleitenden Fragestellungen soll ein Überblick über das vorliegende Forschungsvorhaben gegeben werden. Zur Veranschaulichung der wesentlichen Forschungsziele findet sich das Yield-Management in Abbildung 12 in den Service-Profit-Chain-Ansatz von Heskett et al. (1994) integriert. Wie bereits beschrieben, führt die Anwendung des Yield-Managements dazu, dass sich das objektive Leistungsniveau der angebotenen Unternehmensleistungen ändert. Diese Leistungsvariationen können sich im Zusammenhang mit der simultanen Preisdifferenzierung und Kontingentierung zum einen im Hinblick auf Preise und Tarifbestimmungen beziehen. Zum anderen hat das Leistungsniveau spezifischer Produktmerkmale auch im Falle überbuchungsbedingter Rückgewinnungsbemühungen eine entscheidende Bedeutung. Im Hinblick auf diese Schnittstellen zwischen den Maßnahmen des Yield-Managements und der Sphäre kundenbeziehungsrelevanter Konstrukte können sich neben negativen auch positive zufriedenheitsrelevante Konsequenzen ergeben.

---

[285] Vgl. z. B. Rothstein (1971b, S. 97).
[286] Zur Bedeutung der Attributionstheorie im Kontext der Zufriedenheits- bzw. Konsumentenforschung vgl. z. B. Folkes (1984), Folkes et al. (1987) oder Su/Tippins (1998).
[287] Hinsichtlich der wahrgenommenen Stabilität überbuchungsbedingter Abweisungen kann keine konkrete Aussage getroffen werden. Je nach Konsumerfahrung werden Flugpassagiere diese unterschiedlich einschätzen.
[288] Vgl. hierzu Weiner (1985, 1986).
[289] Vgl. hierzu die Arbeiten von Valle/Wallendorf (1977), Oliver/DeSarbo (1988) und Tom/Lucey (1995).

So kann es in Folge der Anwendung der Methoden des Yield-Managements z. B. zu individuell günstigen interpersonellen Preisunterschieden kommen.

Je nachdem, ob diese objektiven attributspezifischen Leistungsvariationen vom Kunden positiv oder negativ wahrgenommen und evaluiert werden, kann es zu unterschiedlichen globalen Zufriedenheitsreaktionen kommen. Dem multiattributiven Zufriedenheitsmodell folgend, ergibt sich die globale Zufriedenheit in diesem Zusammenhang aus einer Aggregation individuell unterschiedlich gewichteter produktmerkmalsbezogener Evaluationen. Entsprechend des Erwartungsdiskonfirmations-Paradigmas kann es hierbei bei Unter- oder Übererfüllung individuell bestehender Erwartungen zu (Un-) Zufriedenheitsreaktionen kommen. Darüber hinaus können sich aufgrund mehr oder weniger fairer transaktionsspezifischer Austauschsituationen – entsprechend der Gerechtigkeitstheorie – auch Yield-Management-bedingte Zufriedenheitsreaktionen ergeben.

Entsprechend der Idee der Service-Profit-Chain kann die Zufriedenheit über die Loyalität von Kunden den ökonomischen Erfolg von Unternehmen beeinflussen. Dies bedeutet letztendlich, dass das Yield-Management sowohl über negative Leistungswahrnehmungen von Kunden als auch Ungerechtigkeitswahrnehmungen und den daraus resultierenden Unzufriedenheitsreaktionen den ökonomischen Erfolg von Unternehmen beeinträchtigen kann. Die primär positiven Ertragswirkungen des Yield-Managements können demzufolge konterkariert werden. Wie in Abbildung 12 dargestellt, betrachtet die vorliegende Arbeit die beschriebenen Kausalzusammenhänge nicht vollständig. Die letztendliche Wirkung des Yield-Managements auf die Kundenloyalität und den ökonomischen Erfolg wurde nicht in die Analyse miteinbezogen.[290]

5.5 Darstellung forschungsleitender Hypothesen

Nach Abschluss der konzeptionellen Betrachtung potenzieller zufriedenheitsrelevanter Effekte des Yield-Managements soll nun die Ableitung forschungsleitender Fragestellungen erfolgen. Zum einen sollen hierbei die Effekte individueller attributspezifischer Leistungswahrnehmungen betrachtet werden. Zum anderen werden die allgemeinen Zufriedenheitseffekte des Yield-Managements explizit beleuchtet. In diesem Zusammenhang wird die multiattributive Betrachtung um forschungsleitende Fragestellungen erweitert, welche weitere unterstellte Zufriedenheitseffekte über verhaltenswissenschaftliche Aspekte zu erklären versuchen.

---

[290] Dies ist aber auch nicht zwingenderweise notwendig, da die Effekte der Kundenzufriedenheit auf die Kundenloyalität und ökonomische Erfolgsgrößen bereits nachgewiesen sind. Vgl. hierzu Anderson/Sullivan (1993) oder Kamakura et al. (2002).

Abbildung 12: Yield-Management in der Service-Profit-Chain

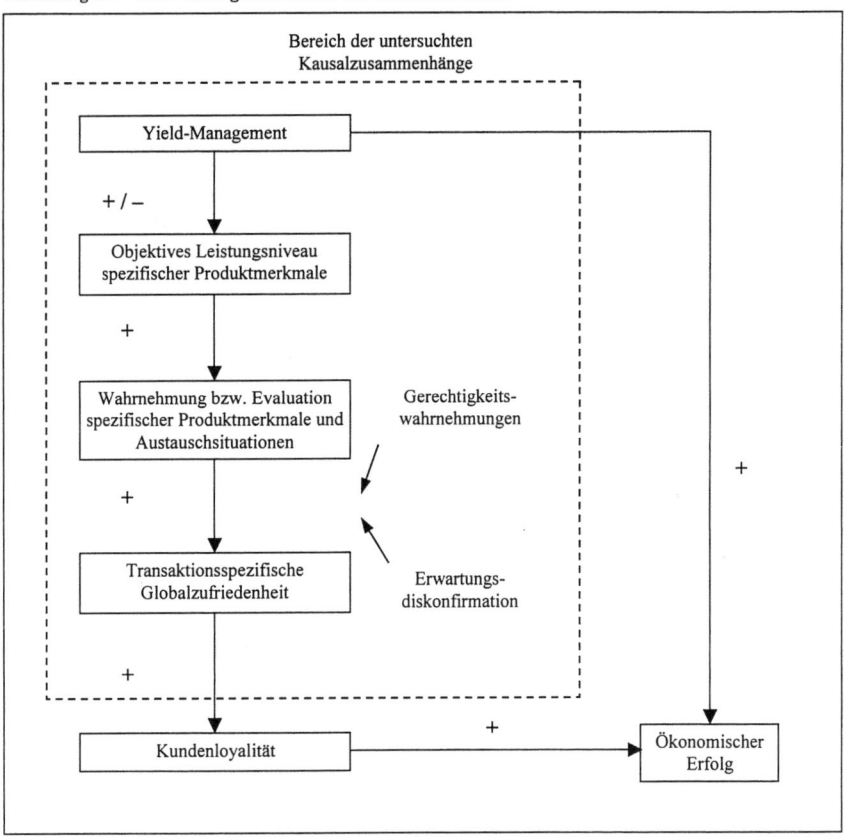

```
                    Bereich der untersuchten
                    Kausalzusammenhänge
    ┌─────────────────────────────────────────────────────┐
    │  ┌──────────────────┐                                │
    │  │ Yield-Management │──────────────────────┐         │
    │  └──────────────────┘                      │         │
    │         │                                  │         │
    │       + / −                                │         │
    │         ▼                                  │         │
    │  ┌──────────────────────────┐              │         │
    │  │ Objektives Leistungsniveau│             │         │
    │  │ spezifischer Produktmerkmale│           │         │
    │  └──────────────────────────┘              │         │
    │         │                                  │         │
    │         +                                  │         │
    │         ▼                                  │         │
    │  ┌──────────────────────────┐  ┌──────────────────┐  │
    │  │ Wahrnehmung bzw. Evaluation│ │ Gerechtigkeits- │  │
    │  │ spezifischer Produktmerkmale│ │ wahrnehmungen   │  │
    │  │ und Austauschsituationen    │ └──────────────────┘  │   +
    │  └──────────────────────────┘        ↘                │
    │         │                                             │
    │         +                              ↖              │
    │         ▼                                             │
    │  ┌──────────────────────────┐  ┌──────────────────┐   │
    │  │ Transaktionsspezifische  │  │ Erwartungs-      │   │
    │  │ Globalzufriedenheit      │  │ diskonfirmation  │   │
    │  └──────────────────────────┘  └──────────────────┘   │
    │         │                                             │
    │         +                                             │
    └─────────┼─────────────────────────────────────────────┘
              ▼                          +            ┌──────────────┐
        ┌──────────────┐                             │ Ökonomischer │
        │Kundenloyalität│────────────────────────────▶│    Erfolg    │
        └──────────────┘                              └──────────────┘
```

a) Zufriedenheitswirkung individueller attributspezifischer Zufriedenheiten

Vor der Analyse der allgemeinen zufriedenheitsrelevanten Effekte des Yield-Managements soll die Wirkung individueller attributspezifischer Leistungswahrnehmung auf die transaktionsspezifische Globalzufriedenheit mit einer Flugreise betrachtet werden. Dies geschieht u. a. zur weiteren Rechtfertigung der hier vorliegenden zentralen Problemstellung. Insbesondere wenn die individuelle Leistungswahrnehmung der Produktattribute, die durch das Yield-Management beeinflusst werden, einen Teil der Gesamtvariation der Zufriedenheit mit einer Flugreise erklären kann, ist eine detaillierte Betrachtung zufriedenheitsrelevanter Effekte der simultanen Preis- und Kapazitätssteuerung angezeigt. Entsprechend der Vorgaben des multiattributiven Modellansatzes führt eine verbesserte attributbezogene Leistungswahrnehmung zu einer höheren transaktionsspezifischen Globalzufriedenheit.[291]

---

[291] Vgl. Oliver (1996) oder Spreng et al. (1996).

Betrachtet man mit der Preisdifferenzierung und Kontingentierung die beiden zentralen Elemente des kapazitätsbasierten Yield-Managements, so müssen im Rahmen eines multiattributiven Zufriedenheitsmodells der Preis und die Tarifbestimmungen bzw. Flexibilitätsleistungen als Produktmerkmale berücksichtigt werden. Demgemäß ergibt sich mit Hypothese$_{1A}$ die erste forschungsleitende Fragestellung:

Hypothese$_{1A}$: Eine ausgeprägtere Zufriedenheit mit den Produktattributen Preis und Flexibilitätsleistungen beeinflusst die transaktionsspezifische Globalzufriedenheit positiv.

Da im Kontext der überbuchungsbedingten Abweisung von Fluggästen die unternehmensseitigen Kompensationsbemühungen und die Unannehmlichkeiten der Abweisung Relevanz gewinnen und zusätzlich berücksichtigt werden müssen, stellt sich Hypothese$_{1B}$ folgendermaßen dar:

Hypothese$_{1B}$: Eine höhere individuelle Zufriedenheit mit den Kompensationsbemühungen (Unzufriedenheit mit Unannehmlichkeiten der Abweisung) beeinflusst die transaktionsspezifische Globalzufriedenheit positiv (negativ).

b) Allgemeine zufriedenheitsrelevante Effekte des Yield-Managements
Über die Betrachtung der Zufriedenheitswirkung attributspezifischer Leistungswahrnehmung hinaus sollen im Rahmen der empirischen Untersuchung auch die allgemeinen Effekte des Yield-Managements detailliert betrachtet werden.

b.1) Direkte zufriedenheitsrelevante Effekte der Kontingentierung –
 Kontingentierungsbedingte Tarifklassenzugehörigkeit
Die simultane Durchführung von Preisdifferenzierungs- und Kontingentierungsmaßnahmen bedingt, dass Kunden von Airlines Flüge in den von ihnen gewünschten oder eventuell auch in niedriger bepreisten Tarifklassen buchen können oder nicht. Buchungen in unterschiedlichen Tarifklassen sind hierbei mit einer Variation korrespondierender Preis-Tarifbestimmungs-Kombinationen verbunden. Konform gehend mit der im Bereich der Untersuchung kundenbeziehungsrelevanter Effekte des Yield-Managements bestehenden Literatur[292] wird davon ausgegangen, dass eine Buchung in einer günstigeren (höher bepreisten) Tarifklasse trotz der Variationen korrespondierender Tarifbestimmungen zu positiven (negativen) Zufriedenheitsreaktionen führt. Implizit wird daher davon ausgegangen, dass der Nettozufriedenheitseffekt der Variation des Preises und der korrespondierenden Flexibilitätsleistungen in der Wahrnehmung der Kunden der entgegengesetzten Richtung der Preisänderung entspricht. Entsprechend der elementaren Idee des Diskonfirmations-Paradigmas ergibt sich Hypothese$_{2A}$ daher wie folgt:

---

[292] Vgl. Kimes (1994, 2002) und Kimes/Wirtz (2002), Noone et al. (2003) und Wirtz et al. (2003).

Hypothese₂ₐ: Die kontingentierungsbedingte Umlenkung einer Reservierungsanfrage in eine höher oder niedriger bepreiste als die ursprünglich angefragte Buchungsklasse führt zu Zufriedenheitsreaktionen.

Entsprechend der Vorgaben der Prospect-Theorie reagieren Individuen auf eine positive Abweichung des Leistungsniveaus eines Produktes bzw. Produktattributes schwächer als auf eine negative. Erstere werden als Gewinn, die zweiten als Verlust angesehen. Der Prospect-Theorie folgend gewichten Individuen aufgrund ihrer Risikoaversion Verluste höher als Gewinne. Somit lautet Hypothese₂ᵦ:

Hypothese₂ᵦ: Der Prospect-Theorie folgend führt die Verschiebung einer Reservierungsanfrage in eine höher bepreiste Buchungsklasse zu absolut stärkeren Zufriedenheitsreaktionen als die Möglichkeit der Buchung eines Fluges in einer günstigeren als der ursprünglich angefragten Buchungsklasse.

Problematisch an dieser prospect-theoretischen Fundierung ist, dass mit der vorangegangenen Hypothese implizit der Annahme der Linearität der in dem vorliegenden Zusammenhang bestehenden Kausalzusammenhänge widersprochen wird. Diese Linearitätsannahme ist aber eine wesentliche Voraussetzung für die Anwendung multivariater Analysemethoden wie z. B. der Regressions- oder Kausalanalysen.[293] Im Rahmen der vorliegenden Arbeit wird dieses Problem durch die Verwendung von Dummy-Variablen gelöst. Die entsprechenden Dummy-Variablen, welche die lineare Zufriedenheitsfunktion linear transformieren, bilden hierbei Verlust- und Gewinnszenarien ab.

Über die Effekte des Yield-Managements auf die globale Zufriedenheit mit einer Flugreise hinaus ist zu vermuten, dass durch die simultane Preisdifferenzierung und Kontingentierung auch die Leistungswahrnehmung im Kontext einzelner Produktattribute beeinflusst wird. Demzufolge müssen positive (negative) Abweichungen des Leistungsniveaus von zugrundeliegenden Vergleichsstandards zu attributspezifischen (Un-) Zufriedenheitsreaktionen führen. Demgemäß ergeben sich die Hypothese₂ᵦ und Hypothese₂c wie nachfolgend dargestellt:

Hypothese₂c: Die Kontingentierung beeinflusst die Zufriedenheit mit dem Produktattribut Flexibilitätsleistungen, so dass die Zufriedenheit mit Flexibilitätsleistungen in höher bepreisten (günstigeren) Buchungsklassen höher (niedriger) ist.

Hypothese₂ᴅ: Die Kontingentierung beeinflusst die Zufriedenheit mit dem Produktattribut Preis, so dass die Preiszufriedenheit in günstigeren (höher bepreisten) Buchungsklassen höher (niedriger) ist.

---

[293] Vgl. z. B. Backhaus et al. (2003, S. 92).

b.2) Indirekte zufriedenheitsrelevante Effekte der Kontingentierung - Interpersonelle Preisunterschiede

Die Kontingentierung beschränkter Kapazitäten kann – genauso wie die dynamische Bepreisung beschränkter Kapazitäten – dazu führen, dass Kunden für (annähernd) identische Unternehmensleistungen unterschiedliche Preise bezahlen. Dies kann in variierenden Gerechtigkeitswahrnehmungen resultieren, in Folge derer sich Zufriedenheitsreaktionen ergeben können. Aufgrund der z. B. von Oliver/Swan (1989a, b) unterstellten Zweidimensionalität des Gerechtigkeitskonstruktes sind im Falle individuell (un-) günstiger interpersoneller Preisunterschiede positive (negative) Zufriedenheitsreaktionen zu erwarten. Hypothese$_{3A}$ ergibt sich demgemäß wie folgt:

Hypothese$_{3A}$: Entsprechend der Gerechtigkeitstheorie führt die Wahrnehmung der durch die Kontingentierung bedingten interpersonellen Preisdifferenzen zu Zufriedenheitsreaktionen. Unter Berücksichtigung der beiden Gerechtigkeitsdimensionen (Fairness und Selbstbevorzugung) führen (un-) günstige interpersonelle Preisunterschiede zu (Un-) Zufriedenheitsreaktionen.

Zusätzlich zur Hypothese$_{3A}$ differenzieren die nachfolgend dargestellten Hypothese$_{3B}$ und Hypothese$_{3C}$ die gerechtigkeitstheoretischen Überlegungen. Da abweichende relative Preisunterschiede die individuell wahrgenommenen transaktionsspezifischen Ertrags-Aufwands-Verhältnisse unterschiedlich stark beeinflussen, müssten sich zum einen im Kontext unterschiedlicher Tarifklassen divergierende Gerechtigkeits- bzw. Zufriedenheitseffekte ergeben. Stärkere relative Abweichungen müssen demgemäß zu stärkeren Zufriedenheitsreaktionen führen, in Folge derer auch tarifklassenspezifische Interaktionseffekte nachweisbar sein müssten. Hypothese$_{3B}$ ergibt sich daher folgendermaßen:

Hypothese$_{3B}$: Aufgrund ungleicher relativer Abweichungen vom selbst gezahlten Preis fallen die durch absolut gleich hohe interpersonelle Preisunterschiede bedingten Zufriedenheitsreaktionen in verschiedenen Tarifklassen unterschiedlich aus. Da sich die individuellen Austauschrelationen bei ausgeprägteren relativen Preisabweichungen deutlicher verändern, kommt es in ihrer Folge zu stärkeren Zufriedenheitsreaktionen.

Vor dem Hintergrund einer gerechtigkeitstheoretischen Fundierung können – wie auch im Kontext des Erwartungsdiskonfirmations-Paradigmas – Aspekte der Prospect-Theorie berücksichtigt werden. Diese Vorgehensweise führt dazu, dass Unfairnesswahrnehmung, die als individuelle Verluste interpretiert werden können, stärkere Zufriedenheitsreaktionen bedingen müssten als die Wahrnehmung einer Selbstbevorzugung. Hypothese$_{3C}$ stellt sich demgemäß wie folgt dar:

Hypothese₃c: Entsprechend der Prospect-Theorie führen ungünstige kontingentierungsbedingte interpersonelle Preisunterschiede zu absolut stärkeren Zufriedenheitsreaktionen als günstige.

Auch auf der attributspezifischen Ebene kann davon ausgegangen werden, dass die Preiszufriedenheit aufgrund der abweichenden Gerechtigkeitswirkung unterschiedlicher interpersoneller Preisunterschiede entsprechend der Vorgaben von Hypothese₃D variiert.

Hypothese₃D: Die Preiszufriedenheit steigt über die Gruppen von Personen, die ungünstige, keine bzw. günstige interpersonelle Preisabweichungen wahrnehmen.

b.3) Zufriedenheitsrelevante Effekte der überbuchungsbedingten Abweisung

Die Überbuchung beschränkter Kapazität kann dazu führen, dass Kunden abgewiesen werden müssen. Dieser Servicedefekt bedingt negative Leistungswahrnehmungen im Kontext von Produktattributen, welche den so genannten Basisfaktoren zugeordnet werden können. Entsprechende Leistungsvariationen können nur in negativen Zufriedenheitsreaktionen münden.[294] Diese können aber durch unternehmensseitige Kompensationsbemühungen ausgeglichen oder im Sinne des so genannten Service-Recovery-Paradoxon sogar überkompensiert werden. Grundsätzlich wird aber davon ausgegangen, dass der Nettoeffekt im Kontext üblicher Kompensationsstrategien negativ ist und ein Service-Recovery-Paradoxon nicht zustande kommt.[295] Über diese auf dem multiattributiven Modell und dem Erwartungsdiskonfirmations-Paradigma basierenden Argumente hinaus liefert insbesondere die Attributionstheorie Gründe für die Richtung entsprechend negativer Nettozufriedenheitseffekte.[296] Hypothese₄A ergibt sich daher wie folgt:

Hypothese₄A: Die durch die Überbuchung beschränkter Kapazitäten bedingte unfreiwillige Abweisung von Kunden hat (im Rahmen üblicher Rückgewinnungsstrategien) einen negativen Einfluss auf die Kundenzufriedenheit.

Im Gegensatz zu den im Kontext der interpersonellen Preisunterschiede angebrachten Punkte finden sich hier keine Argumente, die für ein Abweichen der Zufriedenheitsreaktionen zwischen verschiedenen Tarifklassen sprechen. Demzufolge ergibt sich die Hypothese₄B:

---

[294] Vgl. Kano (1984).
[295] Vgl. z. B. Rothstein (1971b, S. 97).
[296] Negative Konsumerlebnisse wie z. B. eine unfreiwillige Abweisung von Kunden, deren kausale Ursache die betroffenen Kunden auf der Seite des anbietenden Unternehmens sehen und die nach Ansicht der Kunden unternehmensseitig kontrollierbar sind, führen z. B. nach Folkes et al. (1987) zu einer Verstärkung von Zufriedenheitsreaktionen. Entsprechende kausale Zuweisungen sind im Kontext des überbuchungsbedingten Servicedefektes der Abweisung von Kunden zu erwarten.

Hypothese₄ᵦ: Da sich im Kontext der überbuchungsbedingten Abweisung in verschiedenen Tarifklassen keine divergierenden Abweichungen von zugrunde liegenden Referenzstandards realisieren, variieren die durch die Abweisung induzierten Zufriedenheitsreaktionen nicht über verschiedene Tarifklassen.

Demzufolge sollten sich keine zufriedenheitsrelevanten Interaktionseffekte zwischen der Angehörigkeit zu einer bestimmten Tarifklasse und dem Vorliegen bzw. dem Nicht-Vorliegen einer überbuchungsbedingten Abweisung ergeben. Diesem Gedanken folgend sollte die Evaluation der überbuchungsbeeinflussten Produktattribute einer Flugreise über die Tarifklassen nicht variieren. Hypothese₄C ergibt sich daher folgendermaßen:

Hypothese₄C: Die individuelle Zufriedenheit mit den Kompensationsbemühungen und die Unzufriedenheit mit den überbuchungsbedingten Unannehmlichkeiten variieren nicht über verschiedene Tarifklassen.

6 Studiendesign und -ergebnisse

Nachfolgend sollen das Studiendesign und die Ergebnisse der im Rahmen der vorliegenden Arbeit durchgeführten empirischen Studie vorgestellt werden. Im Rahmen der Präsentation der Studienergebnisse werden hierbei neben direkten und indirekten Effekte der auf der differenzierten Bepreisung beschränkter Kapazitäten basierenden Kontingentierung auch überbuchungsbedingte Zufriedenheitseffekte betrachtet.

6.1 Studiendesign

Im Rahmen des vorliegenden Forschungsprojektes wurden ca. 450 Flugreisende am Flughafen Stuttgart befragt. U. a. unter Berücksichtigung des gewählten Forschungsdesigns war das im Zusammenhang mit der Auswahl der Probanden entscheidende Ziel, eine hinreichend große Anzahl an Personen mit Flugerfahrung zu befragen.[297] Darüber hinaus lagen der Probandenauswahl keine weiteren spezifischen Verteilungsannahmen zugrunde. Dies ist dadurch zu rechtfertigen, dass sich die Gruppe der Vielflieger im Vergleich zur Gesamtbevölkerung vergleichsweise klein und homogen darstellt. Die Befragung erfolgte an mehreren Wochentagen im Herbst 2003. Zur Vermeidung größerer Auswahleffekte wurden die Probanden in dem entsprechenden Zeitraum gleichzeitig an allen Gates des größten Terminals des Flughafens für die Befragung ausgewählt. Nach einer kurzen Einweisung durch die Projektmitarbeiter erfolgte eine schriftliche Befragung der Probanden.

Zur Beantwortung der abgeleiteten Fragestellungen wurde ein Forschungsdesign gewählt, welches in seinem Kern die Anwendung der so genannten Szenariotechnik hat. Im Rahmen des entsprechenden Ansatzes werden den Probanden – unter Berücksichtigung experimenteller Variationen interessierender Variablen – hypothetische Szenarien vorgelegt, welche daraufhin von den Probanden z. B. hinsichtlich ihrer Zufriedenheitswirkung bewertet werden sollen. Anzumerken ist, dass die dargestellten hypothetischen Szenarien natürlich nur Annäherungen an tatsächliche Konsumerlebnisse darstellen können. Ferner kann es aufgrund der Konzentration auf einige wenige Einflussvariablen zu einer Unterspezifizierung der zu validierenden Modelle und in deren Folge zu einer Überbetonung der betrachteten Effekte kommen.[298] Nichtsdestotrotz erscheint die Szenariotechnik im Kontext verschiedener Fragestellungen das am besten geeignete Untersuchungsdesign zu sein.[299] Eine dementsprechende Fragestellung ist z. B. auch die Analyse der zufriedenheitsrelevanten Effekte der Anwendung des Yield-Managements.[300] Die Untersuchung der entsprechenden Effekte im Feld wäre auf der einen Seite mit einem großen Aufwand verbunden. Auf der anderen Seite ist die Durchführung experimenteller Manipulationen z. B. im Kontext einer überbuchungs-

---

[297] Dieses primäre Ziel der Probandenauswahl wurde erreicht. Im Durchschnitt flog jeder Befragte 21 Mal pro Jahr.
[298] Vgl. Backhaus et al. (2004).
[299] Vgl. z. B. Weiner (2000, S. 387), der das Für und Wider der Szenariotechnik beleuchtet.
[300] Eine weitere sinnvolle Methode wäre die Anwendung der Critical-Incident-Technique, welche aber der unternehmensseitigen Mithilfe bedarf.

bedingten Abweisung von Flugpassagieren aus ethischer Perspektive fragwürdig. Der wesentliche Vorteil der Szenariotechnik ist darüber hinaus, dass über die Möglichkeit der Integration experimenteller Elemente die gezielte Analyse der Variation einzelner Variablen ermöglicht wird. Zur Sicherstellung valider Ergebnisse wurden im Rahmen der Befragung primär Vielflieger angesprochen. Diese verfügen über eine ausreichende Erfahrung im Kontext von Flugreisen, so dass die Realitätsnähe der resultierenden Zufriedenheitsreaktionen höher eingestuft werden kann. Darüber hinaus sind mit dem Preis und den Tarifbestimmungen zwei der manipulierten Variablen der Produktmerkmalskategorie der Suchattribute zuordenbar.[301] Der Fakt, dass die entsprechenden Produktmerkmale auch ohne eine tatsächliche Konsumerfahrung bewertet werden können, spricht zudem für das gewählte Untersuchungsdesign. Über all diese Argumente hinaus finden sich z. B. bei Homburg/Koschate (2003), Huppertz et al. (1978), Smith et al. (1999) oder Tom/Lucey (1995) Arbeiten in wissenschaftlich referierten Zeitschriften, welche die Szenariotechnik im Kontext der Konsumentenforschung anwenden.

Im Rahmen der vorliegenden Studie werden zwei Szenarien beschrieben.[302] Während das erste Szenario eine Situation darstellt, in der es zu Wahrnehmungen kontingentierungsbedingter interpersoneller Preisunterschiede kommt, bezieht sich das zweite Szenario auf die zufriedenheitsrelevanten Konsequenzen der Überbuchung beschränkter Sitzplatzkapazitäten. Die interessierenden Variablen werden jeweils im Rahmen eines (3*3- bzw. 3*2-) faktoriellen Designs manipuliert. Die ausschließlich transaktionsbezogene Betrachtung der Effekte des Yield-Managements ist den beiden Szenarien ebenfalls gemein. Darüber hinaus werden die direkten Effekte der Kontingentierung beschränkter Kapazitäten in beiden Szenarien berücksichtigt.[303]

Dementsprechend kann dem Anhang das Ausgangsszenario, welches sich für die Probanden in beiden Szenarien gleich darstellt, entnommen werden. Im Rahmen des Ausgangsszenarios wird beschrieben, dass der Proband vom Flughafen Stuttgart in eine europäische Metropole fliegt. Zur Vereinheitlichung individueller Vergleichsstandards wird berücksichtigt, dass der Flug nicht mit einer Fluglinie erfolgt, die der Kategorie der Low-Cost-Carrier zuzuordnen ist. Darüber hinaus wird – ebenfalls zur Vereinheitlichung von Vergleichsstandards – für die Flugreise ein Referenzpreis von 500 € angegeben. Die Manipulation des Faktors „Kontingentierungsbedingte Tarifklassenzugehörigkeit" sowie die daraus resultierende Variation der Kombination aus Tarifbestimmungen und Preisen können ebenfalls dem Anhang entnommen werden. Entsprechend der Logik der differenzierten Bepreisung beschränkter Kapazitäten werden die Tarifbestimmungen auf jedem der zwei Preisschritte von

---

[301] Vgl. Hoch/Deighton (1989).
[302] Der konkrete Wortlaut und Aufbau des Fragebogen sowie das auf jedem Fragebogen mitgelieferte Anschreiben kann dem Anhang dieser Arbeit entnommen werden.
[303] Dies ist auch eine wesentliche Innovation im Vergleich zu der Arbeit von Choi/Mattila (2004), welche die potenziell unterschiedlichen kundenseitigen Effekte der Kontingentierung in unterschiedlichen Tarifklassen nicht berücksichtigen.

300 € über 500 € auf letztendlich 700 € weniger restriktiv.[304] Durch die entsprechende Manipulation kommen drei Situationen zustande, in denen es entweder zu einer negativen oder positiven Abweichung von 200 € oder einer Entsprechung des Referenzpreises von 500 € kommt.

Im ersten der beiden Szenarien wird in einem weiteren Schritt eine Situation beschrieben, in der die Probanden interpersonelle Preisunterschiede wahrnehmen können. Der Inhalt der drei Stufen des entsprechenden zweiten Faktors „Kontingentierungsbedingte interpersonelle Preisunterschiede" kann dem Anhang entnommen werden. Dabei wird deutlich, dass die absolute Abweichung im Falle des Auftretens eines interpersonellen Preisunterschiedes stets gleich bleibt. Die relativen Preisunterschiede nehmen in den Tarifklassen von 300 € bis 700 € dagegen aber schrittweise ab.

Da sich das zweite der beiden Szenarien mit den kundenseitig wahrnehmbaren Effekten der Überbuchung beschränkter Kapazitäten auseinandersetzt, umfasst der korrespondierende zweite Faktor dieses Gesamtszenarios („Überbuchungsbedingte Abweichung") nur zwei Faktorstufen. Eine Stufe, in der eine überbuchungsbedingte Abweisung zustande kommt, und eine Stufe, in der dies nicht geschieht. Die entsprechende Variation kann dem Anhang entnommen werden.

Tabelle 14 fasst die beiden faktoriellen Designs unter Berücksichtigung der Verteilung der Probanden auf die Experimentalgruppen zusammen. Da im Kontext beider Szenarien ein Anteil an Fragebögen aufgrund fehlender Werte aussortiert werden musste, liegen der Datenauswertung im ersten Szenario 456, im zweiten Szenario 463 Fälle zugrunde. Darüber hinaus zeigt sich, dass die Probanden in beiden Szenarien annähernd gleich auf die neun bzw. sechs Experimentalgruppen verteilt sind.[305]

Tabelle 14: Faktorielles Design und Verteilung der Probanden auf die Experimentalgruppen

		Szenario 1			Szenario2	
		Faktor: Kontingentierungsbedingte interpersonelle Preisunterschiede			Faktor: Überbuchungsbedingte Abweisung	
		150 € weniger	kein Preisunterschied	150 € mehr	keine Abweisung	Abweisung
Faktor: Kontingentierungsbedingte Tarifklassenzugehörigkeit	300 €	49	48	51	77	78
	500 €	52	51[a]	52	77[b]	77[c]
	700 €	50	51	52	77	77
a, b, c: Referenzgruppen, Basis der Dummy-Regressionsmodelle						

---

[304] Für die grundlegende Logik der Festlegung von Tarifbestimmungen im Rahmen eines Yield-Managements vgl. Hanks et al. (1992).
[305] Da sich die später durchgeführten Varianzanalysen bei dem Vorliegen einer gleichen Zellbesetzung als robust gegenüber Verletzung der Annahmen des zugrundeliegenden allgemeinen linearen Modells darstellen, wird sich dies später als Vorteil erweisen.

Zum Abschluss der dargestellten Szenarien wurden die Probanden hinsichtlich ihrer subjektiven Wahrnehmung bzw. Bewertung der manipulierten Produktmerkmale befragt. Konkret wurde die (Un-) Zufriedenheit mit einzelnen Produktattributen gemessen. Ferner erfolgte eine kurze Zusammenfassung der wesentlichen Merkmale der in den Szenarien beschriebenen Konsumerlebnisse, im Anschluss derer die Probanden das Konsumerlebnis global bewerten konnten. Hierbei wurde jeweils die transaktionsspezifische Globalzufriedenheit gemessen.

Die Operationalisierung der entsprechenden Konstrukte erfolgte mithilfe von 5-Punkt-Ratingskalen, welche die Messung der Variablen auf dem metrischen Skalenniveau ermöglicht.[306] Die Endpunkte der jeweils verwendeten Skalen waren entweder mit „sehr zufrieden" und „sehr unzufrieden" beschrieben. Die konkrete Itembatterie kann dem Anhang entnommen werden.

Bei einem Blick auf die Fragen in Tabelle 15 wird deutlich, dass im Kontext der Messung der Kundenzufriedenheit keine getrennte Messung von Erwartungen und Leistungswahrnehmungen, sondern eine direkte Messung der Zufriedenheiten erfolgt ist. Dementsprechend gehen z. B. Rust/Zahorik (1993) oder auch Spreng et al. (1996) vor. Autoren wie etwa Stauss (1999) empfehlen generell die Anwendung dieser direkten Zufriedenheitsskalen. Die (Un-) Zufriedenheiten mit den Leistungsparametern des Preises, der Flexibilitätsleistungen sowie der überbuchungsbedingten Kompensationsleistungen und Unannehmlichkeiten werden darüber hinaus jeweils mit zwei bzw. drei Items gemessen. Dagegen wird die transaktionsspezifische Globalzufriedenheit lediglich mit einem Item gemessen. Auch wenn es Kritiker dieses Messverfahrens gibt, wendet eine Vielzahl von Autoren in wissenschaftlich referierten Zeitschriften die entsprechende Messskala an.[307] Darüber hinaus verweisen z. B. Labarbera/Mazursky (1983) und Mittal et al. (1998) auf einen wesentlichen Vorteil des entsprechenden Messansatzes. Im Gegensatz zu Messansätzen, die fünf oder gar mehr Frage-Items zur Messung der globalen Kundenzufriedenheit umfassen, kommt es hier nicht zu Verzerrungen aufgrund von beharrungsbedingten Antworten oder zu Antwortverweigerungen. Darüber hinaus berichtet Yi (1990) auch eine zumindest zufriedenstellende Test-Retest-Reliabilität dieser Single-Item-Maße.[308]

Neben diesen Zufriedenheitsskalen wird der allgemeine Einfluss des Yield-Managements durch die Zugehörigkeit einzelner Probanden zu den durch das faktorielle Design vorgegebenen Experimentalgruppen bestimmt. Die entsprechende Gruppenzugehörigkeit wird in der nachfolgenden empirischen Untersuchung durch binär kodierte Dummy-Variablen erfasst. Darüber hinaus werden die attributspezifischen Zufriedenheiten unter Berücksichtigung der

---

[306] Vgl. z. B. Malhotra (2004).
[307] Vgl. z. B. LaBarbera/Mazursky (1983), Oliver (1987), Woodside et al. (1989), Danaher/Mattsson (1994), Mittal et al. (1998), Mittal et al. (1999), Smith et al. (1999) oder Beutin (2001).
[308] In Pretests zeigte sich die Messung der Zufriedenheit mittels eines Frage-Items darüber hinaus – insbesondere hinsichtlich des Aspektes der Verständlich- und Sinnhaftigkeit – gegenüber der Messung mittels verschiedener Multi-Item-Messansätze als überlegen.

einzelnen Gruppenmittelwerte zentriert. Diese Vorgehensweise ermöglicht eine Trennung von allgemeinen und individuellen Zufriedenheitsreaktionen. Während der Einfluss der Dummy-Variablen direkt auf den Einsatz des Yield-Managements zurückzuführen ist, können die im Kontext der zentrierten Variablen ermittelten Effekte individueller, attributspezifischer Zufriedenheiten auch durch die Wirkung anderer Einflussgrößen überlagert sein.

Tabelle 15: Rotierte Faktorladungsmatrix - Attributspezifische Zufriedenheiten (Szenario 1 und 2)

Faktorkomponenten (Szenario 1)		Faktorladungen $\geq 0,1$		Faktorname
Zufriedenheit mit ...	... dem eigenen Preis		0,93	Preiszufriedenheit
	... dem Preis anderer Fluggäste		0,91	
	... dem Preis-Leistungs-Verhältnis	0,12	0,89	
	... der Flexibilität der Reiseplanung	0,89		Zufriedenheit mit den Flexibilitätsleistungen
	... den Umbuchungs- und Stornierungsbedingungen	0,89		
	... den Mindestaufenthaltsbedingungen	0,88		
Erklärte Varianz in %		41,54 %	39,89 %	$\sum$ = 81,43 %
Cronbachs Alpha		0,87	0,89	
Kaiser-Meyer-Ohlin-Kriterium			0,73	
Signifikanz des Bartlett-Tests			0,00	
Faktorkomponenten (Szenario 2)		**Faktorladungen $\geq 0,1$**		**Faktorname**
Zufriedenheit mit ...	... dem eigenen Preis		0,85	Preiszufriedenheit
	... dem Preis anderer Fluggäste		0,87	
	... dem Preis-Leistungs-Verhältnis		0,89	
	... der Flexibilität der Reiseplanung	0,89		Zufriedenheit mit den Flexibilitätsleistungen
	... den Umbuchungs- und Stornierungsbedingungen	0,87		
	... den Mindestaufenthaltsbedingungen	0,87		
Erklärte Varianz in %		41,54 %	40,58 %	$\sum$ = 79,45 %
Cronbachs Alpha		0,87	0,86	
Kaiser-Meyer-Ohlin-Kriterium			0,76	
Signifikanz des Bartlett-Tests			0,00	

6.2 Reliabilitäts- und Validitätsprüfung

Im Kontext der Analyse der gemeinsamen kundenzufriedenheitsrelevanten Effekte des Yield-Managements wurden in einem ersten Schritt Analysen zur Überprüfung der Validität und Reliabilität der verwendeten Messinstrumente durchgeführt. Hierzu werden u. a. explorative Faktorenanalysen verwendet. Die Faktorenanalysen erfolgten mit Anwendung der Hauptkomponentenanalyse, der Varimax-Rotation und des Kaiser-Kriteriums unter Zuhilfenahme üblicher Ansätze. In Tabelle 15 werden die im Hinblick auf die attributspezifischen Zufriedenheiten ermittelten rotierten Faktorladungsmatrizen dargestellt.

In den beiden Szenarien kann bzgl. der attributspezifischen Zufriedenheiten festgehalten werden, dass die aus den explorativen Faktorenanalysen resultierenden Zuordnungen von Frage-Items zu Faktoren genau den vorab unterstellten entspricht. Es zeigt sich ferner, dass die Frage-Items jeweils mit Werten zwischen 0,85 und 0,95 sehr ausgeprägt auf einen Faktor laden. Konsequenterweise lädt keines der verwendeten Items in einem auch nur annähernd bedeutenden Umfang auf den anderen Faktor. Dementsprechend kann in diesem Zusammenhang von einem hohen Maß an diskriminierender und konvergierender Validität der Messung ausgegangen werden.[309] Die Faktoren, welche mit „Preiszufriedenheit" und „Zufriedenheit mit den Flexibilitätsleistungen" bezeichnet wurden, erklären zusammen ca. 80 % der Gesamtstreuung der ursprünglichen Itembatterie. Bei Betrachtung der Werte des Cronbach'schen Alphas, die jeweils knapp unter 0,9 liegen, kann hinsichtlich der beiden Messansätze ein hohes Maß an interner Konsistenz festgehalten werden. Die Werte des Reliabilitätsmaßes übertreffen den für eine reliable Messung üblicherweise geforderten Wert von 0,7 jeweils deutlich.[310] Über diese Ergebnisse hinaus zeigen das Kaiser-Meyer-Ohlin-Kriterium und der Bartlett-Test, dass das Datenmaterial in beiden Szenarien für die Durchführung einer Faktorenanalyse geeignet ist.[311]

---

[309] Homburg/Giering (1996, S. 8) gehen davon aus, dass die rotierten Faktorladungsmatrizen erste Ansatzpunkte für die konvergierende und diskriminierende Validität der Messskalen liefern.
[310] Vgl. Nunnally (1994).
[311] Vgl. Dziuban/Shirkey (1974) und Kaiser/Rice (1974).

Tabelle 16: Rotierte Faktorladungsmatrix - Attributspezifische Zufriedenheiten (Szenario 2, Abgewiesene Kunden)

Faktorkomponenten	Faktorladungen ≥ 0,1				Faktorname
... dem eigenen Preis	0,85				
... dem Preis anderer Fluggäste	0,84				Preiszufriedenheit
... dem Preis-Leistungs-Verhältnis	0,88				
... der Flexibilität der Reiseplanung	0,88				
... den Umbuchungs- und Stornierungsbedingungen	0,87				Zufriedenheit mit den Flexibilitätsleistungen
... den Mindestaufenthaltsbedingungen	0,87				
... der Kompensation			0,91		Zufriedenheit mit der Kompensation
... der Verpflegung			0,93		
... der Überbuchung				0,94	Unzufriedenheit m. d. überbuchungsbedingten Unannehmlichkeiten
... der Wartezeit				0,94	
Erklärte Varianz in %	24,00 %	23,25 %	18,36 %	17,87 %	∑ = 83,49 %
Cronbachs Alpha	0,85	0,84	0,87	0,91	
Kaiser-Meyer-Ohlin-Statistik					0,68
Signifikanz nach Bartlett					0,00

(Zeilenkopf links: Zufriedenheit mit ...)

Tabelle 16 zeigt die Ergebnisse einer Faktorenanalyse, die sich ausschließlich auf den Teil der Probanden bezieht, die im Rahmen der beschriebenen Szenarien mit einer überbuchungsbedingten unfreiwilligen Überweisung konfrontiert wurden. Abgesehen davon, dass mit der „Zufriedenheit mit der Kompensation" und der „Unzufriedenheit mit den überbuchungsbedingten Unanehmlichkeiten" zwei weitere Faktoren extrahiert wurden, entsprechen die Ergebnisse der Faktoranalyse weitgehend den Resultaten der zuvor dargestellten Analysen. Alle Items laden mit Werten zwischen 0,8 und 0,9 auf die jeweiligen Faktoren. Die Werte des Cronbach'schen Alphas liegen bei allen vier Faktoren deutlich über dem geforderten Wert von 0,7. Die verwendeten Messinstrumente scheinen auch hier valide und reliabel zu sein. Das Kaiser-Meyer-Ohlin-Maß sowie der Barlett-Test zeigen darüber hinaus, dass das Datenmaterial für die Durchführung einer Faktorenanalyse geeignet ist.

Im Gegensatz zu Multiple-Item-Messansätzen kann die Validitäts- und Reliabilitätsprüfung im Kontext des in der Messung der transaktionsspezifischen Globalzufriedenheit verwendeten Single-Item-Ansatzes nicht mit den vorab verwendeten Instrumenten erfolgen. Die Messung der Globalzufriedenheit erfolgt – aufgrund der experimentellen Variation verschiedener Variablen – auch nicht so, dass die Voraussetzungen für die Überprüfung der Test-Retest-Reliabiltät idealtypisch gegeben sind. Einen Anhaltspunkt für die Reliabilität der verwendeten Zufriedenheitsskala liefert die durchschnittliche transaktionsspezifische Globalzufriedenheit in den Referenzgruppen der beiden Szenarien, in denen die gleichen experimentellen Stimuli gesetzt wurden. Beide liegen mit Werten von 3,44 und 3,50 nur knapp auseinander. Unter Berücksichtigung dieses Ergebnisses kann konform gehend mit Yi (1990) davon ausgegangen werden, dass Single-Item-Meßansätze die Globalzufriedenheit reliabel messen können.

6.3 Zufriedenheitsrelevante Effekte der Kontingentierung unter Berücksichtigung interpersoneller Preisunterschiede

Nachdem die Validität und Reliabilität der verwendeten Messskalen in einem ersten Schritt überprüft wurden, sollen nun die zufriedenheitsrelevanten Effekte des Yield-Managements untersucht werden. Zuerst werden die Konsequenzen der auf der differenzierten Bepreisung basierenden Kontingentierung beschränkter Sitzplatzkapazitäten betrachtet. Hierbei wird ein besonderes Augenmerk auf die Zufriedenheitswirkung interpersoneller Preisunterschiede gelegt, welche als indirekte Konsequenz der Kontingentierung angesehen werden kann. Darüber hinaus wird mit der kontingentierungsbedingten Buchung von Sitzplätzen in unterschiedlichen Tarifklassen auch die direkte kundenseitig wahrnehmbare Konsequenz der Steuerung beschränkter Kapazitäten betrachtet. Die Betrachtung wird hierbei differenziert nach den attributsspezifischen und globalen Zufriedenheitseffekten des Yield-Managements erfolgen.

Abbildung 13: Durchschnittliche attributspezifische Zufriedenheiten – Preiszufriedenheit (Standardisierte Werte)

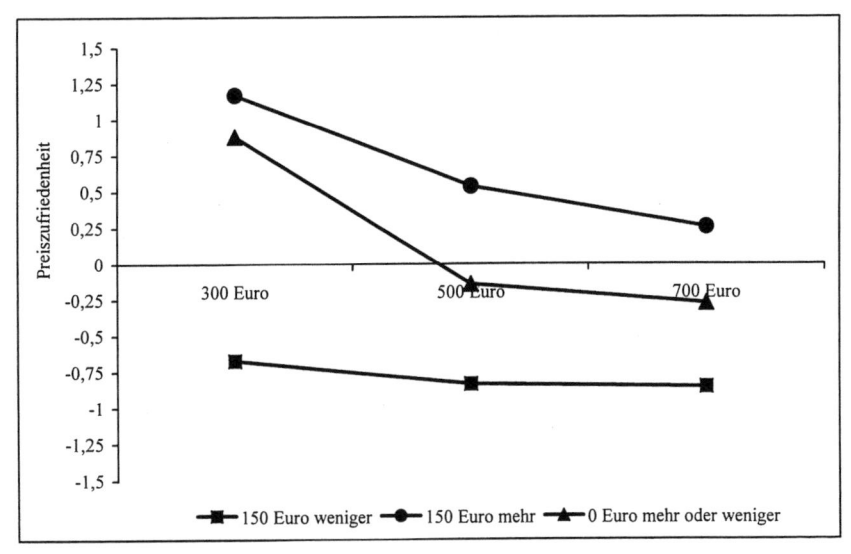

a) Attributspezifische Effekte der Kontingentierung und Wahrnehmung interpersoneller Preisunterschiede

Abbildung 13 zeigt die durchschnittlichen standardisierten Werte der Preiszufriedenheit in den neun Experimentalgruppen. Es zeigt sich, dass die Preiszufriedenheit sowohl zwischen als auch innerhalb der drei berücksichtigten Tarifklassen variiert. Im Gegensatz dazu kann Abbildung 14 entnommen werden, dass die Zufriedenheit mit den Flexibilitätsleistungen zwar zwischen, aber nicht innerhalb der Tarifklassen variiert. Dies wird auch von den nachfolgenden Varianzanalysen bestätigt.

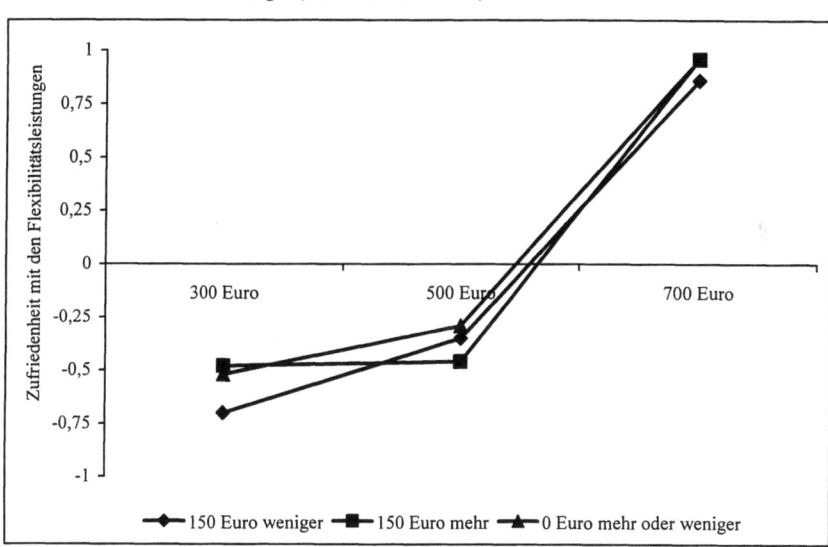

Abbildung 14: Durchschnittliche attributspezifische Zufriedenheiten – Zufriedenheit mit den Flexibilitätsleistungen (Standardisierte Werte)

Tabelle 17 stellt die Ergebnisse von Varianzanalysen dar, in deren Rahmen die Effekte des Yield-Managements auf die Zufriedenheit mit einzelnen Produktattributen über die unabhängige Variable der Zugehörigkeit zu einer der Referenz- bzw. Experimentalgruppen operationalisiert wurden.[312] Varianzanalysen wurden hierbei im Kontext der beiden Produktattribute einerseits unter Berücksichtigung aller neun Experimentalgruppen berechnet. Andererseits wurden die Varianzanalysen auch unter Berücksichtigung lediglich dreier Faktorstufen auch auf der Ebene der vorgegebenen Tarifklassen durchgeführt. Bei Betrachtung der Signifikanzniveaus zeigt sich bei Berücksichtigung aller Faktorstufen, dass sowohl hinsichtlich der

---

[312] Bei einem Blick auf die Ergebnisse der Levene- und Kolmogorov-Smirnov-Tests kann vorab festgestellt werden, dass die Annahme der Normalverteilung der abhängigen Variable im Gegensatz zur Annahme der Gleichheit der Fehlervarianzen verletzt ist. Zusammen mit Backhaus et al. (2003, S. 151) wird aber davon ausgegangen, dass die Varianzanalysen bei – der hier vorliegenden – (annähernd) gleichen Zellbesetzung robust gegen Verletzung entsprechender Prämissen des linearen Grundmodells ist.

Preiszufriedenheit als auch der Zufriedenheit mit den Flexibilitätsleistungen der Flugreise signifikante Mittelwertunterschiede bestehen. Im Zusammenhang mit der Zufriedenheit mit den Flexibilitätsleistungen zeigen sich dagegen innerhalb der drei Tarifklassen keine signifikanten Mittelwertunterschiede. Da das objektive Leistungsniveau der Flexibilitätsleistungen nicht durch die Realisierung interpersoneller Preisunterschiede beeinflusst wird, ist dies sachlogisch konsistent. Die auf dem Diskonfirmations-Paradigma fußende Hypothese$_{2C}$ kann demzufolge angenommen werden. Da die Preiszufriedenheit sowohl innerhalb als auch zwischen den Tarifklassen variiert, gilt das gleiche auch für Hypothese$_{2D}$[313] sowie für Hypothese$_{3D}$. Die Preiszufriedenheit wird somit sowohl durch die Angehörigkeit zu einer höher bepreisten Tarifklasse als auch durch individuell ungünstige interpersonelle Preisunterschiede negativ beeinflusst.

Tabelle 17: Einfaktorielle Varianzanalysen - Einfluss der Kontingentierung auf attributspezifische standardisierte Zufriedenheiten (Szenario 1)

		Mittelwert	Standardabweichung	Signifikanz innerhalb Tarifklassen	Signifikanz (Alle Faktorstufen)
Zufriedenheit mit den Flexibilitätsleistungen	500 € / 150 € weniger	-0,35	0,65	0,45	0,00
	500 € / 150 € mehr	-0,46	0,77		
	500 € / 0 €	-0,29	0,74		
	700 € / 150 € weniger	0,86	0,85	0,72	
	700 € / 150 € mehr	0,96	0,64		
	700 € / 0 €	0,96	0,70		
	300 € / 150 € weniger	-0,70	0,84	0,37	
	300 € / 150 € mehr	-0,48	0,75		
	300 € / 0 €	-0,52	0,80		
	Alle Faktorstufen: Levene-Test: Sig. = 0,44 / Kolmogorov-Smirnov-Test: Sig. = 0,00				
Preiszufriedenheit	500 € / 150 € weniger	-0,83	0,74	0,00	0,00
	500 € / 150 € mehr	0,54	0,73		
	500 € / 0 €	-0,14	0,66		
	700 € / 150 € weniger	-0,85	0,76	0,00	
	700 € / 150 € mehr	0,26	0,81		
	700 € / 0 €	-0,27	0,80		
	300 € / 150 € weniger	-0,67	0,74	0,00	
	300 € / 150 € mehr	1,17	0,52		
	300 € / 0 €	0,88	0,64		
	Alle Faktorstufen: Levene-Test: Sig. = 0,16 / Kolmogorov-Smirnov-Test: Sig. = 0,00				
Lesebeispiel: „700 € / 150 € mehr" = Ein Probanden, der wieder Erwarten 700 € zahlen musste, trifft einen Bekannten, der für den selben Flug 150 € mehr gezahlt hat.					

---

[313] Eine weitere Varianzanalyse zeigt, dass die durchschnittliche Preiszufriedenheit zwischen den drei Tarifklassen auf dem 99 %-Niveau voneinander verschieden ist.

b) Zufriedenheitsrelevante Effekte der Kontingentierung und Wahrnehmung interpersoneller Preisunterschiede

Wie gerade in einem ersten Schritt gezeigt wurde, beeinflusst die Kontingentierung beschränkter Sitzplatzkapazitäten die Zufriedenheit mit einzelnen Produktattributen. In einem weiteren Schritt soll im Rahmen eines Regressionsmodells untersucht werden, ob auch ein Zusammenhang zwischen dem Einsatz des Yield-Managements und der transaktionsspezifischen Globalzufriedenheit mit einer Flugreise besteht. Zur Beantwortung dieser Frage wurden in dem hier unterstellten Regressionsmodell neben Dummy-Variablen, welche die Zugehörigkeit zu den berücksichtigten Experimentalgruppen repräsentieren, auch die individuellen Zufriedenheiten mit den Produktattributen des Preises und der Flexibilitätsleistungen berücksichtigt. Zur Trennung individueller attributspezifischer Zufriedenheitseffekte von denen, die auf die Zugehörigkeit zu einer bestimmten Experimentalgruppe zurückgehen, wurden die individuellen Zufriedenheiten unter Berücksichtigung des jeweils relevanten der neun Gruppenmittelwerte zentriert. Als Basisvariable liegt dem Regressionsmodell ferner die Dummy-Variable zugrunde, welche die Experimentalgruppe repräsentiert, in der die Probanden die Reise zum Referenzpreis von 500 € buchen und in der sie keine interpersonellen Preisunterschiede wahrnehmen können.

Tabelle 18 stellt die Ergebnisse der Regressionsanalyse dar.[314] Das unterstellte Gesamtmodell, welches auf dem 99 %-Niveau signifikant ist, weist einen Wert des Bestimmtheitsmaßes R^2 von 0,47 auf. In diesem Zusammenhang muss berücksichtigt werden, dass ein Teil der potenziell relevanten Determinanten der Zufriedenheit aufgrund des Forschungsdesigns nicht berücksichtigt wurde.[315] Demzufolge kann konstatiert werden, dass der Wert des Bestimmtheitsmaßes nicht nur im Allgemeinen zufrieden stellend, sondern auch aus sachlogischer Perspektive gerechtfertigt ist. Bei Betrachtung der einzelnen Regressionskoeffizienten wird ferner deutlich, dass bis auf eine Ausnahme alle Vorzeichen der Koeffizienten der vorab unterstellten Wirkungsrichtung entsprechen. Lediglich das negative Vorzeichen des Koeffizienten der Dummy-Variable, welche die Experimentalgruppe „500 € / 150 € mehr" repräsentiert, ist nicht konsistent. Im Vergleich zur Referenzgruppe hätte hier eine positive Zufriedenheitsreaktion ermittelt werden müssen. Da der Einfluss der entsprechenden Dummy-Variablen aber nicht signifikant ist, ist diese Abweichung nicht bedeutend.

---

[314] Die Werte der Multikollinearitätsmaße (Toleranz und Variance Inflation Factor) liegen bei allen im Regressionsmodell berücksichtigten Variablen in einem Bereich, der nicht auf das Vorliegen einer Multikollinearitätsproblematik hinweist. Vgl. z. B. Stine (1995) oder Backhaus et al. (2003, S. 90f.).

[315] Im Kontext der Anwendung der Szenariotechnik würde eine Berücksichtigung einer Vielzahl potenzieller Determinanten der Zufriedenheit die Probanden kognitiv überlasten. Konsequenterweise wurden aus diesem Grunde – auch unter Berücksichtigung der Gefahr der Unterspezifikation des Regressionsmodells – ausschließlich die im vorliegenden Forschungsgebiet relevanten Determinanten berücksichtigt.

Tabelle 18: Regressionsanalyse - Zufriedenheitsrelevante Effekte der Kontingentierung unter Berücksichtigung interpersoneller Preisunterschiede

		Nicht standard. Koeff.		Stand. Koeff.	T	Signifikanz	Kollinearitätsstatistik	
		B	Standardfehler	Beta			Toleranz	VIF
Konstante		3,59	0,10		35,24	0,00		
Dummy-Variablen	500 € / 150 € weniger	-0,95	0,14	-0,30	-6,56	0,00	0,56	1,77
	500 € / 150 € mehr	-0,09	0,14	-0,03	-0,65	0,52	0,56	1,77
	700 € / 150 € weniger	-0,87	0,14	-0,28	-6,06	0,00	0,56	1,77
	700 € / 150 € mehr	-0,51	0,15	-0,16	-3,51	0,00	0,57	1,75
	700 € / kein Preisunterschied	-0,50	0,14	-0,16	-3,42	0,00	0,57	1,76
	300 € / 150 € weniger	-0,93	0,15	-0,29	-6,34	0,00	0,58	1,73
	300 € / 150 € mehr	0,25	0,14	0,08	1,71	0,09	0,57	1,76
	300 € / kein Preisunterschied	0,17	0,15	0,05	1,17	0,24	0,58	1,72
zentriert	Zufriedenheit mit Flexibilitätsleistungen	0,13	0,05	0,10	2,73	0,01	0,93	1,07
	Preiszufriedenheit	0,67	0,05	0,48	13,40	0,00	0,93	1,07

$R^2 = 0,47$

Signifikanz des Gesamtmodells = 0,00

Lesebeispiel: „500 € / 150 € weniger" = Ein Proband, der seinen Flug wie erwartet zu 500 € buchen konnte und der einen Bekannten getroffen hat, der den gleichen Flug für 150 € weniger bekommen hat, weist eine um 0,95 Skalenpunkte niedrigere Globalzufriedenheit auf als ein Proband in der Referenzgruppe.

Da alle im vorliegenden Regressionsmodell berücksichtigten Variablen entweder als Dummy-Variablen kodiert worden oder zentrierte Variablen sind, repräsentiert der Wert der Konstante von 3,59 der Regressionsgleichung den Zufriedenheitswert, der sich bei jeweils durchschnittlicher Bewertung der beiden Leistungsmerkmale in der Referenzgruppe einstellt. Die Werte der Koeffizienten der acht restlichen Dummy-Variablen repräsentieren die Abweichungen zwischen dem durchschnittlichen Zufriedenheitswert in der jeweiligen Experimentalgruppe und dem in der Referenzgruppe.[316] Anders ausgedrückt stehen die Regressionskoeffizienten für den Achsenabstand, um den die geschätzte lineare Regressionsfunktion im Vergleich zur Referenzgruppe linear transformiert wird. Bei Betrachtung der signifikanten nicht standardisierten Regressionskoeffizienten in Tabelle 18 wird deutlich, dass sich die stärksten Abweichungen von der Referenzgruppe in den drei Experimentalgruppen

---

[316] Vgl. hierzu z. B. Toutenburg (2002, S. 74).

ergeben, in denen Probanden mit individuell ungünstigen interpersonellen Preisabweichungen konfrontiert worden sind. Über alle drei Tarifklassen hinweg ergeben sich in diesem Kontext negative Zufriedenheitsreaktionen, die jeweils in etwa 0,9 Skalenpunkte ausmachen. Weitere signifikant negative Zufriedenheitseffekte zeigen sich in den beiden restlichen Experimentalgruppen, die die Zugehörigkeit zu der mit 700 € bepreisten Tarifklasse kennzeichnen. Ansonsten kann im Kontext der berücksichtigten Dummy-Variablen keine weitere signifikante Wirkung des Einsatzes des Yield-Managements auf dem 95 %-Niveau festgestellt werden.

Dies bedeutet, dass sowohl die Wahrnehmung ungünstiger interpersoneller Preisunterschiede als auch die Ablehnung einer Buchungsanfrage bei gleichzeitiger Buchung in einer höher bepreisten Tarifklasse zu negativen Zufriedenheitsreaktionen führt. Wie bereits erwähnt, sind beide Konsequenzen der Kontingentierung beschränkter Sitzplatzkapazitäten. Im Gegensatz dazu scheint die Möglichkeit der Buchung in einer niedriger bepreisten als der ursprünglich gewünschten Tarifklasse sowie die Wahrnehmung günstiger interpersoneller Preisunterschiede keine signifikante Zufriedenheitswirkung zu haben.[317] Demzufolge führen die sich im Kontext der auf einer differenzierten Bepreisung basierenden Kontingentierung ergebenden Leistungsvariationen ausschließlich zu Unzufriedenheitsreaktionen. Positive Veränderungen des objektiven Leistungsniveaus haben keinen Einfluss auf die transaktionsspezifische Zufriedenheit mit einer Flugreise. Dies führt dazu, dass die Hypothese$_{2A}$, welche über das Diskonfirmations-Paradigma fundiert ist sowie die gerechtigkeitstheoretisch fundierte Hypothese$_{3A}$ nur z. T. angenommen werden können. Da die Zufriedenheitseffekte bei negativen Abweichungen eindeutig stärker sind als die sich bei positiven Leistungsabweichungen ergebenden, können die prospect-theoretisch fundierten Hypothese$_{2B}$ und Hypothese$_{3C}$ bestätigt werden.

Über die Dummy-Variablen, die den allgemeinen Einfluss des Yield-Managements erfassen sollen, hinaus wurden im Regressionsmodell die unter Berücksichtigung des jeweiligen Gruppenmittelwerts zentrierten Zufriedenheiten mit dem Preis und den Flexibilitätsleistungen einer Flugreise auch berücksichtigt. Diese sollen die Effekte der individuellen attributspezifischen Zufriedenheiten erfassen. Beide unabhängigen Variablen haben einen signifikant positiven Einfluss auf die transaktionsspezifische Globalzufriedenheit. Folglich kann die mit dem multiattributiven Zufriedenheitsmodell konform gehende Hypothese$_{1A}$ angenommen werden. Bei Betrachtung der standardisierten Koeffizienten wird deutlich, dass der Effekt der Preiszufriedenheit stärker ist als die Einflüsse der individuellen Zufriedenheit mit den Flexibilitätsleistungen und der aller Dummy-Variablen.

Im Rahmen der forschungsleitenden Hypothese$_{3B}$ wird unterstellt, dass die Zufriedenheitsreaktion auf die Wahrnehmung interpersoneller Preisunterschiede in den drei berücksichtigten Tarifklassen unterschiedlich ausfallen muss. Begründet wird dies durch die – bei gleichen

---

[317] Dies gilt auch wenn der Regressionskoeffizient der Dummy-Variable, die für die Angehörigkeit zur 700 €-Tarifklasse und die Wahrnehmung günstiger interpersoneller Preisunterschiede steht, auf dem 95 %-Niveau signifikant ist. Im Vergleich zu der 700 €-Experimentalgruppe, in der sich keine interpersonellen Preisunterschiede realisieren, bestehen keine Abweichungen in den Regressionskoeffizienten.

absoluten Preisunterschieden – über die Tarifklassen variierenden relativen Abweichungen zwischen dem selbst gezahlten Entgelt und dem als Referenzgröße dienenden Preis des anderen Fluggastes. Dementsprechend müsste ein signifikanter Interaktionseffekt zwischen der Tarifklassenzugehörigkeit und der Ausprägung der wahrgenommenen interpersonellen Preisunterschiede bestehen. Entsprechende Wechselwirkungen können mithilfe mehrfaktorieller Varianzanalysen adäquat überprüft werden. Tabelle 19 stellt in diesem Zusammenhang die durchschnittliche transaktionsspezifische Zufriedenheit in den neun Experimentalgruppen vorab dar. Es zeigen sich hierbei mehr oder weniger stark ausgeprägte Unterschiede.

Tabelle 19: Deskriptive Statistiken - Durchschnittliche transaktionsspezifische Globalzufriedenheit in den Experimentalgruppen

Tarifklasse / Preisabweichung	Mittelwert (Standardabweichung)	Tarifklasse / Preisabweichung	Mittelwert (Standardabweichung)	Tarifklasse / Preisabweichung	Mittelwert (Standardabweichung)
500 € / 150 € weniger	2,63 (0.93)	700 € / 150 € weniger	2,71 (0,87)	300 € / 150 € weniger	2,65 (0,93)
500 € / 150 € mehr	3,60 (0,77)	700 € / 150 € mehr	3,08 (1,17)	300 € / 150 € mehr	3,84 (0,73)
500 € / kein Preisunterschied	3,50 (0,90)	700 € / kein Preisunterschied	3,10 (0,90)	300 € / kein Preisunterschied	3,77 (0,81)

Das Ergebnis der zweifaktoriellen Varianzanalyse wird in Tabelle 20 dargestellt. Beide Haupteffekte sind erwartungsgemäß auf dem 99 %-Niveau signifikant. D. h., dass sowohl die kontingentierungsbedingte Zuordnung zu unterschiedlichen Tarifklassen als auch die Variation interpersoneller Preisunterschiede die transaktionsspezifische Zufriedenheit beeinflussen.

Tabelle 20: Zweifaktorielle Varianzanalyse - Zufriedenheitsrelevante Effekte der Kontingentierung unter Berücksichtigung von Interaktionseffekten

	Quadratsumme vom Typ III	Freiheitsgrade	Mittel der Quadrate	F	Signifikanz
Korrigiertes Modell	94,49	8	11,81	14,67	0,00
Konstanter Term	4704,47	1	4704,47	5842,02	0,00
Faktor 1: Tarifklassenzugehörigkeit	16,16	2	8,08	10,03	0,00
Faktor 2: Interp. Preisunterschiede	67,55	2	33,78	41,94	0,00
Faktor 1 * Faktor 2	11,06	4	2,76	3,43	0,01
Fehler	360,77	448	0,81		
Gesamt	5158,00	457			
Korrigierte Gesamtvariation	455,25	456			
Levene-Test: Sig. = 0,01 / Kolmogorov-Smirnov-Test: Sig. = 0,00					

Bei Betrachtung der zusätzlich zur Varianzanalyse durchgeführten Mehrfachvergleiche (vgl. Tabelle 21) zeigt sich aber, dass nicht zwischen allen Stufen der beiden berücksichtigten Faktoren signifikante Mittelwertunterschiede bestehen. Bei dem ersten Faktor bestehen sie nur zwischen den Tarifklassen 700 € und 300 € bzw. 500 €. Die Abweichung zwischen den Tarifklassen 300 € und 500 € ist nicht signifikant. Dasselbe gilt für den zweiten Faktor, wo es nur zwischen der Faktorstufe, welche das Teilszenario individuell ungünstiger Preisabweichungen repräsentiert, und den beiden restlichen Stufen zu signifikanten Mittelwertdifferenzen kommt. Dieses Resultat deutet darauf hin, dass positive Abweichungen vom erwarteten Leistungsniveau zu geringeren Zufriedenheitsreaktionen führen als absolut gleich hohe negative Abweichungen. Dementsprechend können Hypothese$_{2B}$ sowie Hypothese$_{3C}$, welche beide prospect-theoretisch fundiert sind, angenommen werden. Dagegen bestätigen sich Hypothese$_{2A}$ und Hypothese$_{3A}$ dementsprechend wiederum nur teilweise.

Tabelle 21: Mehrfachvergleiche (Post hoc-Tests, Tamhane's T2) – Szenario 1

(I) Faktor	500 Euro		700 Euro		300 Euro	
(J) Faktor	700 Euro	300 Euro	500 Euro	300 Euro	500 Euro	700 Euro
Mittlere Differenz (I-J)	0,28	-0,18	-0,28	-0,46	0,18	0,46
Signifikanz	0,02	0,23	0,02	0,00	0,23	0,00
(I) Faktor	150 Euro weniger		150 Euro mehr		0 Euro mehr	
(J) Faktor	150 Euro mehr	0 Euro mehr	150 Euro weniger	0 Euro mehr	150 Euro weniger	150 Euro mehr
Mittlere Differenz (I-J)	-0,81	-0,82	0,81	-0,01	0,82	0,01
Signifikanz	0,02	0,00	0,02	0,23	0,00	0,23

Über die dargestellte Wirkung der Haupteffekte hinaus, realisiert sich auf dem 99 %-Niveau auch ein Interaktionseffekt zwischen den beiden berücksichtigten Faktoren. Bei Betrachtung von Abbildung 15 wird deutlich, dass die durch individuell ungünstige Preisabweichungen bedingten negativen Zufriedenheitsreaktionen in der 300 €- und 500 €-Tarifklasse stärker sind als in der 700 €-Tarifklasse. Da das Ausmaß der negativen Zufriedenheitsreaktionen über die Tarifklassen hinweg zusammen mit abnehmenden relativen Preisabweichungen sinkt, kann Hypothese$_{3B}$ entsprochen werden. Genauso wie im Rahmen der Mehrfachanalysen ist klar zu erkennen, dass die Zufriedenheitsreaktionen auf die Wahrnehmung günstiger interpersoneller Preisabweichungen vernachlässigbar sind und die prospect-theoretisch fundierte Hypothese$_{3C}$ auch aus dieser Perspektive anzunehmen ist.

Abbildung 15: Graphische Darstellung des Interaktionseffektes zwischen den Faktoren „Kontingentierungsbedingte Tarifklassenzugehörigkeit" und „Kontingentierungsbedingte interpersonelle Preisabweichung" (1 = „Sehr unzufrieden, 5 = „Sehr zufrieden")

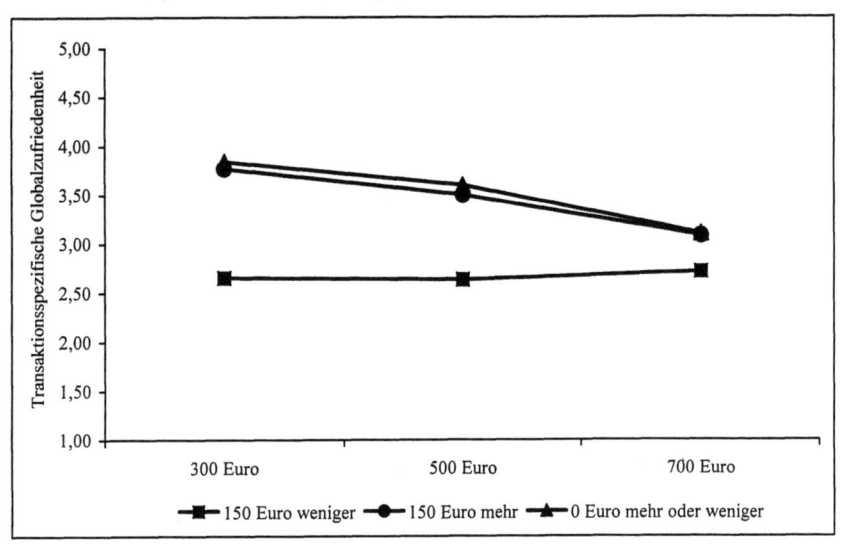

[Diagramm: Transaktionsspezifische Globalzufriedenheit, x-Achse: 300 Euro, 500 Euro, 700 Euro; Linien: 150 Euro weniger, 150 Euro mehr, 0 Euro mehr oder weniger]

6.4 Zufriedenheitsrelevante Effekte der Kontingentierung und Überbuchung beschränkter Kapazitäten

6.4.1 Analyse kundenzufriedenheitsrelevanter Effekte unter Berücksichtigung aller Experimentalgruppen

Nachdem die Effekte der Kontingentierung unter Berücksichtigung interpersoneller Preisunterschiede betrachtet wurden, soll nun das Gleiche im Kontext überbuchungsbedingter, unfreiwilliger Abweisungen von Fluggästen geschehen. Interpersonelle Preisunterschiede werden hierbei – im Gegensatz zu den direkten Effekten der Kontingentierung – nicht berücksichtigt. Wiederum soll der Einfluss des Yield-Managements auf die produktattributspezifischen Zufriedenheiten und die transaktionsspezifische Globalzufriedenheit mit einer Flugreise betrachtet werden.

a)   Attributspezifische Effekte der Kontingentierung und Überbuchung

Die Abbildungen 16 und 17 stellen die attributspezifischen Zufriedenheiten in den sechs Experimentalgruppen dar. Die Preiszufriedenheit sinkt erwartungsgemäß über die mit 300 €, 500 € und 700 € bepreisten Tarifklassen. Im Gegensatz zum vorangegangenen Szenario ergeben sich innerhalb der Tarifklassen keine signifikanten Abweichungen der Preiszufriedenheit.

Abbildung 16: Durchschnittliche attributspezifische Zufriedenheiten – Preiszufriedenheit (Standardisierte Werte)

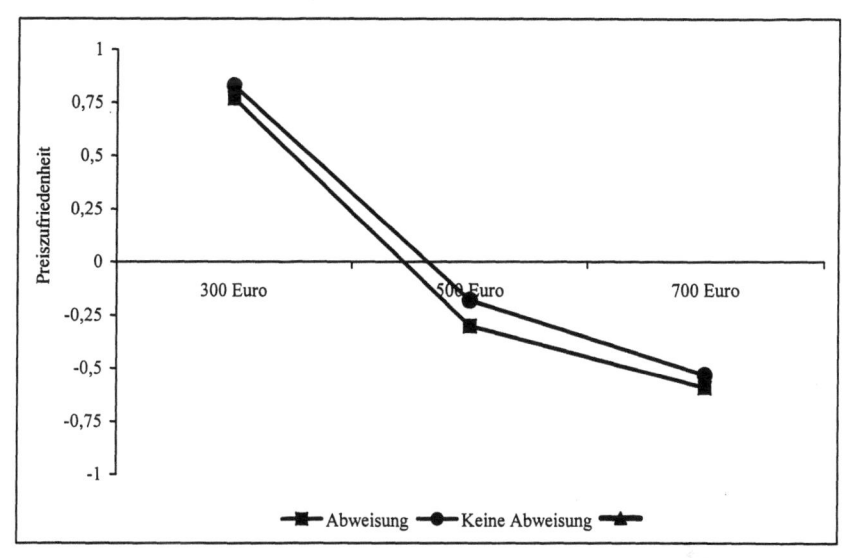

```
          1
       0,75 ●
        0,5
       0,25
          0 ─────────────────────────────────────────────
            300 Euro        500 Euro         700 Euro
      -0,25
       -0,5
      -0,75
         -1
              ──■── Abweisung  ──●── Keine Abweisung
```

Die Zufriedenheit mit den Flexibilitätsleistungen stellt sich in den Experimentalgruppen im Vergleich zu der Preiszufriedenheit genau umgekehrt dar. Sie steigt erwartungsgemäß über die mit 300 €, 500 € und 700 € bepreisten Tarifklassen an. Bei Betrachtung der beiden attributspezifischen Zufriedenheiten werden in diesem Kontext die kundenseitigen Effekte des Kalküls der im Rahmen des Yield-Managements verwendeten Self-Selecting-Tarife deutlich. Eine Buchung eines günstigen Fluges geht stets mit ungünstigen Evaluationen der Flexibilitätsleistungen einher. Je nach Gewichtung der einzelnen Produktattribute im Rahmen der Kaufentscheidung können unzufrieden stellende Tarifbestimmungen im Austausch gegen Preisnachlässe akzeptiert oder nicht akzeptiert werden.

Abbildung 17: **Durchschnittliche attributspezifische Zufriedenheiten – Zufriedenheit mit den Flexibilitätsleistungen (Standardisierte Werte)**

[Diagramm: Zufriedenheit mit den Flexibilitätsleistungen aufgetragen über 300 Euro, 500 Euro, 700 Euro; Linien für "Abweisung" und "Keine Abweisung"]

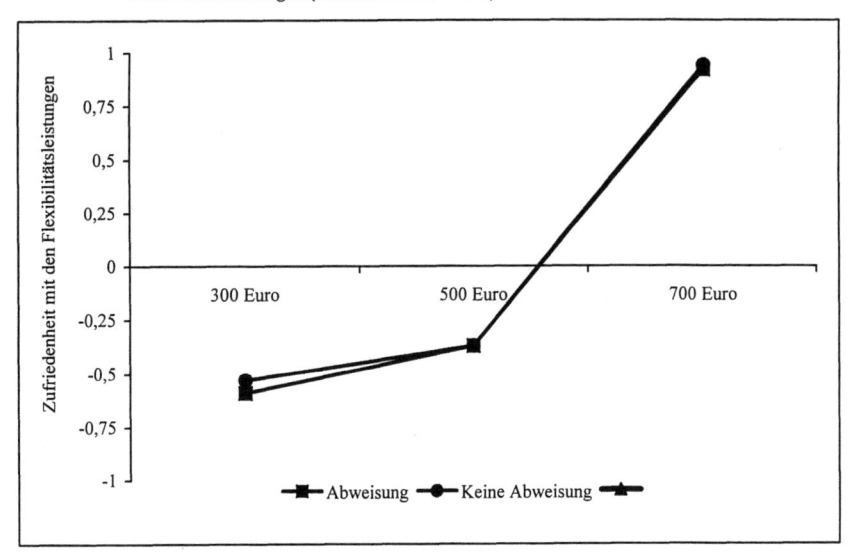

Tabelle 22 zeigt die Ergebnisse einfaktorieller Varianzanalysen.[318] Genauso wie in Abschnitt 6.3 können bei Berücksichtigung aller Faktorstufen sowohl bei der Preiszufriedenheit als auch bei der Zufriedenheit mit den Flexibilitätsleistungen signifikante Mittelwertunterschiede und somit durch das Yield-Management bedingte Effekte nachgewiesen werden. Darüber hinaus zeigt sich, dass die beiden produktattributspezifischen Zufriedenheiten zwar zwischen, nicht aber innerhalb der Tarifklassen variieren. D. h., dass die überbuchungsbedingte Abweisung keinen signifikanten Einfluss auf die entsprechenden attributspezifischen Zufriedenheiten hat. Die Zufriedenheit mit dem Preis (den Flexibilitätsleistungen) fällt mit der Höhe des zu leistenden Entgelts (der Striktheit der mit dem jeweiligen Preis korrespondierenden Tarifbestimmungen). Hypothese$_{2C}$ und Hypothese$_{2D}$ können demzufolge angenommen werden.

b) *Zufriedenheitsrelevante Effekte der Kontingentierung und Überbuchung*

Genauso wie im vorangegangenen Abschnitt sollen die zufriedenheitsrelevanten Effekte der Kontingentierung im Rahmen eines Dummy-Regressionsmodells analysiert werden. Im Gegensatz zu dem vorherigen Regressionsansatz wird im vorliegenden Kontext ein besonderes Augenmerk auf die Wirkung überbuchungsbedingter Abweisungen von Kunden gelegt. Wiederum umfasst das unterstellte Modell, neben metrisch skalierten, attributspezifi-

---

[318] Wiederum sind Prämissen des allgemeinen linearen Modells verletzt. Konform gehend mit Backhaus et al. (2003), S. 151 wird davon ausgegangen, dass die Varianzanalyse ausreichend robust gegenüber diesen Verletzungen ist.

schen Zufriedenheiten, binäre Dummy-Variablen, welche die Zugehörigkeit zu den hier vorhandenen sechs Experimentalgruppen messen. Die Referenzgruppe, in der die Probanden mit einem Szenario konfrontiert wurden, in dem sie wie erwartet den Flug zu 500 € kaufen konnten und nicht überbuchungsbedingt abgelehnt wurden, dient erneut als Basis der Dummy-Regression.

Tabelle 22: Einfaktorielle Varianzanalysen - Einfluss der Kontingentierung und überbuchungsbedingter Abweisungen auf attributspezifische standardisierte Zufriedenheiten (Szenario 2)

		Mittelwert	Standard-abweichung	Signifikanz innerhalb Tarifklassen	Signifikanz (Alle Faktorstufen)
Zufriedenheit mit den Flexibilitätsleistungen	500 € / Keine Abweisung	-0,37	0,66	0,98	0,00
	500 € / Abweisung	-0,37	0,84		
	700 € / Keine Abweisung	0,92	0,80	0,43	
	700 € / Abweisung	0,94	0,69		
	300 € / Keine Abweisung	-0,59	0,77	0,85	
	300 € / Abweisung	-0,53	0,74		
	Alle Faktorstufen: Levene-Test: Sig. = 0,48 / Kolmogorov-Smirnov-Test: Sig. = 0,00				
Preiszufriedenheit	500 € / Keine Abweisung	-0,30	0,80	0,69	0,00
	500 € / Abweisung	-0,18	1,03		
	700 € / Keine Abweisung	-0,59	0,79	0,61	
	700 € / Abweisung	-0,53	0,80		
	300 € / Keine Abweisung	0,77	0,74	0,61	
	300 € / Abweisung	0,83	0,71		
	Alle Faktorstufen: Levene-Test: Sig. = 0,05 / Kolmogorov-Smirnov-Test: Sig. = 0,01				
Lesebeispiel: „300 € / Überbuchung" = 300 € selbst gezahlt, Überbuchungsbedingt abgewiesen					

Tabelle 23 stellt die Ergebnisse der Regressionsanalyse dar. Das Gesamtmodell ist auf dem 99 %-Niveau signifikant. Wie die Kollinearitätsstatisitk zeigt, liegt ferner keine Koellinearitätsproblematik vor. Das Modell erklärt aber lediglich 37 % der Gesamtstreuung der transaktionsspezifischen Globalzufriedenheit. Dies erklärt sich z. T. dadurch, dass die individuelle Bewertung der mit der Abweisung verbundenen Unannehmlichkeiten sowie der unternehmensseitigen Kompensationsbemühungen im Regressionsmodell nicht explizit berücksichtigt wurden. Die entsprechende Vorgehensweise erklärt sich dadurch, dass diese individuellen Bewertungen bei allen Probanden, die nicht mit einer überbuchungsbedingten Abweisung konfrontiert wurden, nicht erhoben werden konnten.[319] Darüber hinaus ist das Modell aufgrund des gewählten Forschungsdesigns der Szenariotechnik ohnehin tendenziell

---

[319] Im weiteren Verlauf der Arbeit wird diese Beschränkung aufgehoben.

eher unterspezifiziert, so dass ein zu hohes Bestimmtheitsmaß gegen das zu prüfende Modell sprechen würde.

Tabelle 23: Regressionsanalyse - Zufriedenheitsrelevante Effekte der Kontingentierung unter Berücksichtigung überbuchungsbedingter Abweisungen

		Nicht standard. Koeff.		Stand. Koeff.	T	Signifikanz	Kollinearitätsstatistik	
		B	Standardfehler	Beta			Toleranz	VIF
Konstante		3,44	0,10		35,82	0,00		
Dummy-Variablen	500 € / *Abweisung*	-0,96	0,14	-0,34	-7,08	0,00	0,60	1,67
	700 € / Keine *Abweisung*	-0,27	0,14	-0,10	-2,02	0,04	0,60	1,67
	700 € / *Abweisung*	-1,32	0,14	-0,47	-9,75	0,00	0,60	1,67
	300 € / Keine *Abweisung*	0,31	0,14	0,11	2,29	0,02	0,60	1,67
	300 € / *Abweisung*	-0,84	0,14	-0,30	-6,20	0,00	0,60	1,67
zentriert	Zufriedenheit mit den Flexibilitätsleistungen	0,18	0,06	0,13	3,00	0,00	0,77	1,30
	Preiszufriedenheit	0,23	0,06	0,18	4,26	0,00	0,77	1,30
$R^2 = 0,37$								
Signifikanz des Gesamtmodells = 0,00								
Lesebeispiel: „500 € / Überbuchung" = Ein Proband, der seinen Flug wie erwartet zu 500 € buchen konnte und überbuchungsbedingt abgewiesen wurde, weist eine um 0,96 Skalenpunkte niedrigere Globalzufriedenheit auf als ein Proband in der Referenzgruppe.								

Betrachtet man die Ergebnisse des Regressionsmodells im Detail, so zeigt sich, dass alle berücksichtigten Variablen einen signifikanten Einfluss auf die abhängige Variable aufweisen. Darüber hinaus sind die Vorzeichen aller Regressionskoeffizienten plausibel und entsprechen der jeweils unterstellten Wirkungsrichtung der potenziellen Einflussgrößen. Der Wert der Regressionskonstante von 3,44, welcher dem durchschnittlichen Zufriedenheitsniveau in der Referenzgruppe entspricht, weicht ferner nur gering von dem in der Referenzgruppe des ersten Szenarios gültigen Durchschnittswert ab. Die überbuchungsbedingte Abweisung von Kunden führt in allen drei Tarifklassen zu deutlichen Unzufriedenheitsreaktionen. Das so genannte Service-Recovery-Paradoxon tritt demzufolge im Rahmen üblicher Kompensationsbemühungen nicht auf. Hypothese$_{4A}$ kann daher bestätigt werden. Weiterhin führt die Buchung in einer teureren bzw. einer günstigeren Tarifklasse als in der ursprünglich angefragten Klasse zu negativen respektive positiven Zufriedenheitsreaktionen.

Abbildung 18: Durchschnittliche transaktionsspezifische Globalzufriedenheit – Szenario 2 (1 = „Sehr unzufrieden, 5 = „Sehr zufrieden")

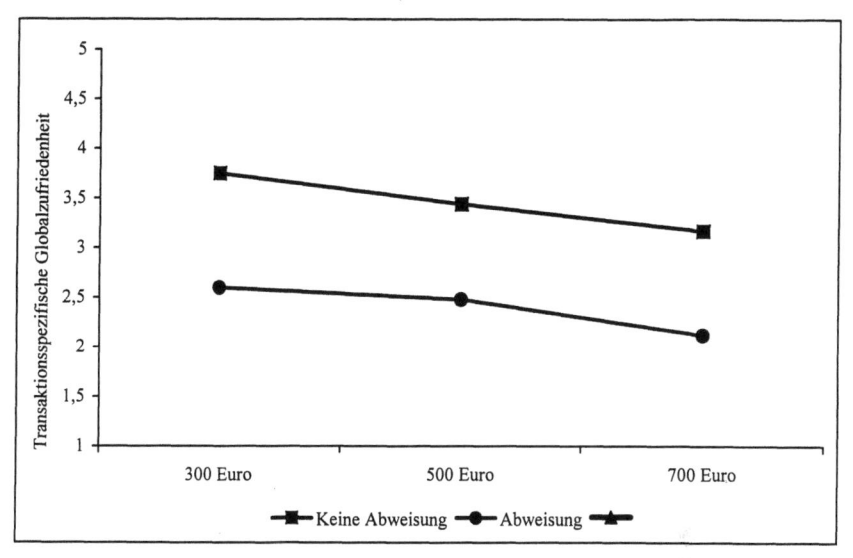

Über die direkten Effekte des Yield-Managements hinaus zeigt sich auch wieder die positive Wirkung der beiden attributspezifischen Zufriedenheiten. Sowohl die Preiszufriedenheit als auch die Zufriedenheit mit den Flexibilitätsleistungen beeinflussen die Globalzufriedenheit positiv. Demgemäß kann Hypothese$_{1A}$ auch im Kontext dieses Szenarios angenommen werden. Bei Betrachtung der standardisierten Regressionskoeffizienten zeigt sich, dass im Gegensatz zum ersten Regressionsmodell nicht die Preiszufriedenheit, sondern die drei Dummy-Variablen, welche die überbuchungsbedingte Abweisung repräsentieren, die stärksten Zufriedenheitswirkungen ausüben. Die stärkste negative Abweichung von der Referenzgruppe zeigt sich in der am höchsten bepreisten Tarifklasse, wo die Globalzufriedenheit bei dem Eintreten einer überbuchungsbedingten Abweisung um 1,32 Skalenpunkte vom Referenzwert abweicht.

U. a. zur Identifikation potenzieller Interaktionseffekte zwischen den beiden hier berücksichtigten Faktoren wurde eine zweifaktorielle Varianzanalyse durchgeführt. In diesem Zusammenhang zeigen Tabelle 24 und Abbildung 18 vorab die durchschnittlichen transaktionsspezifischen Globalzufriedenheiten in den sechs Experimentalgruppen. Innerhalb der drei Tarifklassen zeigt sich, dass die Zufriedenheitswerte jeweils deutlich um ca. einen Skalenpunkt zwischen abgewiesenen und nicht abgewiesenen Probanden abweichen.

Tabelle 24: Deskriptive Statistiken – Durchschnittliche transaktionsspezifische Globalzufriedenheit in den Experimentalgruppen

Tarifklasse / Überbuchung	Mittelwert (Standardabweichung)	Tarifklasse / Überbuchung	Mittelwert (Standardabweichung)	Tarifklasse / Überbuchung	Mittelwert (Standardabweichung)
300 € / Keine Abweisung	3,75 (0,78)	*500 € / Keine Abweisung*	3,44 (0,73)	*700 € / Keine Abweisung*	3,17 (0,86)
300 € / Abweisung	2,60 (1,04)	*500 € / Abweisung*	2,48 (0,91)	*700 € / Abweisung*	2,12 (0,96)

Die Ergebnisse der zweifaktoriellen Varianzanalyse, welche Tabelle 25 entnommen werden können, gehen konform mit den Ergebnissen der vorausgegangenen Regressionsanalyse. Die Wirkung beider Haupteffekte ist signifikant. Die kontingentierungsbedingte Umleitung von Reservierungsanfragen in höher bepreiste Buchungsklassen sowie die überbuchungsbedingte unfreiwillige Abweisung von Kunden führen zu Zufriedenheitsreaktionen. Im Gegensatz zum vorangegangenen Szenario ergeben sich aber keine signifikanten Interaktionseffekte zwischen den beiden berücksichtigten Faktoren. Hypothese$_{4B}$ kann demzufolge angenommen werden.

Tabelle 25: Zweifaktorielle Varianzanalyse – Zufriedenheitsrelevante Effekte der Kontingentierung unter Berücksichtigung überbuchungsbedingter Abweisungen

	Quadratsumme vom Typ III	Freiheitsgrade	Mittel der Quadrate	F	Signifikanz
Korrigiertes Modell	151,55	5	30,31	38,48	0,00
Konstanter Term	3967,31	1	3967,31	5036,94	0,00
Faktor 1: Kontingentierungsbedingte Tarifklassenzugehörigkeit	22,37	2	11,18	14,20	0,00
Faktor 2: Überbuchungsbedingte Abweisung	128,72	1	128,72	163,43	0,00
Interaktionseffekt: Faktor 1 * Faktor 2	0,70	2	0,35	0,44	0,64
Fehler	359,95	457	0,79		
Gesamt	4477,00	463			
Korrigierte Gesamtvariation	511,50324	462			
Levene-Test: Sig. = 0,00 / Kolmogorov-Smirnov-Test: Sig. = 0,00					

Bei Betrachtung der Ergebnisse von Mehrfachvergleichen (vgl. Tabelle 26) zeigt sich, dass positive Leistungsvariationen im Kontext des Faktors „Kontingentierungsbedingte Tarifklassenzugehörigkeit" im Vergleich zum Referenzpreis wiederum zu keinen signifikanten Zufriedenheitsreaktionen führen. Während Hypothese$_{4A}$ angenommen wird, kann Hypothese$_{2A}$ daher wieder nur teilweise bestätigt werden. Die prospect-theoretisch fundierte Hypothese$_{2B}$ kann dagegen unterstützt werden.

Tabelle 26: Mehrfachvergleiche (Post hoc-Tests, Tamhane's T2) – Szenario 2

(I) Faktor	500 Euro		700 Euro		300 Euro	
(J) Faktor	700 Euro	300 Euro	500 Euro	300 Euro	500 Euro	700 Euro
Mittlere Differenz (I-J)	0,32	-0,21	-0,32	-0,53	0,21	0,53
Signifikanz	0,01	0,11	0,01	0,00	0,11	0,00

6.4.2 Analyse kundenzufriedenheitsrelevanter Effekte unter ausschließlicher Berücksichtigung unfreiwillig abgewiesener Probanden

Während im Rahmen der Auswertungen der vorangegangenen Abschnitte alle Probanden berücksichtigt wurden, konzentrieren sich die nachfolgenden Analysen ausschließlich auf den Teil der Probanden, der den Experimentalgruppen zugeordnet wurde, in denen das Szenario einer überbuchungsbedingten Abweisung beschrieben wurde. Diese Vorgehensweise ist dadurch begründet, dass im Rahmen der entsprechenden Szenarien auch die überbuchungsbedingten Wartezeiten und Kompensationsleistungen beschrieben worden sind. Entsprechend der in Abschnitt 4.3.3 entwickelten Logik können diese Aspekte einer Flugreise auch in Kategorien von Produktattributen betrachtet werden. Die Analyse der Zufriedenheitswirkung wird in diesem Zusammenhang daher unter Berücksichtigung der individuellen Evaluation der entsprechenden Produktattribute erfolgen.

a) Attributspezifische Effekte der Kontingentierung und Überbuchung

Tabelle 27 zeigt einfaktorielle Varianzanalysen, in deren Rahmen nur der Faktor „Kontingentierungsbedingte Tarifklassenzugehörigkeit" als unabhängige Variable berücksichtigt wird. Genauso wie bei den vorangegangenen Analysen variiert auch in diesem Zusammenhang die attributspezifische Zufriedenheit bei den Produktattributen Preis und Flexibilitätsleistungen über die verschiedenen Tarifklassen signifikant. Dies trifft dagegen auf die beiden anderen attributspezifischen (Un-) Zufriedenheiten nicht zu. Die Zufriedenheit mit den Kompensationsleistungen und die Unzufriedenheit mit den überbuchungsbedingten Unannehmlichkeiten werden in allen drei Tarifklassen gleich bewertet. Hypothese$_{4C}$ kann daher gestützt werden. Das bedeutet, dass Passagiere in höher bepreisten Tarifklassen, welche üblicherweise auch einen höheren Kundenwert haben, die Konsequenzen der Überbuchung gleich bewerten wie andere Kunden.

b) Zufriedenheitsrelevante Effekte der Kontingentierung und Überbuchung

Zusätzlich zu den bereits berücksichtigten Regressoren werden in dem nachfolgend dargestellten Modell attributspezifische (Un-) Zufriedenheit mit den Unannehmlichkeiten der Überbuchung und den unternehmensseitigen Kompensationsbemühungen mitberücksichtigt. Wie bereits erwähnt, wird dies durch den Ausschluss der Probanden möglich, die nicht mit einer überbuchungsbedingten Abweisung konfrontiert waren. Demzufolge werden neben den drei Dummy-Variablen, welche nun nur noch die Zugehörigkeit zu einer der drei Tarifklassen messen, vier attributspezifische (Un-) Zufriedenheiten berücksichtigt. Die Dummy-Variable, welche für die mit 500 € bepreiste Tarifklasse steht, dient als Basis der Dummy-Regression.

Tabelle 27: Einfaktorielle Varianzanalysen - Attributspezifische standardisierte Zufriedenheiten (Unfreiwillig Abgewiesene)

	Tarifklasse	Mittelwert	Standard-abweichung	Signifikanz
Zufriedenheit mit den Flexibilitätsleistungen	500 €	-0,38	0,82	0,00
	700 €	0,94	0,70	
	300 €	-0,56	0,72	
	Levene-Test: Sig. = 0,71 / Kolmogorov-Smirnov-Test: Sig. = 0,05			
Preiszufriedenheit	500 €	-0,23	0,98	0,00
	700 €	-0,55	0,79	
	300 €	0,77	0,69	
	Levene-Test: Sig. = 0,05 / Kolmogorov-Smirnov-Test: Sig. = 0,20			
Zufriedenheit mit der Kompensation	500 €	-0,06	0,80	0,84
	700 €	0,02	1,07	
	300 €	0,03	1,11	
	Levene-Test: Sig. = 0,08 / Kolmogorov-Smirnov-Test: Sig. = 0,00			
Unzufriedenheit mit den überbuchungsbedingten Unannehmlichkeiten	500 €	-0,10	0,90	0,19
	700 €	0,14	1,02	
	300 €	-0,05	1,06	
	Levene-Test: Sig. = 0,77 / Kolmogorov-Smirnov-Test: Sig. = 0,02			

Das Gesamtmodell ist auf dem 99 %-Niveau signifikant. Multikollinearitätsprobleme treten weiterhin nicht auf. Darüber hinaus weist das Regressionsmodell mit 0,51 einen zufrieden stellenden Wert des Bestimmtheitsmaßes R^2 auf. Wie bereits angesprochen, muss auch hier berücksichtigt werden, dass ein Teil der potenziell zufriedenheitsrelevanten Einflussgrößen aufgrund des gewählten Forschungsdesigns nicht berücksichtigt wurde. Damit die Ergebnisse der Regressionsanalyse einer sachlogischen Prüfung standhalten können, darf die erklärte Gesamtvarianz daher eine bestimmt Höhe nicht überschreiten. Der ermittelte Wert des Bestimmtheitsmaßes spricht somit für das hier präsentierte Regressionsmodell.

Vergleicht man die Werte der Konstanten der drei in der vorliegenden Arbeit geschätzten Regressionsgleichungen, so zeigt sich, dass die durchschnittliche Zufriedenheit in der Referenzgruppe im Vergleich zu den vorangegangenen Regressionsmodellen um ca. einen Skalenpunkt niedriger ausfällt. Die überbuchungsbedingte Abweisung von Kunden zieht demgemäß ausgeprägte negative Zufriedenheitsreaktionen nach sich. Die Betrachtung der Vorzeichen der Regressionskoeffizienten zeigt weiterhin, dass die Wirkungsrichtung der geschätzten Parameter mit der unterstellten übereinstimmen. Bis auf die Dummy-Variable, welche die Zugehörigkeit zur 300 €-Tarifklasse misst, üben ferner alle Regressoren einen signifikanten Einfluss auf die transaktionsspezifische Globalzufriedenheit aus. Wiederum führt lediglich die Ablehnung eines Reservierungswunsches bei gleichzeitiger Buchung in einer teureren Tarifklasse zu einer (negativen) Zufriedenheitsreaktion. Somit kann Hypothese$_{2A}$ daher lediglich z. T. angenommen werden.

Tabelle 28: Regressionsanalyse – Zufriedenheitsrelevante Effekte der Kontingentierung unter Berücksichtigung überbuchungsbedingter Abweisungen (Unfreiwillig Abgewiesene)

		Nicht standard. Koeff.		Stand. Koeff.	T	Signifikanz	Kollinearitätsstatistik	
		B	Standardfehler	Beta			Toleranz	VIF
Konstante		2,48	0,08		31,09	0,00		
Dummy-Variablen	Tarifklasse 700 €	-0,36	0,11	-0,17	-3,19	0,00	0,75	1,34
	Tarifklasse 300 €	0,13	0,11	0,06	1,12	0,27	0,75	1,34
zentriert	Zufriedenheit m. d. Flexibilitätsleistungen	0,18	0,07	0,14	2,54	0,01	0,77	1,31
	Preiszufriedenheit	0,16	0,06	0,13	2,51	0,01	0,77	1,30
	Kompensationszufriedenheit	0,31	0,05	0,31	6,71	0,00	1,00	1,00
	Unzufriedenheit m. d. überbuchungsbedingten Unannehmlichkeiten	-0,55	0,05	-0,56	-11,87	0,00	0,98	1,02

$R^2 = 0,51$

Signifikanz des Gesamtmodells = 0,00

Lesebeispiel: „Tarifklasse 700 €" = Ein Proband, der seinen Flug nur zu 700 € buchen konnte und überbuchungsbedingt abgewiesen wurde, weist eine um 0,36 Skalenpunkte niedrigere Globalzufriedenheit auf als ein Proband in der Referenzgruppe.

Über die allgemeine Wirkung der direkten Effekte der Kontingentierung hinaus, weisen alle vier attributspezifischen (Un-) Zufriedenheiten die jeweils unterstellte Wirkungsrichtung auf. Hypothese$_{1A}$ sowie Hypothese$_{1B}$ können daher bestätigt werden. Ein Vergleich der standardisierten Regressionskoeffizienten zeigt, dass die Unzufriedenheit mit den überbuchungsbedingten Unannehmlichkeiten und darauf folgend die Zufriedenheit mit den unternehmensseitigen Kompensationsbemühungen die stärkste Wirkung auf die Globalzufriedenheit abgewiesener Kunden hat. Die entsprechende Ausprägung der beiden Koeffizienten zeigt, dass das durch positive Netto-Zufriedenheitseffekte gekennzeichnete Service-Recovery-Paradoxon nur zustande kommen kann, wenn das Ausmaß der individuellen Kompensationszufriedenheit deutlich über der Unzufriedenheit mit den überbuchungsbedingten Unannehmlichkeiten liegt.

7 Abschlussbetrachtungen

7.1 Zusammenfassung der Studienergebnisse

Im Folgenden sollen die Ergebnisse der empirischen Untersuchungen zusammengefasst dargestellt werden. Dabei wird aufgezeigt, inwieweit den forschungsleitenden Hypothesen entsprochen werden konnte. Unter Berücksichtigung der Ergebnisse beider Szenarien kann festgehalten werden, dass die unterstellten Effekte der attributspezifischen (Un-) Zufriedenheiten auf die transaktionsspezifische Globalzufriedenheit mit einer Flugreise nachgewiesen werden konnten (vgl. Tabelle 29). Während im Kontext des ersten Szenarios die Zufriedenheit mit dem Leistungsattribut Preis die prägnanteste Einflussgröße der transaktionsspezifischen Globalzufriedenheit darstellt, ist dies im Zusammenhang mit der ausschließlichen Betrachtung unfreiwillig abgewiesener Kunden die Unzufriedenheit mit den überbuchungsbedingten Unannehmlichkeiten. Grundsätzlich wird in diesem Zusammenhang somit deutlich, dass, neben den allgemeinen kundenseitigen Effekten der Anwendung des Yield-Managements, die über die Zugehörigkeit zu den verschiedenen Experimentalgruppen operationalisiert wurden, auch die individuelle Bewertung von Leistungsattributen einer Flugreise von Zufriedenheitsrelevanz ist.

Tabelle 29: Forschungsleitende Fragestellungen – Effekte multiattributive Zufriedenheiten und Loyalitätswirkung transaktionsspezifischer Globalzufriedenheiten

Hypothesen	Annahme	Inhalt der Hypothesen
Hypothese$_{1A}$	+	Eine ausgeprägtere Zufriedenheit mit den Produktattributen Preis und Flexibilitätsleistungen beeinflusst die transaktionsspezifische Globalzufriedenheit positiv.
Hypothese$_{1B}$	+	Eine höhere individuelle Zufriedenheit mit den Kompensationsbemühungen (Unzufriedenheit mit Unannehmlichkeiten der Abweisung) beeinflusst die transaktionsspezifische Globalzufriedenheit positiv (negativ).

Ein Blick auf Tabelle 30 macht deutlich, dass im Kontext der direkten Effekte der Kontingentierung nicht alle im Rahmen der Ableitung forschungsleitender Fragestellungen unterstellten Kausalzusammenhänge bestätigt werden konnten. So löst die kontingentierungsbedingte Möglichkeit der Buchung in einer günstigeren Tarifklasse keine (positiven) Zufriedenheitsreaktionen (Hypothese$_{2A}$) aus. Als Erklärungsansatz für das Ausbleiben dieses positiven Zufriedenheitseffektes kann die Prospect-Theorie dienen (Hypothese$_{2B}$). Diese besagt, dass die dementsprechenden positiven Änderungen des Leistungsspektrums einer Unternehmensleistung lediglich zu schwachen respektive zu ausbleibenden Zufriedenheitsreaktionen führen. Über die transaktionsspezifischen kundenseitigen Wirkungen hinaus wurden auch die Effekte der Kontingentierung auf attributspezifische Zufriedenheiten betrachtet. Hierbei zeigte sich, dass die Preiszufriedenheit sowie die Zufriedenheit mit den Flexibilitätsleistungen einer Flugreise, genauso wie unterstellt, über die verschiedenen Tarifklassen hinweg variieren (Hypothese$_{2C}$ und Hypothese$_{2D}$).

Tabelle 30: Forschungsleitende Fragestellungen – Direkte Effekte der Kontingentierung beschränkter Kapazitäten (Kontingentierungsbedingte Tarifklassenzugehörigkeit)

Hypothesen	Annahme	Inhalt der Hypothesen
Hypothese$_{2A}$	+ / -	Die kontingentierungsbedingte Umlenkung einer Reservierungsanfrage in eine höher oder niedriger bepreiste als die ursprünglich angefragte Buchungsklasse führt zu Zufriedenheitsreaktionen.
Hypothese$_{2B}$	+	Der Prospect-Theorie folgend führt die Verschiebung einer Reservierungsanfrage in eine höher bepreiste Buchungsklasse zu absolut stärkeren Zufriedenheitsreaktionen als die Möglichkeit der Buchung eines Fluges in einer günstigeren als der ursprünglich angefragten Buchungsklasse.
Hypothese$_{2C}$	+	Die Kontingentierung beeinflusst die Zufriedenheit mit dem Produktattribut Flexibilitätsleistungen, so dass die Zufriedenheit mit Flexibilitätsleistungen in höher bepreisten (günstigeren) Buchungsklassen höher (niedriger) ist.
Hypothese$_{2D}$	+	Die Kontingentierung beeinflusst die Zufriedenheit mit dem Produktattribut Preis, so dass die Preiszufriedenheit in günstigeren (höher bepreisten) Buchungsklassen höher (niedriger) ist.

Im Kontext der Effekte kontingentierungsbedingter interpersoneller Preisunterschiede zeigt sich wiederum, dass den meisten der in den forschungsleitenden Fragestellungen unterstellten Kausalzusammenhänge entsprochen werden kann (vgl. Tabelle 31). So führen lediglich individuell ungünstige interpersonelle Preisabweichungen zu (negativen) Zufriedenheitsreaktionen (Hypothese$_{3A}$). Eine mögliche Erklärung dafür kann wiederum die Prospect-Theorie liefern (Hypothese$_{3C}$). Weiterhin zeigt sich, dass diese negativen Zufriedenheitsreaktionen in niedrig bepreisten Tarifklassen stärker ausfallen. Eine Erklärung für diesen Interaktionseffekt liefert das über die Tarifklassen variierende Ausmaß relativer Preisabweichungen (Hypothese$_{3B}$). Über diese Erkenntnisse hinaus, beeinflussen die interpersonellen Preisunterschiede auf der Ebene der Produktattribute die Preiszufriedenheit in der vorab angenommenen Weise (Hypothese$_{3D}$).

Tabelle 31: Forschungsleitende Fragestellungen – Indirekte Effekte der Kontingentierung beschränkter Kapazitäten (Kontingentierungsbedingte interpersonelle Preisunterschiede)

Hypothesen	Annahme	Inhalt der Hypothesen
Hypothese$_{3A}$	+ / -	Entsprechend der Gerechtigkeitstheorie führt die Wahrnehmung der durch die Kontingentierung bedingten interpersonellen Preisdifferenzen zu Zufriedenheitsreaktionen. Unter Berücksichtigung der beiden Gerechtigkeitsdimensionen (Fairness und Selbstbevorzugung) führen (un-) günstige interpersonelle Preisunterschiede zu (Un-) Zufriedenheitsreaktionen.
Hypothese$_{3B}$	+	Aufgrund ungleicher relativer Abweichungen von dem selbst gezahlten Preis fallen die durch absolut gleich hohe interpersonelle Preisunterschiede bedingten Zufriedenheitsreaktionen in verschiedenen Tarifklassen unterschiedlich aus. Da sich die individuellen Austauschrelationen bei ausgeprägteren relativen Preisabweichungen deutlicher verändern, kommt es in ihrer Folge zu stärkeren Zufriedenheitsreaktionen.

Fortsetzung von Tabelle 31

Hypothesen	Annahme	Inhalt der Hypothesen
Hypothese$_{3C}$	+	Entsprechend der Prospect-Theorie führen ungünstige kontingentierungsbedingte interpersonelle Preisunterschiede zu absolut stärkeren Zufriedenheitsreaktionen als günstige.
Hypothese$_{3D}$:	+	Die Preiszufriedenheit steigt über die Gruppen von Personen, die ungünstige, keine bzw. günstige interpersonelle Preisabweichungen wahrnehmen.

Die im Kontext der kundenseitigen Konsequenzen der Überbuchung beschränkter Sitzplatzkapazitäten unterstellten Kausalzusammenhänge können – wie ein Blick auf Tabelle 32 zeigt – komplett bestätigt werden. Die überbuchungsbedingte Abweisung von Fluggästen führt in allen Tarifklassen zu Unzufriedenheitsreaktionen (Hypothese$_{4A}$). Das in der zum Beschwerdemanagement bestehenden Literatur häufig erwähnte Service-Recovery-Paradoxon tritt im Rahmen üblicher Kompensationsbemühungen folglich nicht auf. Wie unterstellt, besteht kein zufriedenheitsrelevanter Interaktionseffekt zwischen der Tarifklassenzugehörigkeit und der überbuchungsbedingten Abweisung von Kunden (Hypothese$_{4B}$). Das bedeutet, dass die überbuchungsbedingten Konsequenzen in allen Tarifklassen gleich wahrgenommen werden. Dementsprechend werden die überbuchungsbedingten Leistungsattribute in allen Tarifklassen auch gleich bewertet (Hypothese$_{4C}$).

Tabelle 32: **Forschungsleitende Fragestellungen – Effekte der Überbuchung beschränkter Kapazitäten (Überbuchungsbedingte unfreiwillige Abweisung von Kunden)**

Hypothesen	Annahme	Inhalt der Hypothesen
Hypothese$_{4A}$	+	Die durch die Überbuchung beschränkter Kapazitäten bedingte unfreiwillige Abweisung von Kunden hat (im Rahmen üblicher Rückgewinnungsstrategien) einen negativen Einfluss auf die Kundenzufriedenheit.
Hypothese$_{4B}$	+	Da sich im Kontext der überbuchungsbedingten Abweisung in verschiedenen Tarifklassen keine divergierenden Abweichungen von zugrundeliegenden Referenzstandards realisieren, variieren die durch die Abweisung induzierten Zufriedenheitsreaktionen nicht über verschiedene Tarifklassen.
Hypothese$_{4C}$	+	Die individuelle Zufriedenheit mit den Kompensationsbemühungen und die Unzufriedenheit mit den überbuchungsbedingten Unannehmlichkeiten variieren nicht über verschiedene Tarifklassen.

7.2 Empfehlungen für die Unternehmenspraxis

Im Kontext der Anwendung des Yield-Managements sollten sich Unternehmen generell der zufriedenheitsrelevanten Effekte der simultanen Preis- und Kapazitätssteuerung bewusst sein. Die primär positiven Erlöswirkungen des Yield-Managements können – dem Gedanken der Service-Profit-Chain folgend – durch unzufriedenheitsbedingte Effekte konterkariert werden. So kann die Kontingentierung beschränkter Kapazitäten einerseits zwar massive Erlöspotenziale erschließen. Andererseits führt die kontingentierungsbedingte Umlenkung von Reservierungsanfragen in höher bepreiste Tarifklassen zu Unzufriedenheitsreaktionen. Üblicherweise können die günstigeren Tarifbestimmungen die mit der Umlenkung verbundene Abweichung vom Referenzpreis nicht kompensieren. Dementsprechend sollten die Kontingentierungsentscheidungen unter Berücksichtigung korrespondierender Zufriedenheitseffekte getroffen werden. Dies gilt insbesondere für Kunden, die einen hohen Kundenwert besitzen. Eine durch Unzufriedenheit erklärte Abwanderung entsprechender Kunden würde zu einer Schwächung der unternehmenseigenen Ertragsbasis führen. Daher müssen die Reservierungsanfragen loyaler und profitabler Kunden im Kontingentierungsprozess bevorzugt behandelt werden. Eine Möglichkeit, dies zu erreichen, sind die von Wirtz et al. (2003) vorgeschlagenen Reservierungsgarantien, die im Rahmen von Customer-Relationship-Programmen an loyale Kunden vergeben werden können.

Neben diesen zufriedenheitsrelevanten Effekten müssen mit den interpersonellen Preisunterschieden auch indirekte Konsequenzen der Kontingentierung berücksichtigt werden. Individuell ungünstige interpersonelle Preisunterschiede führen zu deutlichen Unzufriedenheitsreaktionen. Aufgrund höherer relativer Abweichungen führen dabei absolut gleich hohe interpersonelle Preisunterschiede in niedrig bepreisten Tarifklassen zu stärkeren Unzufriedenheitsreaktionen. Der Fakt, dass der durchschnittliche Kundenwert in den entsprechenden Tarifklassen tendenziell eher niedrig angesetzt werden kann, schwächt die hier vorliegende Problematik zwar etwas ab. Das Ausmaß der interpersonellen Preisunterschiede sollte in ein und derselben Beförderungsklasse o. ä. aber möglichst gering gehalten werden. Soweit dies nicht möglich ist, sollte den Kunden zumindest die hinter der differenzierten Bepreisung stehende Logik bekannt und einsichtig sein. Günstige Effekte einer dementsprechenden Informationspolitik wurden von Choi/Mattila (2004) bereits nachgewiesen.

Im Zusammenhang mit der überbuchungsbedingten unfreiwilligen Abweisung von Kunden muss erkannt werden, dass das Phänomen des Service-Recovery-Paradoxon nicht auftritt, solange unternehmensseitig übliche Rückgewinnungsmaßnahmen durchgeführt werden. Dies bedeutet, dass neben den direkt quantifizierbaren Kosten tatsächlich auch weniger leicht zu quantifizierende Kosten der Überbuchung bestehen. So können sich die überbuchungsbedingten Unzufriedenheitsreaktionen negativ auf das Wiederkaufverhalten des bestehenden Kundenstamms auswirken. Ein wichtiges Ergebnis ist, dass die Unzufriedenheitsreaktionen im Gegensatz zu den Effekten interpersoneller Preisunterschiede über alle Tarifklassen gleich ausfallen. Da die Kunden in den höher bepreisten Tarifklassen im Durchschnitt einen höheren Kundenwert aufweisen, sollte die Ablehnung dieser Kunden deshalb systematisch vermieden werden.

7.3 Zukünftiger Forschungsbedarf

Einer der wesentlichen Ansatzpunkte zukünftiger Forschungsarbeiten ist die simultane Analyse direkter und indirekter (zufriedenheitsbedingter) Erlöseffekte des Einsatzes des Yield-Managements. Kamakura et al. (2002) zeigen, wie dementsprechende Effekte durch eine Erweiterung des Service-Profit-Chain-Modells berücksichtigt werden können. Im Gegensatz zu Kamakura et al. (2002) sollten hierbei aber nicht Investitionen in die kundenseitig wahrgenommene Dienstleistungsqualität, sondern der Einsatz der simultanen Preis- und Kapazitätssteuerungsmaßnahmen im Zentrum stehen. Den direkten positiven Erlöseffekten des Yield-Managements müssten die kontingentierungs- und überbuchungsbedingten Zufriedenheitseffekte entgegen gestellt werden. Letztere ergeben sich hierbei indirekt über den durch die Service-Profit-Chain unterstellten Kausalzusammenhang. Die Validierung dieses Modells ist ohne einen Rückgriff auf Sekundärdaten von Unternehmen, die Yield-Management betreiben, aber nicht durchführbar. Durch den stetigen Ausbau von Customer-Relationship-Management-Systemen sollten die entsprechenden Potenziale unternehmensseitig bestehen.

Über die Betrachtung des Service-Profit-Chain-Modells hinaus kann die in der vorliegenden Arbeit durchgeführte Analyse auch erweitert bzw. hinsichtlich verschiedener Gesichtspunkte differenzierter durchgeführt werden. Letzteres ist z. B. im Kontext der gerechtigkeitstheoretischen Fundierung von durch das Yield-Management bedingten Zufriedenheitsreaktionen möglich. So könnten bei tiefergehender Betrachtung der individuellen Evaluation der unternehmensseitigen Abwicklung von Rückgewinnungsmaßnahmen, welche durch eine überbuchungsbedingte Abweisung losgetreten wurden, Aspekte der prozessualen und interaktionsbezogenen Gerechtigkeit von Bedeutung sein. Das präsentierte Modell kann ferner z. B. durch eine Berücksichtigung spezifischer Kundencharakteristika erweitert werden. Darüber hinaus könnten neben Konzepten wie z. B. der Dringlichkeit des Bedarfs auch die Effekte potenziell bestehender Konkurrenzangebote mit in die Betrachtung eingeschlossen werden. Eine Übertragung der vorliegenden Studie auf andere Branchen erscheint ebenfalls ertragreich. Hierbei sollten neben verschiedenen Branchenspezifika insbesondere die zufriedenheitsrelevanten Effekte branchenspezifischer Anwendungen des preisbasierten Yield-Managements berücksichtigt werden.

Letztendlich müssen die durch negative Zufriedenheitsreaktionen bedingten Erlöseffekte auch im Rahmen quantitativer Planungsmethoden berücksichtigt werden. Im Rahmen von Überbuchungsmodellen werden entsprechende Erlöseffekte mithilfe monetärer Überbuchungskosten berücksichtigt. Dies ist im Kontext der Kontingentierung beschränkter Kapazitäten nicht der Fall. Durch die Berücksichtigung von Unzufriedenheits-Penalties, die z. B. bei Ablehnung einer Reservierungsanfrage relevant würden, könnte dies geschehen. Die Unzufriedenheits-Penalties müssten hierbei den jeweiligen kontingentierungsbedingten Erlösverlust abbilden. Der Wert einzelner Kunden könnte im Rahmen quantitativer Planungsmodelle mithilfe von Loyalitäts-Multiplikatoren berücksichtigt werden, die kurzfristig zu erzielenden Erlös um den jeweiligen Kundenwert korrigieren. Die Schätzung der Höhe der Unzufriedenheits-Penalty, Loyalitäts-Multiplikatoren sowie der exakten Überbuchungskosten ist ein weiteres Gebiet zukünftiger Forschungsarbeiten. Die Umsetzung der hier dargestellten potenziellen Ansatzpunkte weiterführender Forschungsarbeiten würde zu wesentlichen Erkenntnisgewinnen führen und somit nicht unerheblich zur Fortsetzung der Erfolgsgeschichte des Yield-Managements beitragen.

Anhang: Inhalt des Fragebogens

1. Anschreiben

Befragung des Betriebswirtschaftlichen Seminars, Abteilung IV der Albert-Ludwigs-Universität Freiburg am Flughafen Stuttgart

Sehr geehrte Flugreisende, sehr geehrter Flugreisender,

recht herzlichen Dank, dass Sie sich die Zeit nehmen, an der Befragung des Betriebswirtschaftlichen Seminars IV der Universität Freiburg am Flughafen Stuttgart teilzunehmen. Im Rahmen eines unserer aktuellen Forschungsprojekte soll die Wirkung spezifischer Marketing-Maßnahmen auf die Beziehungen von Fluglinien zu Ihren Kunden untersucht werden. Unsere Forschungsinteressen sind hierbei wissenschaftlicher Natur. Das heißt, dass die Ergebnisse unter anderem im Rahmen eines Dissertations-Vorhabens veröffentlicht werden sollen.
Im Fragebogen werden Ihnen insgesamt **zwei hypothetische Szenarien** beschrieben, die Sie – wenn Sie eine Flugreise unternehmen – erleben können. Wir bitten Sie, sich in die jeweilige Situation hineinzudenken und **Ihre Antwort exakt auf die beschriebene Situation zu beziehen**. Danach bitten wir Sie, einige persönliche Angaben zu machen.
Da wir an Ihrer **persönlichen Meinung** interessiert sind, bitten wir Sie, jeweils die Antwortmöglichkeit anzukreuzen, die Ihrem persönlichen Standpunkt am besten entspricht. Bitte beantworten Sie jede Frage. Es gibt **kein Richtig oder Falsch**, sondern nur Ihre jeweilige **persönliche Meinung**.
Im Voraus wollen wir uns nochmals für Ihre wertvolle und aufschlussreiche Mithilfe bedanken!

Mit freundlichen Grüßen aus Freiburg

Prof. Dr. Dieter K. Tscheulin   Dipl.-Volksw. Jörg Lindenmeier

2. Beschreibung von Szenario I, experimentelle Manipulationen und verwendete Frageitems

Bitte stellen sie sich Folgendes vor:
Sie wollen nächste Woche am Mittwochmorgen von Stuttgart in eine europäische Metropole fliegen. Am direkt darauffolgenden Wochenende würden Sie gerne wieder zuhause sein. Sie wollen Hin- und Rückflug in der Economy Class einer international bekannten Airline mit hohen Qualitätsstandards (keine Billig-Airline) buchen. Aus Erfahrung und von Bekannten wissen Sie, dass dieser Flug in etwa 500 € kosten müsste.

Als Sie den Flug buchen wollen, wird Ihnen von der Airline mitgeteilt, dass noch Sitzplätze in der Economy Class zu 300 € / noch Sitzplätze in der Economy Class zu 500 € / nur noch Sitzplätze in der Business Class zu 700 € frei sind. Sie buchen einen Sitzplatz für den Flug am Mittwoch in einer Woche von Stuttgart in die europäische Metropole und zurück.

Für Ihre Flugreise gelten hierbei folgende Tarifbedingungen:
- Beförderungsklasse und Preis: Flug in der Economy Class zu 300 € / Flug in der Economy Class zu 500 € / Flug in der Business Class zu 700 €.
- Stornierung des Fluges: Generell nicht möglich (300 €) / Vor Abflug gegen eine Gebühr von 75 € möglich (500 €) / Immer ohne Gebühr möglich (700 €).
- Umbuchung des Fluges: Generell nicht möglich (300 €) / Gegen eine Gebühr von 75 € möglich (500 €) / Immer ohne Gebühr möglich (700 €).
- Mindestaufenthalt: Der Rückflug kann ab 12.00 Uhr am ersten Sonntag nach Hinflug oder später erfolgen (300 €) / Zwischen Hin- und Rückflug müssen mindestens 2 Tage liegen, d. h. Sie können ab Samstag zurückfliegen (500 €) / Kein Mindestaufenthalt notwendig (700 €).

Bitte stellen Sie sich weiterhin Folgendes vor:
Sie haben für Ihren Flug von Stuttgart in eine europäische Metropole und zurück in der Economy Class – unter Berücksichtigung diverser Tarifbestimmungen – 300 € / 500 € / 700 € bezahlt. Nachdem Sie auf dem Flughafen Stuttgart eingecheckt haben, treffen Sie einen Bekannten, der auch auf Ihrem Flug in die europäische Metropole fliegt. Der Bekannte erzählt Ihnen, dass er für den gleichen Flug 150 € weniger / 150 € mehr / gleich viel gezahlt hat.

Bitte beantworten Sie die folgenden Fragen unter Berücksichtigung der gerade beschriebenen Situation (5er-Rating-Skala von „sehr zufrieden" bis „sehr unzufrieden"):
- Wie zufrieden sind Sie bei diesem Flug mit den Stornierungs- und Umbuchungsbedingungen?

- Wie zufrieden sind Sie bei diesem Flug mit den Mindestaufenthaltsbedingungen?
- Wie zufrieden sind Sie mit der Flexibilität, mit der Sie Ihre Reise bei diesem Flug planen können?
- Wie zufrieden sind Sie mit dem Preis, den Sie für den Flug gezahlt haben?
- Wie zufrieden sind Sie bei diesem Flug mit dem Preis-Leistungs-Verhältnis?
- Wenn Sie sich vorstellen, welchen Preis andere Fluggäste dieser Airline gezahlt haben könnten: Wie zufrieden sind Sie mit dem Preis, den Sie im Vergleich zu anderen Fluggästen gezahlt haben?

Nachdem Sie zurück in Stuttgart sind, rufen Sie sich nochmals die Erfahrungen, die Sie mit der international bekannten Airline gemacht haben, ins Gedächtnis:

- Sie wollten einen Flug zu 500 € in der Economy Class buchen.
- Sie haben einen Flug zu 300 € in der Economy Class / 500 € in der Economy Class / 700 € in der Business Class buchen können.
- Sie hätten Ihren Flug generell nicht / gegen eine Gebühr von 75 € / kostenlos umbuchen oder stornieren können.
- Sie konnten ab 12.00 Uhr am ersten Sonntag nach Abflug oder auch später / drei Tage nach Abflug – also samstags – oder auch später / direkt am gleichen Tag oder auch später zurückfliegen.
- Ein Bekannter hat für den gleichen Flug 150 € weniger / 150 € mehr / gleich viel – also X € – bezahlt.

Bitte beantworten Sie die folgende Frage unter Berücksichtigung des gesamten beschriebenen Szenarios (5er-Rating-Skala von „sehr zufrieden" bis „sehr unzufrieden"):

- Wie zufrieden sind Sie insgesamt mit der Airline, mit der Sie geflogen sind?

3. Beschreibung von Szenario II, experimentelle Manipulationen und verwendete Frageitems

Ausgangsszenario: Analog zu Szenario I

Fall I - Im Gegensatz zu Szenario I passiert noch folgendes:
Nachdem Sie sich auf dem Flughafen der europäischen Metropole für den Rückflug eingecheckt haben, kommen Sie rechtzeitig zum Abflug-Gate. Nach kurzer Wartezeit im Abflug-Gate können Sie das Flugzeug besteigen und wie geplant nach Stuttgart zurückfliegen

Fall II - Im Gegensatz zu Szenario I passiert noch folgendes:
Nachdem Sie sich auf dem Flughafen der europäischen Metropole für den Rückflug eingecheckt haben und rechtzeitig zum Abflug-Gate kommen, bekommen Sie von Ihrer Fluglinie mitgeteilt, dass der Flug überbucht ist. Ihr Sitzplatz wurde anderweitig vergeben und Sie dürfen deshalb trotz bestehender Reservierung nicht mitfliegen. Man sichert Ihnen einen Sitzplatz auf dem nächstfolgenden Flug in die europäische Metropole zu, der 4½ Stunden später startet. Zusätzlich erhalten Sie 150 € in bar und einen Gutschein für Ihre Verpflegung in einem Flughafen-Restaurant. Nach 4½ Stunden können Sie das Flugzeug besteigen und fliegen nach Stuttgart zurück.

Bitte beantworten Sie die folgenden Fragen unter Berücksichtigung der gerade beschriebenen Situation (5er-Rating-Skala von „sehr zufrieden" bis „sehr unzufrieden"):

- Wie zufrieden sind Sie bei diesem Flug mit den Stornierungs- und Umbuchungsbedingungen?
- Wie zufrieden sind Sie bei diesem Flug mit den Mindestaufenthaltsbedingungen?
- Wie zufrieden sind Sie mit der Flexibilität, mit der Sie Ihre Reise bei diesem Flug planen können?
- Wie zufrieden sind Sie mit dem Preis, den Sie für den Flug gezahlt haben?
- Wie zufrieden sind Sie bei diesem Flug mit dem Preis-Leistungs-Verhältnis?
- Wenn Sie sich vorstellen, welchen Preis andere Fluggäste dieser Airline gezahlt haben könnten: Wie zufrieden sind Sie mit dem Preis, den Sie im Vergleich zu anderen Fluggästen gezahlt haben?

Nur im Fall II:
- Wie zufrieden sind Sie damit, dass Sie 150 € erhalten haben?
- Wie zufrieden sind Sie damit, dass Sie auf Kosten der Airline in Restaurant gehen konnten?

- Wie unzufrieden sind Sie damit. Dass Sie aufgrund der Überbuchung abgewiesen wurden? (-)
- Wie unzufrieden sind Sie damit, dass Sie aufgrund der Überbuchung 4½ Stunden auf den nächsten Flug warten mussten? (-)

Nachdem Sie zurück in Stuttgart sind, rufen Sie sich nochmals die Erfahrungen, die Sie mit der international bekannten Airline gemacht haben, ins Gedächtnis:
- Sie wollten einen Flug zu 500 € in der Economy Class buchen.
- Sie haben einen Flug zu 300 € in der Economy Class / 500 € in der Economy Class / 700 € in der Business Class buchen können.
- Sie hätten Ihren Flug generell nicht / gegen eine Gebühr von 75 € / kostenlos umbuchen oder stornieren können.
- Sie konnten ab 12.00 Uhr am ersten Sonntag nach Abflug oder auch später / drei Tage nach Abflug – also samstags – oder auch später / direkt am gleichen Tag oder auch später zurückfliegen.

Nur im Fall II:
- Sie wurden aufgrund einer Überbuchung abgewiesen und mussten 4½ Stunden warten.
- Sie haben als Entschädigung 150 € und ein Essen erhalten.

Bitte beantworten Sie die folgende Frage unter Berücksichtigung des gesamten beschriebenen Szenarios (5er-Rating-Skala von „sehr zufrieden" bis „sehr unzufrieden"):
- Wie zufrieden sind Sie insgesamt mit der Airline, mit der Sie geflogen sind?

Literaturverzeichnis

Adams, J.S., 1963, Towards an Understanding of Inequity, in: Journal of Abnormal and Social Psychology, Vol. 67, S. 422-436

Akkan, C., 1997, Finite-Capacity Scheduling-Based Planning for Revenue-Based Capacity Management, in: European Journal of Operational Research, Vol. 100, No. 1, S. 170-179

Alstrup, J., Boas, S., Madsen, O.B.G., Vidal, R.V.V., 1986, Booking Policy for Flights with Two Types of Passengers, in: European Journal of Operational Research, Vol. 27, No. 3, S. 274-288

Alstrup, J. Anderson, S.-E., J., Boas, S., Madsen, O.B.G., Vidal, R.V.V., 1989, Booking Control Increases Profit at Scandinavian Airlines, in: Interfaces, Vol. 19, No. 4, S. 10-19

Anderson, C., Blair, M., 2004, Performance Monitor: The Opportunity Costs of Revenue Management, in: Journal of Pricing and Revenue Management, Vol. 2, No. 4, S. 353-367

Anderson, E.W., Fornell, C., Lehman, D.R., 1994, Customer Satisfaction, Market Share, and Profitability: Findings from Sweden, in: Journal of Marketing, Vol. 58, No. 3, S. 53-66

Anderson, E.W., Sullivan, M.W., 1993, The Antecedents and Consequences of Customer Satisfaction for Firms, in: Marketing Science, Vol. 12, No. 2, S. 125-143

Anderson, R.E., 1973, Consumer Dissatisfaction the Effect of Disconfirmed Expectancy on Perceived Product Performance, in: Journal of Marketing Research, Vol. 10, No. 2, S. 38-44

Arenberg, Y., 1991, Reservations and Overbooking, in: Eastern Economic Journal, Vol. 17, No. 1, S. 100-108

Arthur Andersen/Europäische Kommission – Generaldirektion Unternehmenspolitik, Handel, Tourismus und Sozialwirtschaft, Arthur Andersen, 1997, Yield Management in Small and Medium-Sized Enterprises in the Tourism Industry: General Report Luxemburg: Amt für amtliche Veröff. der EG

Babin, B.J., Griffin, M., Babin, L. 1994, The Effect of Motivation to Process on Consumers' Satisfaction Reactions, in: Advances in Consumer Research, Vol. 21, No. 1, S. 406-411

Backhaus, K., Erichson, B., Plinke, W., Weiber, R., 2003, Multivariate Analysemethoden – Eine anwendungsorientierte Einführung, 10. Auflage, Springer, Berlin u. a.

Badinelli, R.D., 2000, An Optimal Dynamic Policy for Hotel Yield Management, in: European Journal of Operational Research, Vol. 121, No. 3, S. 476-503

Badinelli, R.D., Olsen, M., 1990, in: Hotel Yield Management Using Optimal Decision Rules, in: Journal of the International Hospitality Research, Vol. 1, S. 1-21

Baker, T., Collier, D., 1999, A comparative Revenue Analysis of Hotel Yield Management Heuristics, in: Decision Sciences, Vol. 30, No. 1, S. 239-263

Baker, T., Murthy, N.N., 2002, A Framework for Estimating Benefits of Using Auctions in Revenue-Management, in: Decision Sciences, Vol. 33, No. 3, S. 385-413

Balakrishnan, N., Sridharan, S.V., Patterson, J.W., 1996, Rationing Capacity between two Product Classes, in: Decision Sciences, Vol. 27, No. 2, S. 185-214

Barth, J.E., 2002, Yield Management: Opportunities for Private Club Managers, in: International Journal of Contemporary Hospitality Management, Vol. 14, No. 3, S. 136-141

Bearden, W.O., Crockett, M., 1981, Self-Monitoring, Norms, and Attitudes as Influence on Consumer Complaining, in: Journal of Business Research, Vol. 9, No. 6, S. 255-266

Bearden, W.O., Teel, J.E., 1983, Selected Determinants of Consumer Satisfaction and Complaint Reports, in: Journal of Marketing Research, Vol. 20, No. 2, S. 21-28

Beckman, J.J., 1958, Decision Team Problems in Airline Reservation, in: Econometrica, Vol. 26, S. 134-145

Bejou, D., Palmer, A., 1998, Service Failure and Loyality: An Exploratory Empirical Study of Airline Customers, in: Journal of Services Marketing, Vol. 12, No. 1, S. 7-22

Belobaba, P.P., 1987, Airline Yield Management: An Overview of Seat Inventory Control, in: Transportation Science, Vol. 21, No. 2, S. 63-73

Belobaba, P.P, 1989, Application of a Probabilistic Decision Model to Airline Seat Inventory Control, in: Operations Research, Vol. 37, No. 2, S. 183-197

Belobaba, P.P., 1994, Leg Bid Price Heuristics for Network O & D Control, in: Proceedings of AGIFORS Reservation and Yield Management Study Group, Hong Kong

Belobaba, P.P., 2002, Future of Revenue Management: Back to the Future? Directions for Revenue Management, in: Journal of Revenue and Pricing Management, Vol. 1, No. 1, S. 87-89

Belobaba, P.P., Farkas, A., 1999, Yield Management Impacts on Airline Spill Estimation, in: Transportation Science, Vol. 33, No. 2, S. 217-232

Belobaba, P.P., Weatherford, L.R., 1996, Comparing Decision Rules that Incorporate Customer Diversion in Perishable Asset Revenue Management Situations, in: Decision Sciences, Vol. 27, No. 2, S. 343-363

Belobaba, P.P., Wilson J.L., 1996, Impacts of Yield Management in Competitive Airline Markets, in: Journal of Air Transportation Management, Vol. 3, S. 3-9

Berger, J., Connor, T.L., Fisek, M.H., 1974, Expectations States Theory: An Expectation States Approach, Winthrop Publishers, Cambridge, MA

Bertsch, L.H., 1996, Yield Management, S. 2257-2270, in: Kern, W., Schröder, H.H., Weber, J. (Hrsg.), Handwörterbuch der Produktionswirtschaft, Schäffer-Poeschel, 2. Auflage, Stuttgart

Bertsimas, D., Shioda, R., 2003, Restaurant Revenue Management, in: Operations Research, Vol. 51, No. 3, S. 472-486

Beutin, N., 2001, Verfahren zur Messung der Kundenzufriedenheit im Überblick, in: Homburg, C. (Hrsg.), 2001, Kundenzufriedenheit: Konzepte – Methoden – Erfahrungen, 4. Auflage, Gabler, Wiesbaden, S. 7-121

Bickart, B., Schwarz, N., 2001, Service Experiences and Satisfaction Judgements: The Use of Affect and Beliefs in Judgement Formation, in: Journal of Consumer Psychology, Vol. 11, No. 1, S. 29-41

Bierman, H.Jr., Thomas, L.J., 1973, Airline Overbooking Strategies and Bumping Procedures, in: Public Policy, Vol. 21, No. 4, S. 601-606

Billings, J.S., Diener, A.G., Yuen, B.B., 2003, Cargo Revenue Optimisation, in: Journal of Pricing of Revenue Management, Vol. 2, No. 1, S. 69-79

Bitner, M.J., 1990, Evaluating Service Encounters: The Effect of Physical Surroundings and Employee Responses, in: Journal of Marketing, Vol. 54, No. 2, S. 69-82

Bitner, M.J., Booms, B.H., Tetreault, M.S., 1990, The Service Encounter: Diagnosing Favorable and Unfavorable Incidents, in: Journal of Marketing, Vol. 54, No. 1, S. 71-84

Bitran, G.R., Caldentey, R.A., 2003, An Overview of Pricing Models for Revenue Management, in: Manufactoring and Service Operations Management, Vol. 5, No. 3, S. 203-229

Bitran, G.R., Gilbert, S.M., 1996, Managing Hotel Reservations with Uncertain Arrivals, in: Operations Research, Vol. 44, No. 1, S. 35-49

Bitran, G.R., Mondschein, S.V., 1995, An Application of Yield Management to the Hotel Industry Considering Multiple Day Stays, in: Operations Research, Vol. 43, No. 3, S. 427-443

Blair, E.A., Landon, L., 1981, The Effects of Reference Prices in Retail Advertisments, in: Journal of Marketing, Vol. 45, No. 2, S. 61-69

Bodily, S.E., Pfeiffer, P.E., 1992, Overbooking Decision Rules, in: Omega, Vol. 20, No. 1, S. 129-133

Bodily, S.E., Weatherford, L.R., 1995, Perishable-Asset Revenue Management: Generic and Multiple-Price Yield Management with Diversion, in: Omega, Vol. 23, No. 2, S. 173-185

Bolton, R.N., Drew, J.H., 1991a, A Longitudinal Analysis of the Impact of Services Changes on Costumer Attitudes, in: Journal of Marketing, Vol. 55, No. 1, S. 1-9

Bolton, R.N., Drew, J.H., 1991b, A Multistage Model of Customers' Assessment of Service Quality and Value, in: Journal of Consumer Research, Vol. 17, No. 3, S. 375-384

Botimer, T.C., 2000, Airline Fare Product Design in the Context of Yield Management, in: International Journal of Service Technology and Management, Vol. 1, No. 1, S. 100-113

Botimer, T.C., Belobaba, P.P., 1999, Airline Pricing and Fare Product Differentiation: A New Theoretical Framework, in: Journal of the Operational Research Society, Vol. 50, No. 11, S. 1085-1097

Boyd, E.A., Bilegan, I.C., 2003, Revenue Management and E-Commerce, in: Management Science, Vol. 49, No. 10, S. 1363-1386

Brotherton, B., Mooney, S., 1992, Yield Management – Progress and Prospects, in: International Journal of Hospitality Management, Vol. 11, No. 1, S. 23-32

Brotherton, B., Turner, R., 2001, Introducing Yield Management Systems in Hotels: Getting the Technical/Human Balance Right, in: Journal of Services Research, Vol. 1, No. 2, S. 25-47

Bruhn, M., Homburg, C. (Hrsg.), 2000, Handbuch Kundenbindungsmanagement. Grundlagen, Konzepte, Erfahrungen, 3. Auflage, Gabler, Wiesbaden

Brumelle, L.L., McGill, J.J., 1993, Airline Seat Allocation with Multiple Nested Fare Classes, in: Operations Research, Vol. 41, No. 1, S. 127-137

Brumelle, L.L., McGill, J.J., Oum, T.H., 1990, Allocation of Airline Seats between Stochastic Dependent Demands, in: Transportation Science, Vol. 24, No. 3, S. 183-192

Brumelle, L.L., Walczak, D., 2003 Dynamic Airline Revenue Management with Multiple Semi-Markov Demand, in: Operations Research, Vol. 51, No. 1, S. 137-148

Burckhart, K., 2002, Integrated, Automated Revenue Management for Managed Care Contracts, in: Healthcare Financial Management, Vol. 56, No. 4, S. 40-43

Buttle, F., Burton, J., 2001, Does Service Failure Influence Customer Loyality?, in: Journal of Consumer Behavior, Vol. 1, No. 3, S. 217-227

Button, K. (Hrsg.), 1991, Airline Deregulation: International Experiences, New York University Press, New York

Büttgen, M., 1996, Yield Management, in: DBW, Vol. 56, No. 2, S. 260-263

Cadotte, E.R., Woodruff, R.B., Jenkins, R.L., Expectations and Norms in Models of Consumer Satisfaction, in: Journal of Marketing Research, Vol. 24, No. 8, S. 305-314

Caldentey, R.A., Wein, L.W., 2002, Revenue-Management of a Make-To-Stock Queue, in: Manufactoring & Service Operations Management, Vol. 4, No. 1, S. 4-6

Cardozo, R.N., 1965, An Experimental Study of Customer Effort, Expectation, and Satisfaction, in: Journal of Marketing Research, Vol. 2, No. 8, S. 244-249

Carrol, W.J., Grimes, R.C., 1995, Evolutionary Change in Product Management: Experiences in the Car Rental Industry, in: Interfaces, Vol. 25, No. 5, S. 84-104

Chapman, S.W., Carmel, J.I., 1992, Demand/Capacity Management in Health Care: An Application of Yield Management, in: Health Care Management Review, Vol. 17, No. 4, S. 45-54

Chatwin, R.E., 1996, Multi-Period Airline Overbooking with Multiple Fare Classes, in: Naval Research Logistics, Vol. 43, No. 5, 1996. S. 603-612

Chatwin, R.E., 1998, Multi-Period Airline Overbooking with a Single Fare Class, in: Operations Research, Vol. 46, No. 6, S. 805-819

Chatwin, R.E., 1999, Continuous-Time Airline Overbooking with Time-Dependent Fares and Refunds, in: Transportation Science, Vol. 33, No. 2, S. 182-191

Chatwin, R.E., 2000, Optimal Dynamic Pricing of Perishable Products with Stochastic Demand and a Finite Set of Prices, in: European Journal of Operational Research, Vol. 125, No. 1, S. 149-175

Chen, V.C.P., Günther, D., Johnson, E.L., 2003, Solving for an Optimal Airline Yield Management Policy via Statistical Learning, in: Journal of the Royal Statistical Society, Vol. 52, No. 1, S. 12-23

Choi, S., Kimes, S.E., 2002, Electronic Distribution Channels' Effect on Hotel Revenue Management, in: Cornell Hotel and Restaurant Administration Quarterly, Vol. 43, No. 3, S. 23-31

Choi, S., Mattila, A.S., 2004, Hotel Revenue Management and Its Impact on Customers' Perceptions of Fairness, in: Journal of Pricing and Revenue Management, Vol. 2, No. 4, S. 303-314

Churchill, G.A., Surprenant, C., 1982, An Investigation into the Determinants of Customer Satisfaction, in: Journal of Marketing Research, Vol. 19, No. 4, S. 491-504

Ciancimino, A., Inzerillo, G., Lucidi, S., Palagi, L., 1999, A Mathematical Programming Approach for the Solution of the Railway Yield Management Problem, in: Transportation Science, Vol. 33, No. 2, S. 168-181

Cooper, W.L., 2002, Asymptotic Behavior of an Allocation Policy for Revenue Management, in: Operations Research, Vol. 50, No. 4, S. 720-727

Corsten, H., Stuhlmann, S., 1998, Yield Management: Ein Ansatz zur Kapazitätsplanung und -steuerung in Dienstleistungsunternehmen, Schriften zum Produktionsmanagement, No. 18, Lehrstuhl für Produktionswirtschaft, Kaiserslautern

Côté, J.-P., Marcotte, P., Savard, G., 2003, A Bilevel Modelling Approach to Pricing and Fare Optimisation in the Airline Industry, in: Journal of Pricing and Revenue Management, Vol. 2, No. 1, S. 23-36

Coughlan J., 1999, Airline Overbooking in the Multi-Class Case, in: Journal of the Operational Research Society, Vol. 50, No. 11, S. 1098-1103

Coulter, K.S., 1999, The Application of Airline Yield Management Techniques to a Holiday Retail Shopping Setting, in: Journal of Product & Brand Management, Vol. 8, No. 1, S. 61-72

Coyne, K.P., 1989, Beyond Service Fads – Meaningful Strategies for the Real World, in: Sloan Management Review, Vol. 30, No. 4, S. 69-76

Crié, D., 2003, Consumers' Complaint Behaviour. Taxonomy, Typology, and Determinants: Towards a Unified Ontology, in: Database Marketing & Customer Strategy Management, Vol. 11, No. 1, S. 60-79

Cronin, J.J., Taylor, S.A., 1992, Measuring Service Quality: A Reexamination and Extension, in: Journal of Marketing, Vol. 56, No. 7, S. 55-68

Cross, R.G., 1986, Strategic Selling: Yield Management Techniques to Enhance Revenue, in: Shearson-Lehman Brothers Airline Industry Seminar 1986, Key Largo, FL

Cross, R.G., 1997, Revenue Management: Das richtige Produkt für den richtigen Kunden zum richtigen Zeitpunkt zum richtigen Preis; Weg vom Downsizing hin zu Real Growth, Ueberreuter, Wien u. a.

Cross, R.G., 2001, Ressourcen erkennen - Umsätze steigern: mit Revenue-Management neue Einnahmequellen erschließen, Ueberreuter, Wien u. a.

Curry, R.E., 1990, Optimal Airline Seat Allocation with Fare Classes Nested by Origins and Destinations, in: Transportation Science, Vol. 24, No. 3, S. 193-204

Dana, J.D., 1998, Advanced-Purchase Discounts and Price Discrimination in Competitive Markets, in: Journal of Political Economy, Vol. 106, No. 2, S. 395-420.

Danaher, P.J., Mattson, J., 1994a, Customer Satisfaction during the Service Delivery Process, in: European Journal of Marketing, Vol. 28, No. 5, S. 5-16

Danaher, P.J., Mattson, J., 1994b, Cumulative Encounter Satisfaction in the Hotel Process, in: International Journal of Service Industry Management, Vol. 5, No. 4, S. 69-80

Daudel, S., Vialle, 1992, Yield Management: Erträge optimieren durch nachfrageorientierte Angebotspolitik, Campus, Frankfurt a. M. u. a.

Davidow, M., Dacin, P.A., 1997, Understanding and Influencing Consumer Complaint Behavior: Improving Organizational Complaint Management, in: Advances in Consumer Research, Vol. 24, No .1, S. 450-456

Darby, M.R., Karni, E., 1973, Free Competition and the Optimal Amount of Fraud, in: Journal of Law and Economics, Vol. 16, No. 4, S. 67-86

Day, R.L., 1984, Modelling Choices among Alternative Responses to Dissatisfaction, in: Advances in Consumer Research, Vol. 11, No. 1, S. 469-471

Day, R.L., Budor, M., 1978, Consumer Response to Dissatisfaction with Services and Intangibles, in: Advances in Consumer Research, Vol. 5, No. 1, S. 263-272

Day, R.L., Landon, E.L., 1977, Towards a Theory of Customer Complaint Behavior, in: Woodside, A., Sheth, J., Bennett, P., (Hrsg.), 1977, Consumer and Industrial Buying Behavior, North Holland Publishing Company, Amsterdam

De Boer, S., 2004, The Impact of Dynamic Capacity Management on Airline Seat Inventory Controll, in: Journal of Pricing and Revenue Management, Vol. 2, No. 4, S. 315-330

De Boer, S., Freling, R., Piersma, N., 2002, Mathematical Programming for Network Revenue Management Revisited, in: European Journal of Operational Research, Vol. 137, No. 1, S. 72-92

De Matos, L.P., 2001, Yield Management for Privatised Air Traffic Control?, in: Journal of the Operational Research Society, Vol. 52, No. 8, S. 888-895

Dempsey, P. S., Goetz, A.R., 1992, Airline Deregulation and Laissez-Faire Mythology, London Quorum Books, Westport, CN

Desiraju, R., Shugan, S. M., 1999, Strategic Service Pricing and Yield Management, in: Journal of Marketing, Vol. 63, No. 1, S. 44-56

Diller, H., 2000, Preispolitik, 3. Auflage, Kohlhammer, Stuttgart u. a.

Donaghy, K., McMahon, U., McDowell, D., 1995, Yield Management: An Overview, in: International Journal of Hospitality Management, Vol. 14, No. 2, S. 139-150

Donaghy, K., McMahon-Beattie, U., McDowell, D., 1997, Implementing Yield Management: Lessons from the Hotel Sector, in: International Journal of Contemporary Hospitality Management, Vol. 9, No. 2, S. 50-54

Dror, M., Trudeau, P., Ladany, S.P., 1988, Network Models for Seat Allocation on Flights, in: Transportation Research, Vol. 22, Part B, No. 4, S. 239-250

Dubé, L., Morgan, M., 1998, Capturing the Dynamics of In-Process Consumption Emotions and Satisfaction in Extended Service Transactions, in: International Journal of Research in Marketing, Vol. 15, No. 4. S. 309-320

Dunn, K.D., Brooks, D.E., 1990, Profit Analysis: Beyond Yield Management, in: Cornell Hotel and Restaurant Administration Quarterly, Vol. 31, No. 3, S. 80-90

Dziuban, C.D, Shirkey, E.C., 1974, When is a Correlation Matrix Appropriate for Factor Analysis?, in: Psychological Bulletin, Vol. 81, No. 6, S. 358-361

Edgar, D.A., 1997, Capacity Management in the Short Break Market, in: International Journal of Contemporary Hospitality Management, Vol. 9, No. 2, S. 55-59

Elmaghraby, W., Keskinocak, P., 2003, Dynamic Pricing in the Presence of Inventory Considerations: Research Overview, Current Practices and Future Directions, in: Management Science, Vol. 49, No. 10, S. 1287-1309

Erhardt, R.E., 2002, Das neue Preissystem im Personenverkehr der DB AG, in: Internationales Verkehrswesen, Vol. 54, No. 1/2, S. 23-27

Estelami, H., 1997, Consumer Perceptions of Multi-dimensional Prices, in: Advances in Consumer Research, 1997, Vol. 24, No. 1, S. 392-399

Evrard, Y., Aurier, P., 1994, The Influence of Emotions on Satisfaction with Movie Consumption, in: Journal of Consumer Satisfaction, Dissatisfaction and Complaining Behavior, Vol. 7, S. 119-125

Falkson, L.M., 1969, Airline Overbooking: Some Comments, in: Journal of Transport Economics & Policy, Vol. 3, No. 3, S. 352-354

Farley, T., 2003, Groups Need Revenue Management Too, in: Journal of Pricing and Revenue Management, Vol. 2, No. 2, S. 153-157

Farrell, K., Whelan-Ryan, F., 1998, Yield-Management – A Model for Implementation, in: Progress in Tourism and Hospitality Research, Vol. 4, No. 3, S. 267-277

Feng, Y., Gallego, G., 1995, Optimal Stopping Times for End of the Season Sales and Optimal Stopping Time for Promotional Fares, in: Management Science, Vol. 41, No. 8, S. 1371-1391

Feng, Y., Gallego, G., 2000, Perishable-Asset Revenue Management with Markovian Time-Dependent Demand Intensities, in: Management Science, Vol. 46, No. 7, S. 941-956

Feng, Y., Xiao, B., 1999, Maximizing Revenue of Perishable Assets with Risk Analysis, in: Operations Research, Vol. 47, No. 3, S. 337-341

Feng, Y., Xiao, B., 2000a, Optimal Policies of Yield Management with Multiple Predetermined Prices, in: Operations Research, Vol. 48, No. 2, S. 332-343

Feng, Y., Xiao, B., 2000b, A Continuous-Time Yield Management Model with Multiple Prices and Reversible Price Changes, in: Management Science, Vol. 46, No. 5, S. 644-657

Feng, Y., Xiao, B., 2001, A Dynamic Airline Seat Inventory Control Model and its Optimal Policy, in: Operations Research, Vol. 49, No. 6, S. 938-949

Festinger, L., 1957, A Theory of Cognitive Dissonance, Row, Peterson, Evanston, IL

Fisk, R.P., 1981, Towards a Consumption Evaluation Process Model for Services, in: Donelly, J.H., George, W.R., (Hrsg.), 1981, Marketing of Services, Proceedings Series, Chicago, IL, S. 191-195

Fisk, R.P., Young, C.E., 1985, Disconfirmation of Equity Expectations: Effects of Customer Satisfaction with Services, in: Advances in Consumer Research, Vol. 12, No. 1, S. 340-345

Folkes, V.S., 1984, Consumer Reactions to Product Failures: An Attributional Approach, in: Journal of Consumer Research, Vol. 10, No. 4, S. 398-409

Folkes, V.S., 1988, Recent Attribution Research in Consumer Behavior: A Review and New Directions, in: Journal of Consumer Research, Vol. 14, No. 3, S. 548-565

Folkes, V.S., Koletsky, S., Graham, J.L., 1987, A Field Study of Causal Interference and Consumer Reaction: The View from the Airport, in: Journal of Consumer Research, Vol. 13, No. 3, S. 534-539

Fornell, C., 1992, A National Customer Satisfaction Barometer: The Swedish Experience, in: Journal of Marketing, Vol. 56, No. 1, S. 6-21

Fornell, C., Johnson, M.D., Anderson, E.W., Cha, J., Bryant, B.E., 1996, The American Customer Satisfaction Index: Nature, Purpose, and Findings, in: Journal of Marketing, Vol. 60, No. 10, S. 7-18

Fornell, C., Wernerfeldt, B., 1987, Defensive Marketing Strategy by Customer Complaint Management: A Theoretical Analysis, in: Journal of Marketing Research, Vol. 24, No. 11, S. 337-346

Fornell, C., Wernerfeldt, B., 1988, A Model for Customer Complaint Management, in: Marketing Science, Vol. 7, No. 3, S. 287-298

Fournier, S., Mick, D.G., 1999, Rediscovering Satisfaction, in: Journal of Marketing, Vol. 63, No. 10, S. 5-23

Friege, C., 1996, Yield-Management, in: WiSt, Vol. 25, No. 12, S. 616-622

Gallego, G., van Ryzin, G., 1994, Optimal Dynamic Pricing of Inventory with Stochastic Demand Over Finite Horizons, in: Management Science, Vol. 40, No. 8, S. 999-1020

Gallego, G., van Ryzin, G., 1997, A Multi-Product Dynamic Pricing Problem and its Application to Network Yield Management, in: Operations Research, Vol. 45, No. 1, S. 24-41

Gamble, P.R., 1991, Building a Yield Management System - The Flip Side, in: Hospitality Research Journal, Vol. 14, No. 2, S. 11-21

Garcia-Diaz A., Kuyumcu, A., 1997, A Cutting-Plane Procedure for Maximizing Revenues in Yield-Management, in: Computers and Industrial Engineering, Vol. 33, No. 1/2, S. 51-54

Garcia-Diaz A., Kuyumcu, A., 2000, A Polyhedral Graph Theory Approach to Revenue Management in the Airline Industry, in: Computers And Industrial Engineering, Vol. 38, No. 3, S. 375-395

Geraghty, M.K., Johnson, E., 1997, Revenue Management Saves National Car Rental, in: Interfaces, Vol. 27, No. 1, S. 107-127

Gilly, M.C., Gelb, B., 1982, Post-Purchase Consumer Processes and the Complaining Consumer, in: Journal of Consumer Research, Vol. 9, No. 12, S. 323-328

Glover, F., Glover, R., Lorenzo, J., McMillan, C., 1982, The Passenger-Mix Problem in the Scheduled Airlines, in: Interfaces, Vol. 12, No. 3, S. 73-80

Goldman, P., Freling, R., Pak, K., Piersma, N., 2002, Models and Techniques for Hotel Revenue Management Using a Rolling Horizon, in: Journal of Pricing and Revenue Management, Vol. 1, No. 2, S. 207-219

Gosavi, A., Bandala, N., Das, T.K., 2002, A Reinforcement Learning Approach to a Single Leg Airline Revenue Management Problem with Multiple Fare Classes and Overbooking, in: IIE Transactions, Vol. 34, No. 9, S. 729-742

Gourdin, K.N., Kloppenborg, Timothy J., 1991, Identifying Service Gaps in Commercial Air Travel: The First Step Toward Quality Improvement, in: Transportation Journal, Vol. 31, No. 1, S. 22-30

Griffin, R.K., 1995, A Categorization Scheme for Critical Success Factors of Lodging Yield Management Systems, in: International Journal of Hospitality Management, Vol. 14, No. 3/4, S. 325-338

Gwynne, A.L., Devlin, J.F., Ennew, C.T., 2000, The Zone of Tolerance: Insights and Influences, in: Journal of Marketing Management, Vol. 16, No. 6, S. 545-564

Hadjinicola, G.C., Panayi, C., 1997, The Overbooking Problem in Hotels with Multiple Tour-Operators, in: International Journal of Operations and Production Management, Vol. 17, No. 9, S. 874-885

Halstead, D., 1999, The Use of Comparison Standards in Customer Satisfaction Research and Management: Review and Proposed Typology, in: Journal of Marketing Theory & Practice, Vol. 7, No. 3, S. 13-26

Halstead, D., Dröge, C., 1991, Consumer Attitudes Towards Complaining and the Prediction of Multiple Complaint, in: Advances in Consumer Research, Vol. 18, No. 1, S. 210-216

Hanks, R.D., Noland, R.P., Cross, R.G., 1992, Discounting in the Hotel Industry: A New Approach, in: The Cornell Hotel and Restaurant Administration Quarterly, Vol. 33, No. 1, S. 15-23

Harris, F., Peacock, P., 1995, Hold My Place, Please, in: Marketing Management, Vol. 4, No. 2, S. 34-45

Harris, F.H., Pinder, J.P., 1995, A Revenue Management Approach to Demand Management and Order Booking in Assemble-to-order Management, in: Journal of Operations Management, Vol. 15, No. 4, S. 299-309

Hatwin, M., 2003, The Practicalities and Benefits of Applying Revenue Management to Grocery Retailing and the Need for Effective Business Rule Management, in: Journal of Pricing and Revenue Management, Vol. 2, No. 1, S, 61-68

Heider, F., 1958, The Psychology of Interpersonal Relations, Wiley, New York

Helmig, B., 1997, "Variety-seeking-behavior" im Konsumgüterbereich – Beeinflussungsmöglichkeiten durch Marketing-Instrumente, Gabler, Wiesbaden

Helson, H., 1964, Adaptation-Level Theory: An Experimental and Systematic Approach to Behavior, Harper & Row, New York

Hendler, R., Hendler, F., 2004, Revenue Management in Fabuolus Las Vegas. Combining Customer Relationship Management and Revenue Management to Maximise Profitability, in: Journal of Pricing and Revenue Management, Vol. 3, No. 1, S. 73-79

Henning-Thurau, T., Klee, A., 1997, The Impact of Customer Satisfaction and Relationship Quality on Customer Retention: A Critical Reassessment and Model Development, in: Psychology and Marketing, Vol. 14, No. 8, S. 737-764

Hermann, A., Johnson, D., 1999, Die Kundenzufriedenheit als Bestimmungsfaktor der Kundenbindung, in: ZfbF, Vol. 51, No. 6, S. 579-598

Herzberg, F., Mausner, B., Snyderman, B.B., 1959, The Motivation to Work, Wiley, New York

Heskett, J.L., Jones, T.O., Loveman, G.W., Sasser, W.E., Schlesinger, L., 1994, Putting the Service-Profit Chain to Work, in: Havard Business Review, Vol. 72, No. 2, S. 164-174

Hill, D.J., 1986, Satisfaction and Consumer Services, in: Advances in Consumer Research, Vol. 13, No. 1, S. 311-315

Hirschmann, A.O., 1970, Exit, Voice, and Loyalty, Cambridge University Press, Cambridge, MA

Hoch, S.J., Deighton, J., 1989, Managing What Consumers Learn from Experience, in: Journal of Marketing, Vol. 53, No. 4, S. 1-20

Hoffman, K.D., Kelley, S.W., Davis, M.A., 1991, Tracking Failures and Employee Recovery Efforts, in: Journal of Services Marketing, Vol. 9, No. 2, S. 49-61

Homans, G.C., 1972, Elementarformen sozialen Verhaltens, 2. Auflage, Westdeutscher Verlag, Opladen

Homburg, C. (Hrsg.), 2001, Kundenzufriedenheit: Konzepte – Methoden – Erfahrungen, 4. Auflage, Gabler, Wiesbaden

Homburg, C., Bruhn, M., 2000, Kundenbindungsmanagement – Eine Einführung in die theoretischen und praktischen Problemstellungen, in: Bruhn, M., Homburg, C. (Hrsg.), 2000, Handbuch Kundenbindungsmanagement. Grundlagen, Konzepte, Erfahrungen, 3. Auflage, Gabler, Wiesbaden, S. 3-36

Homburg, C., Giering, A., 1996, Konzeptualisierung und Operationalisierung komplexer Konstrukte – Ein Leitfaden für die Marketingforschung, in: Marketing ZFP, Vo. 18, No. 1, S. 5-24

Homburg, C., Koschate, N., 2003, Kann Kundenzufriedenheit negative Reaktionen auf Preiserhöhungen abschwächen?, in: DBW, Vol. 63, No. 6, S. 619-634

Homburg, C., Stock, R., 2003, Theoretische Perspektiven zur Kundenzufriedenheit, in: Homburg, C. (Hrsg.), 2003, Kundenzufriedenheit: Konzepte – Methoden – Erfahrungen, 5., aktualisierte und erweiterte Auflage, Gabler-Verlag, Wiesbaden

Hormby, S.S., 1992, Neural Networks for Yield Management, in: Behrendt, R., Bertsch, S. (Hrsg.), Advanced Software Technology for Air Transport, Proceedings of the 2. International Conference & Exhibition /ASTAIR 92, AIT-Verlag, Hallbergmoos, S. 171-178

Hott, D.D., Shaw, M., Nusbaum, E.F., 1989, Measuring the Effectiveness of an AI/Expert Yield Management System in: Hospitality Research Journal, Vol. 13, No. 3, S. 343-349

Hovland, C., Harvey, O., Sherif, 1957, Assimilation and Contrast Effects in Reaction to Communication and Attitude Change, in: Journal of Abnormal and Social Psychology, Vol. 55, No. 7, S. 244-252

Huppertz, J.W., Arenson, S.J., Evans, R.H., 1978, An Application of Equity Theory to Buyer-Seller Exchange Situations, in: Journal of Marketing Research, Vol. 15, No. 5, S. 250-260

Ittner, C.D., Larckner, D.F., 1998, Are Nonfinancial Measures Leading Indicators of Financial Performance? An Analysis of Customer Satisfaction, in: Journal of Accounting Research, Vol. 36, Supplement, S. 1-35

Izard, C.E., 1977, Human Emotions, Plenum Press, New York

Jacoby, J., 1971, A Model of Multi-Brand Loyalty, in: Journal of Advertising Research, Vol. 11, No. 3, S. 25-31

Jacoby, J., Kyner, D.B., 1973, Brand Loyalty Behavior vs. Repeat Purchasing Behavior, in: Journal of Marketing Research, Vol. 10, No. 1, S. 1-9

Janiszewski, C., Lichtenstein, D. R., 1999, A Range of Theory Account of Price Perception, in: Journal of Consumer Research, Vol. 25, No. 4, S. 353-368

Jarvis, P., 2002, Introducing Yield Management into a New Industry, in: Journal of Pricing and Revenue Management, Vol. 1, No. 1, S. 67-75

Jarvis, N., Lindh, A., Jones, P., 1998, An Investigation of the Key Criteria Affecting the Adoption of Yield Management in U.K. Hotels, in: Progress in Tourism and Hospitality Research, Vol. 4, No. 3, S. 207-216

Jayanti, R., Jackson, A., 1991, Service Satisfaction: An Exploratory Investigation of Three Models, in: Advances in Consumer Research, Vol. 18, No. 1, S. 603-610

Johnston, R., 1995, The Zone of Tolerance: Exploring the Relation between Service Transaction and Satisfaction with the Overall Service, in: International Journal of Service Industry Management, Vol. 6, No. 2, S. 46-61

Jones, P., 1999, Yield Management in UK Hotels: A Systems Analysis, in: Journal of the Operational Research Society, Vol. 50, No. 11, 1111-1119

Jones, P., Hamilton, D., 1992, Yield Management: Putting the People in the Big Picture, in: Cornell Hotel and Restaurant Administration Quarterly, Vol. 33, No. 1, S. 89-85

Kaas, K.P., Runow, H., 1984, Wie befriedigend sind die Ergebnisse der Forschung zur Verbraucherzufriedenheit, in: DBW, Vol. 44, No. 3, S. 451-460

Kahneman, D., Knetsch, J.L., Thaler, R., 1986, Fairness as a Constraint on Profit Seeking: Entitlements in the Market, in: American Economic Review, Vol. 76, No. 4, S. 728-741

Kahneman, D., Tversky, A., 1979, Prospect Theory: An Analysis of Decision under Risk, in: Econometrica, Vol. 47, No. 3, S. 263-291

Kaiser, H.F., Rice, J., 1974, Little Jiffy, Mark IV, in: Educational and Psychological Measurement, Vol. 34, S. 111-117

Kalyanaram, G., Winer, R.S., 1995, Empirical Generalizations form Reference Price Research, in: Marketing Science, Vol. 14, No. 3, Part 2, S. G161-G169

Kano, N., 1984, Attractive Quality and Must-be Quality, in: Hinshitsu: Journal of the Japanese Society for Quality Control, Vol. 14, No. 2, S. 39-48

Kamakura, W.A., Mittal, V., 2001, Satisfaction, Repurchase Intent, and Repurchase Behavior: Investigating the Moderating Effect of Customer Characteristics, in: Journal of Marketing Research, Vol. 38, No. 1, S. 131-142

Kamakura, W.A., Mittal, V., de Rosa, F., Mazzan, J.A., 2002, Assessing the Service-Profit Chain, in: Journal of Marketing, Vol. 21, No. 3, S. 294-317

Karaesmen, I., van Ryzin, G., 2004, Overbooking with Substitutable Inventory Classes, in: Operations Research, Vol. 52, No. 1, S. 83-104

Kasilingam, R.G., 1997, Air Cargo Revenue Management: Characteristics and Complexities, in: European Journal of Operational Research, Vol. 96, No. 1, S. 36-44

Kelley, H.H., 1967, Attribution Theory in Social Psychology, in: Levine, D. (Hrsg.), 1967, Nebraska Symposium of Motivation, Vol. 15, University of Nebraska Press, Lincoln, NE, S. 192-238

Kelley, H.H., 1972, Causal Schemata and the Attribution Process, in: Jones, E.E. (Hrsg.), 1972, Attribution: Perceiving the Causes of Behavior, General Learning Press, Morristown, NJ, S. 151-174

Kelley, H.H., Thibaut, J.W., 1978, Interpersonal Relations: A Theory of Interdependence, Wiley, New York

Kelley, S.W., Davis, M.A., 1994, Antecendents to Customer Expectations for Service Recovery, in: Journal of the Academy of Marketing Science, Vol. 22, No. 1, S. 52-61

Kelley, S.W., Hoffman, K.D., Davis, M.A., 1993, A Typology of Retail Failures and Recoveries, in: Journal of Retailing, Vol. 69, No. 4, S. 429-452

Kimes, S.E., 1989a, Yield Management: A Tool for Capacity-Constrained Service Firms, in: Journal of Operations Research, Vol. 8, No. 4, S. 348-363

Kimes, S.E., 1989b, The Basics of Yield Management, in: Cornell Hotel and Restaurant Administration Quarterly, Vol. 30, No. 3, S. 14-19

Kimes, S.E., 1994, Perceived Fairness of Yield Management, in: Cornell Hotel and Restaurant Administration Quarterly, Vol. 35, No. 1, S. 22-29

Kimes, S.E., 1999a, Implementing Restaurant Revenue Management: A Five Step Approach, in: Cornell Hotel and Restaurant Administration Quarterly, Vol. 40, No. 3, S. 16-21

Kimes, S.E., 1999b, Group Forecasting Accuracy in Hotels, in: Journal of the Operational Research Society, Vol. 50, No. 11, S. 1104-1110

Kimes, S.E., 2000, Revenue Management on the Links: Applying Yield Management to the Golf-Course Industry, in: Cornell Hotel and Restaurant Administration Quarterly, Vol. 41, No. 2, S. 120-127

Kimes, S.E., 2002, Perceived Fairness of Yield Management, in: Cornell Hotel and Restaurant Administration Quarterly, Vol. 43, No. 1, S. 21-30

Kimes, S.E., Barrash, D.J., Alexander, J.E., 1999, Developing a Restaurant Revenue Management Strategy, in: Cornell Hotel and Restaurant Administration Quarterly, Vol. 40, No. 5, S. 18-29

Kimes, S.E., Chase, R.B., 1998, The Strategic Levers of Yield Management, in: Journal of Service Management, Vol. 1, No. 2, S. 156-166

Kimes, S.E., Chase, R.B., Choi, S., Lee, P.Y., Ngonzi, E.W., 1998, Restaurant Revenue Management: Applying Yield Management to the Restaurant Industry, in: Cornell Hotel and Restaurant Administration Quarterly, Vol. 39, No. 3, S. 32-39

Kimes, S.E., McGuire, K.A, 2001, Function-Space Revenue Management: A Case Study from Singapore, in: Cornell Hotel and Restaurant Administration Quarterly, Vol. 42, No. 6, S. 33-46

Kimes, S.E., Schruben, L.W., 2003, Golf Course Revenue Management: A Study of Tee Times, in: Journal of Pricing and Revenue Management, Vol. 1, No. 2, S. 111-120

Kimes, S.E., Thompson, G.M., 2004, Restaurant Revenue Management at Chevys: Determining the Best Table Mix, in: Decision Sciences, Vol. 35, No. 3, S. 371-392

Kimes, S.E., Wirtz, J., 2002a, Perceived Fairness of Demand-Based Pricing for Restaurants, in: Cornell Hotel and Restaurant Administration Quarterly, Vol. 43, No. 1, S. 31-37

Kimes, S.E., Wirtz, J., 2002b, The Perceived Fairness of Golf Course Revenue Management, in: Journal of Pricing and Revenue Management, Vol. 1, No. 4, S. 332-344

Kimes, S.E., Wirtz, J., Noone, B.M., 2002, How Long Should a Diner take: Measuring Expected Meal Duration for Restaurant Revenue Management, in: Journal of Pricing and Revenue Management, Vol. 1, No. 3, S. 220-233

Kimms, A., Müller-Bungart, M., 2003, Revenue Management beim Verkauf auftragsorientierter Sachleistungen, Working Paper, Technical University Bergakademie Freiberg

Klein, J.K., 2000, Yield Management als Methode zur ertragsorientierten Kapazitätsnutzung bei Reiseveranstaltern, in: Tourismus Journal, Vol. 4, No. 3, S. 283-307

Klein, R., 2001, Revenue Management: Quantitative Methoden zur Erlösmaximierung in der Dienstleistungsproduktion, in: BFuP, Vol. 53, No. 3, S. 245-259

Kleywegt, A.J., 2001, The Dynamic and Stochastic Knapsack Problem with Random Sized Items, in: Operations Research, Vol. 49, No. 1, S. 1-25

Kleywegt, A.J., Papastavrou, J.D., 1998, The Dynamic and Stochastic Knapsack Problem, in: Operations Research, Vol. 46, No. 1, S. 17-35

Klophaus, R., 1999, Revenue Management: Strategischer Ansatz im globalen Luftfrachtverkehr, in: Internationales Verkehrswesen, Vol. 51, No. 7/8, S. 294-297

Krafft, M., 1999, Der Kunde im Fokus: Kundennähe, Kundenzufriedenheit und Kundenbindung und Kundenwert?, in: DBW, Vol. 59, No. 4. S. 511-530

Kraft, D.J.H., Oum, T. H., Tretheway, W.T., 1986, Airline Seat Management, in: Logistics and Transportation Review, Vol. 22, No. 2, S. 115-130

Kraft, E.R., 2002, Scheduling Railway Freight Delivery Appointments Using a Bid Price Approach, in: Transportation Research, Part A, Vol. 36, S. 146-165

Kraft, E.R., Srikar, Bellur N., 2000, Revenue Management in Railroad Applications, in: Journal of the Transportation Research Forum, Vol. 39, No. 1, S. 157-176

Krämer, A., Luhm, H.-J., 2002, Peak-Pricing oder Yield-Management – Zur Anwendbarkeit eines Erlösmanagementsystems im Fernverkehr der DB AG, in: Internationales Verkehrswesen, Vol. 54, No. 1/2, S. 19-23

Krishnan, H.S., Olshavsky, R.W., 1995, The Dual Role of Emotions in Consumer Satisfaction/Dissatisfaction, in: Advances in Consumer Research, Vol. 22, No. 1, S. 454-460

Krishnan, S., Valle, V.A., 1979, Dissatisfaction Attributions and Consumer Complaining Behavior, in: Advances in Consumer Research, Vol. 6, No. 1, S. 445-449

Krüger, L., 1990, Yield Management: Dynamische Gewinnsteuerung im Rahmen integrierter Informationstechnologie, in: Controlling, Vol. 5, S. 240-251

Kuyumcu, A.H., 2002, Gaming Twist in Hotel Revenue Management, in: Journal of Pricing and Revenue Management, Vol. 1, No. 2, S. 161-167

LaBarbera, P.A., Mazursky, D., 1983, A Longitudinal Assessment of Consumer Satisfaction/Dissatisfaction: The Dynamic Aspect of the Cognitive Process, in: Journal of Marketing Research, Vol. 20, No. 4, S. 393-404

Ladany, S.P., 1976, Dynamic Operating Rules for Motel Reservation, in: Decision Sciences, Vol. 7, No. 4, S. 829-840

Ladany, S.P., 2001, Optimal Hotel Segementation Mix Strategy, in: International Journal of Services Technology and Management, Vol. 2, No. 1/2, S. 18-27

Ladany, S.P., Chou, 2001, Optimal Yield Policy with Infiltration Considerations, in: International Journal of Services Technology and Management, Vol. 2, No. 1/2, S. 4-17

Ladany, S.P., Sheva, B., 1977, Dynamic Operating Rules for Hotel Reservation, in: Zeitschrift für Operations Research, Vol. 21, S. B165-B176

Ladany, S.P., Arbel, A., 1991, Optimal Cruise-Liner Passenger Pricing Policy, in: European Journal of Operational Research, Vol. 55, No. 2, S. 136-147

Lambert, C.U., Lambert, J.M., 1988, Simple Reservation Policies Can be Harmful to Profit Margins, in: International Journal of Hospitality Management, Vol. 7, No. 3, S. 187-196

Lambert, C.U., Lambert, J.M., Cullen, T.P., 1989, The Overbooking Question, in: Cornell Hotel and Restaurant Administration Quarterly, Vol. 30, No. 2, S. 15-20

LaTour, S.A., Peat, N.C., 1979, Conceptual and Methodological Issues in Consumer Satisfaction, in: Advances in Consumer Research, Vol. 6, No. 1, S. 431-437

Lautenbacher, C.J., Stidham, S Jr., 1999, The Underlying Markov Decision Process in the Single-Leg Airline Yield Management Problem, in: Transportation Science, Vol. 33, No. 2, S. 136-146

Lee-Ross, D., Johns, N., 1997, Yield Management in Hospitality SMEs, in: International Journal of Contemporary Hospitality Management, Vol. 9, No. 2, S. 66-69

Lee, T.C., Hersh, M., 1993, A Model for Dynamic Airline Seat Inventory Control with Multiple Seat Bookings, in: Transportation Science, Vol. 27, No. 3, S. 252-265

Lennon, J.J., 2004, Revenue Management and Customer Forecasts: A Bridge too Far for the UK Visitor Attraction Sector?, in: Journal of Pricing and Revenue Management, Vol. 2, No. 4, S. 338-352

Li, M.Z.F., Oum, T.H., 2002, A Note on the Single Leg, Multifare Seat Allocation Problem, in: Transportation Science, Vol. 36, No. 3, S. 349-353

Liang, Y., 1999, Solutions to the Continuous-Time Dynamic Yield Management Model, in: Transportation Science, Vol. 33, No. 1, S. 117-123

Lieberman, W.H., 1993, Debunking the Myths of Yield Management, in: Cornell Hotel and Restaurant Administration Quarterly, Vol. 34, No. 1, S. 34-41

Lieberman, W.H., 2003, Getting the Most from Revenue Management, in: Journal of Pricing and Revenue Management, Vol. 2, No. 2, S. 103-115

Liberman, V., Yechialli, U., 1978, On the Hotel Overbooking Problem: An Inventory Problem with Stochastic Cancellations, in: Management Science, Vol. 24, No. 11, S. 1117-1126

Liljander, V., Strandvik, T., 1997, Emotions in Service Satisfaction, in: International Journal of Service Industry Management, Vol. 8, No. 2, S. 148-169

Littlewood, K., 1972, Forecasting and Control of Passenger Bookings, in: AGIFORS 12th Annual Symposium Proceedings, S. 95-128

Luciani, S., 1999, Implementing Yield Management in Small and Medium-Sized Hotels: an Investigation of Obstacles and Success Factors in Florence Hotels, in: International Journal of Hospitality Management, Vol. 18, No. 2, S. 129-142

Lynch, J.G., Chakravarti, D., Mitra A., 1991, Contrast Effects in Consumer Judgements: Changes in Mental Representations or in the Anchoring of Rating Scales, in: Journal of Consumer Research, Vol. 18, No. 12, S. 284-297

MacVicar, A., Rodger, J., 1996, Computerized Yield Management Systems: A Comparative Analysis of Human Resource Management Implications, in: International Journal of Hospitality Management, Vol. 15, No. 4, S. 325-332

Maddox, R.N., 1981, Two-factor Theory and Consumer Satisfaction, in: Journal of Consumer Research, Vol. 8, No. 6, 97-102

Mandelbaum, R., 1997, Hotel Sales- and Marketing Management: A Snapshot of Current Practice and Technology Use, in: Cornell Hotel and Restaurant Administration Quarterly, Vol. 38, No. 6, S. 46-51

Malhotra, N.K., 2004, Marketing Research: An Applied Orientation, Person Education International, Upper Saddle Creek, NJ

Mano, H., Oliver, R.L., 1993, Assessing the Dimensionality and Structure of the Consumption Experience: Evaluation, Feeling, and Satisfaction, in: Journal of Consumer Research, Vol. 20, No. 12, S. 451-466

Maxham, J.G., Netemeyer, R.G., 2002, A Longitudinal Study of Complaining Customer's Evaluations of Multiple Service Failures and Recovery Efforts, in: Journal of Marketing, Vol. 66, No. 10, S. 57-71

McEvoy, B.J., 1997, Integrating Operational and Financial Perspectives Using Yield Management Techniques: An Add-On Matrix Model, in: International Journal of Contemporary Hospitality Management, Vol. 9, No. 2, S. 60-65

McGill, J.I., van Ryzin, G.J., 1999, Revenue Management: Research Overview and Prospects, in: Transportation Science, Vol. 33, No. 2, S. 233-256

McMahon-Beattie, U., Yeoman, I., Palmer, A., Mudie, P., 2002, Customer Perceptions of Pricing and the Maintenance of Trust, in: Journal of Pricing and Revenue Management, Vol. 1, No. 1, S. 25-43

Meffert, H., Bruhn, M., 2003, Dienstleistungsmarketing: Grundlagen – Konzepte – Methoden, 4. Auflage, Gabler, Wiesbaden

Metters, R., Vargas, V., 1999, Yield Management for the Non Profit Sector, in: Journal of Service Research, Vol. 1, No. 3, S. 215-226

Miller, J.A., 1977, Studying Satisfaction, Modifying Models, Eliciting Expectations, Posing Problems, and Making Meaningful Measurements, in: Hunt, K.H. (Hrsg.), Conceptualisation and Measurement of Satisfaction/Dissatisfaction, School of Business, Indiana University, Bloomington, IN, S. 72-91

Mittal, V., Ross, W.T., Baldasare, P.M., 1998, The Asymmetric Impact of Negative and Positive Attribute-Level Performance on Overall Satisfaction and Repurchase Intentions, in: Journal of Marketing, Vol. 62, No. 1, S. 33-47

Mittal, V., Kumar, P., Tsiros, M., 1999, Attribute-Level Performance, Satisfaction, and Behavioral Intentions over Time: A Consumption-System Approach, in: Journal of Marketing, Vol. 63, No. 4, S. 88-101

Mittal, V., Kamakura, W.A., 2001, Satisfaction, Repurchase Intent, and Repurchase Behavior: Investigation of the Moderating Effect of Customer Characteristics, in: Journal of Marketing Research, Vol. 38, No. 2, S. 131-142

Monroe, K.B., Della Bitta, A.J., Downey, S.L., 1977, Contextual Influences on Subjective Price Perceptions, in: Journal of Business Research, Vol. 5, S. 277-291

Murtagh, B.A., Mitra, S., 2002, Yield Management with Side Conditions, in: Asian-Pacific Journal of Operational Research, Vol. 19, No. 1, S. 71-86

Nagarajan, K.V., 1979, On an Auction Solution to the Problem of Airline Overbooking, in: Transportation Research, Part A, Vol. 13, S. 111-114

Nelson, P., 1970, Advertising as Information, in: Journal of Political Economy, Vol. 81, No. 8, S. 729-754

Netessine, S., Shumsky, R., 2002, Introduction to the Theory and Pratice of Yield Management, in: INFORMS Transaction on Education, Vol. 3, No. 1, S. 34-44

Newman, J.W., Werbel, R.A., 1973, Multivariate Analysis of Brand Loyalty for Major Household Appliances, in: Journal of Marketing Research, Vol. 10, No. 11, S. 404-409

Niedrich, R.W., Sharma, S., Wedell, D.H., 2001, Reference Price and Price Perceptions: A Comparison of Alternative Models, in: Journal of Consumer Research, Vol. 28, No. 3, S. 339-354

Noone, B.N., Griffin, P., 1997, Enhancing Yield Management with Customer Profitability Analysis, in: International Journal of Contemporary Hospitality Management, Vol. 9, No. 2, S. 75-79

Noone, B.M., Kimes, S.E., Renaghan, L.M., 2003, Integration Customer Relationship Management and Revenue Management: A Hotel Perspective, in: Journal of Pricing and Revenue Management, Vol. 2, No. 1, S. 7-21

Nunnally, J., Bernstein, I.H., 1994, Psychometric Theory, 3. Auflage, McGraw-Hill, New York

Nyer, P., U., 2000, An Investigation into whether Complaining Can Cause Increased Consumer Satisfaction, in: Journal of Consumer Marketing, Vol. 17, No. 1, S. 9-19

Oberwetter, R., 2002, Revenue Management for the Capital Equipment Service Industry, in: Journal of Pricing and Revenue Management, Vol. 1, No. 2, S. 183-188

Oliveira, A.V.M., 2003, Simulating Revenue Management in a Airline Market with Demand Segmentation and Strategic Interaction, in: Journal of Pricing and Revenue Management, Vol. 1, No. 4, S. 301-318

Oliver, R.L., 1980a, A Cognitive Model of the Antecedents and Consequences of Satisfaction Decisions, in: Journal of Marketing Research, Vol. 17, No. 11, S. 460-469

Oliver, R.L., 1980b, Predicting Sales Promotion Effects: Assimilation, Attribution, or Risk Reduction?, in: Advances in Consumer Research, Vol. 7, S. 314-317

Oliver, R.L., 1987, An Investigation of the Interrelationship Between Consumer (Dis)satisfaction and Complaint Reports, in: Advances in Consumer Research, Vol. 14, No. 1, S. 218-222

Oliver, R.L., 1993, Cognitive, Affective, and Attributive Bases of the Satisfaction Response, in: Journal of Consumer Research, Vol. 20, No. 12, S. 418-430

Oliver, R.L., 1996, Satisfaction: A Behavioral Perspective on the Consumer, Irwin/McGraw-Hill, Boston u. a.

Oliver, R.L., DeSarbo, W.S., 1988, Response Determinants in Satisfaction Judgements, in: Journal of Consumer Research, Vol. 14, No. 3, S. 495-507

Oliver, R.L., Rust, R.T., Varki, S., 1997, Customer Delight: Foundations, Findings, and Managerial Insights, in: Journal of Retailing, Vol. 73, No. 3, S. 311-336

Oliver, R.L., Swan, J.E., 1989a, Equity and Disconfirmation Perceptions as Influence on Merchant and Product Satisfaction, in: Journal of Consumer Research, Vol. 16, No. 12, S. 372-383

Oliver, R.L., Swan, J.E., 1989b, Consumer Perceptions of Interpersonal Equity and Satisfaction in Transactions: A Field Study Survey Approach, in: Journal of Marketing, Vol. 53, No. 4, S. 21-35

Orkin, E.B., 1988, Boosting the Bottom Line with Yield Management, in: Cornell Hotel and Restaurant Administration Quarterly, Vol. 28, No. 4, S. 52-56

Orkin, E.B., 1998, Wishful Thinking and Rocket Science: The Essential Matter of Calculating Unconstrained Demand for Revenue Management, in: Cornell Hotel and Restaurant Administration Quarterly, Vol. 39, No. 4, S. 15-19

Oum, T.H., Tretheway, 1986, Airline Seat Management, in: Logistics and Transportation Review, Vol. 22, S. 115-130

Pak, K., Piersma, N., 2002, Overview of OR Techniques for Airline Revenue Management, in: Statistica Neederlandica, Vol. 56, No. 4, S. 479-495

Palmer, A., Beggs, R., Keown-McMullan, C., 2000, Equity and Repurchase Intention Following Service Failure, in: Journal of Services Marketing, Vol. 14, No. 6, S. 513-528

Parasuraman, A., Berry, L.L., Zeithaml, V.A., 1991, Understanding Customer Expectations of Service, in: Sloan Management Review, Vol. 32, No. 3, S. 39-48

Parasuraman, A., Zeithaml, V.A., Berry, L.L., 1985, A Conceptual Model of Service Quality and Its Implications for Future Research, in: Journal of Marketing, Vol. 49, No. 2, S. 41-50

Parasuraman, A., Zeithaml, V.A., Berry, L.L., 1988, SERVQUAL: A Multiple-Item Scale for Measuring Consumer Perceptions of Service Quality, in: Journal of Retailing, Vol. 64, No. 1, S. 12-40

Peter, S., 1997, Kundenbindung als Marketingziel, Gabler, Wiesbaden

Peterson, R.A., Wilson, W.R., 1992, Measuring Customer Satisfaction: Facts or Artefact, in: Journal of the Academy of Marketing Science, Vol. 20, No. 1, S. 61-71

Pfeiffer, P.E., 1989, The Airline Discount Fare Allocation Problem, in: Decision Sciences, Vol. 20, No. 1, S. 149-157

Pieters, R., Koelemeijer, K., Roest, H., 1995, Assimilation Processes in Service Satisfaction Formation, in: International Journal of Service Industry Management, Vol. 6, No. 3, S. 17-33

Pigou, A.C., 1929, The Economics of Welfare, 4. Auflage, Macmillan, London

Pinchuk, S., 2002, Future of Revenue Management: Revenue Management Does Far More than Manage Revenues, in: Journal of Revenue and Pricing Management, Vol. 1, No. 3, S. 283-285

Prakash, V., 1984, Validity and Reliability of the Confirmation of Expectations Paradigm as a Determinant of Customer Satisfaction, in: Journal of the Academy of Marketing Science, Vol. 12, No. 4, S. 63-76

Popovic, J., Teodorovic, D., 1997, An Adaptive Method for Generating Demand Inputs to Airline Seat Inventory Control Models, in: Transportation Research, Part B, Vol. 31, No. 2, S. 159-175

Quain, B., Sansbury, M.W., 1998a, Revenue Enhancement Part 1: A Straightforward Approach for Making Money, in: Cornell Hotel and Restaurant Administration Quarterly, Vol. 39, No. 5, S. 22-29

Quain, B., Sansbury, M.W., 1998b, Revenue Enhancement Part 2: Making Money at your Hotel, in: Cornell Hotel and Restaurant Administration Quarterly, Vol. 39, No. 6, S.71-79

Quain, B., Sansbury, M.W., 1999b, Revenue Enhancement Part 3: Picking the Low-Hanging Fruit – A simple Approach to Yield Management, in: Cornell Hotel and Restaurant Administration Quarterly, Vol. 40, No. 2, S. 76-83

Quain, B., Sansbury, M.W., 1999b, Revenue Enhancement Part 4: Increasing Restaurants Profitability, in: Cornell Hotel and Restaurant Administration Quarterly, Vol. 40, No. 3, S. 38-47

Reece, W.J., Sobel, R.S., 2000, Targeting Teaching: A Diagrammatic Approach to Capacity-Constrained Price Discrimination, in: Southern Economic Journal, Vol. 66, No. 4, S. 1001-1008

Reichheld, F.F., Sasser, W.E., 1990, Zero Defections: Quality Comes to Services, in: Harvard Business Review, Vol. 68, No. 5, S. 105-111

Relihan, W.J., 1989, The Yield-Management Approach to Hotel-Room Pricing, in: Cornell Hotel and Restaurant Administration Quarterly, Vol. 30, No. 1, S. 40-45

Richter, R., 2000, Revenue Management Technology in Energy: It's not just for Airlines Anymore, in: Electric Light & Power, Vol. 78, No. 6, S. 20

Robinson, L.W., 1995, Optimal and Approximate Control Policies for Airline Booking with Sequential Non-Monotonic Fare Classes, in: Operations Research, Vol. 43, No. 2, S. 252-263

Rothstein, M., 1971a, An Airline Overbooking Model, in: Transportation Science, Vol. 5, No. 2, S. 180-192

Rothstein, M., 1971b, Airline Overbooking – The State of the Art, in: Journal of Transport Economics and Policy, Vol. 5, No. 1, S. 96-99

Rothstein, M., 1974, Hotel Overbooking as a Markovian Sequential Decision Process, in: Decision Sciences, Vol. 5, No. 3, S. 389-404

Rothstein, M., 1985, OR and the Airline Overbooking Problem, in: Operations Research, Vol. 33, No. 2, S. 237-248

Rust, R.T., Zahorik, A.J., 1993, Customer Satisfaction, Customer Retention, and Market Share, in: Journal of Retailing, Vol. 69, No. 2, S. 193-215

Rust, R.T., Zahorik, A.J., Kleiningham, T.L., 1995, Return on Quality (ROQ): Making Service Quality Financially Accountable, in: Journal of Marketing, Vol. 59, No. 4, S. 58-70

De Ruyter, K., Wetzles M., Lemmink, J., Mattson, J., 1997, The Dynamics of the Service Delivery Process: A Value-Based Approach, in: International Journal of Research in Marketing, Vol, 14, No. 3, S. 231-243

Sa, J., 1987, Reservations Forecasting in Airline Yield Management, Flight Transportation Laboratory Report R 87-1, MIT, Cambridge, MA

Schober, F., 1993, Prognose- und Optimierungsrechnung, in: Chmielewicz, K., Schweitzer, M., (Hrsg.), 1993, Handwörterbuch des Rechnungswesens, 3. Auflage, Schäffer-Poeschel, Stuttgart, S. 1621-1634

Schober, F., 1996, Interdependenzen von Unternehmensstrategien und Informations- und Kommunikationsstrategien: Eine Fallstudie zum Einsatz der Informations- und Kommunikationstechnik in 21 international tätigen Unternehmungen, in: ZfB, Vol. 66, No. 1, S. 29-48

Schober, F., 2001, Unternehmensgesamtplanung, Stichwort in: Mertens, P., Back, A., Becker, J., König, W., Krallmann, H., Rieger, B., Scheer, A.-W., Seibt, D., Stahlknecht, P., Strunz, H., Thome, R., Wedekind, H., (Hrsg.), 2001, Lexikon der Wirtschaftsinformatik, 4. Aufl., Springer, Berlin u.a., S. 487-488

Schwartz, Z., Cohen, E., 2004, Hotel Revenue-Management Forecasting: Evidence of Expert-Judgement Bias, in: Cornell Hotel and Restaurant Admininstration Quarterly, Vol. 45, No. 1, S. 85-98

Secomandi, N., Abott, K., Atan, T., Boyd, E.A., 2002, From Revenue Management Concepts to Software Systems, in: Interfaces, Vol. 32, No. 2, S. 1-11

Shanker, K.H., Olshavsky, R.W., 1995, The Dual Role of Emotions in Consumer Satisfaction/Dissatisfaction, in: Consumer Research, Vol. 22, No. 1, S. 454-460

Sherif, M., Hovland, C., 1961, Social Judgement: Assimilation and Contrast Effects in Communication and Attitude Change, Yale University Press, New Haven, CT

Shlifer, E., Vardi, J., 1975, An Airline Overbooking Policy, in: Transportation Science, Vol. 9, No. 2, S. 101-114

Shostack, G.L., 1987, Service Positioning Through Structural Change, in: Journal of Marketing, Vol. 51, No. 1, S. 34-43

Siefke, A., 1999, Zufriedenheit mit Verkehrsdienstleistungen - Eine prozeßorientierte Analyse im innerdeutschen Schienenpersonenfernverkehr, in: Tourismus Journal, Vol. 2, S. 151-170

Siguaw, J.A., Kimes, S.E., Gassenheimer, J.B., 2003, B2B Sales Force Productivity: Application of Revenue Management Strategies to Sales Management, in: Industrial Marketing Management, Vol. 32, No. 7, S. 539-551

Sill, B., Decker, R., 1999, Applying Capacity Management Science: The Case of Brown's Restaurant, in: Cornell Hotel and Restaurant Administration Quarterly, Vol. 40, No. 3, S. 22-30

Simon, H., 1992, Preismanagement: Analyse – Strategie – Umsetzung, 2. Auflage, Gabler, Wiesbaden

Simon, H., Dolan, J. D., 1997 Profit durch Power Pricing, Campus, Frankfurt a. M. u. a.

Simon, J.L., 1968, An Almost Practical Solution to Airline Overbooking, in: Journal of Transportation and Policy, Vol. 2, No. 2, S. 201-202

Simon, J.L., 1972, Airline Overbooking: The State of the Art – A Reply, in: Journal of Transport Economics and Policy, Vol. 6, No. 3, S. 254-256

Simon, J.L., Visvabhanathy, G., 1977, The Auction Solution to Airline Overbooking: The Data Fit the Theory, in: Journal of Transport Economics and Policy, Vol. 11, No. 3, S. 277-283

Singh, J., 1988, Consumer Complaint Intentions and Behavior: Definitional and Taxonomical Issuses, in: Journal of Marketing, Vol. 52, No. 1, S. 93-107

Skugge, G., 2004, Growing Effective Revenue Managers, in: Journal of Pricing and Revenue Management, Vol. 3, No. 1, S. 49-61

Slager, B., Kapteijns, L., 2004, Implementation of Cargo Revenue Management at KLM, in: Journal of Pricing and Revenue Management, Vol. 3, No. 1, S. 80-90

Smith, A.K., Bolton, R.N., 1998, An Experimental Investigation of Customer Reactions to Service Failure and Recovery Encounters: Paradox or Peril, in: Journal of Service Research, Vol. 1, No. 1, S. 5-17

Smith, A.K., Bolton, R.N., Wagner, J., 1999, A Model of Customer Satisfaction with Service Encounters Involving Failure and Recovery, in: Journal of Marketing Research, Vol. 36, No. 8, S. 356-372

Smith, B.C., Leimkuhler, J.F., Darrow, R.M., 1992, Yield Management at American Airlines, in: Interfaces, Vol. 22, No. 1, S. 8-31

Söderlund, M., 1999, Customer Satisfaction and its Consequences on Customer Behavior Revisited, in: International Journal of Service Industry Management, Vol. 9, No. 2, S. 169-188

Sorce, P., Widrick, S.M., 1991, Individual Differences in Latitude of Acceptable Prices, in: Advances in Consumer Research, Vol. 18, No. 1, S. 802-805

Spreng, R.A., MacKenzie, S.B. Olshavsky, R.W. 1996, Reexamination of the Determinants of Consumer Satisfaction, in: Journal of Marketing, Vol. 60, No. 7, S. 15-32

Spreng, R.A., Mackoy, R.D., 1996, An Empirical Examination of a Model of Perceived Service Quality and Satisfaction, in: Journal of Retailing, Vol. 72, No. 2, S. 210-214

Spreng, R.A., Olshavsky, R.W., 1993, A Desires Congruency Model of Consumer Satisfaction, in: Journal of the Academy of Marketing Science, Vol. 21, No. 3, S. 169-177

Srivnivasan, N., 1994, Consumer Satisfaction: Cognitive and Affective Dimensions, in: Advances in Consumer Research, Vol. 21, S. 543-544

Stadell, C.B., Fjeldstad, O.D., 1998, Configuring Value for Competitive Advantage: On Chains, Shops, Networks, in: Strategic Management Journal, Vol. 19, No. 5, S. 413-437

Stahlecker, P., Hauenschild, N., Klintworth, M., 2003, Optimierung und ökonomische Analyse, Springer, Berlin u. a.

Stauss, B., 1999, Kundenzufriedenheit, in: Marketing ZFP, Vol. 21, No. 1, S. 5-23

Stauss, B., Seidel, W., 2003, Prozessuale Zufriedenheitsermittlung und Zufriedenheitsdynamik bei Dienstleistungen, in: Homburg, C. (Hrsg.), 2003, Kundenzufriedenheit: Konzepte – Methoden – Erfahrungen, 5., aktualisierte und erweiterte Auflage, Gabler, Wiesbaden

Stine, R.A., 1995, Graphical Interpretation of Variance Inflation Factors, in: American Statistician, Vol. 49, No. 1, S. 53-56

Strasser, S., 1996, The Effect of Yield-Management on Railroads, in: Transportation Quarterly, Vol. 50, No. 2, S. 47-55

Su, W., Tippins, M.J., 1998, Consumer Attributions of Product Failure to Channel Members and Self: The Impact of Situational Clues, in: Advances in Consumer Research, Vol. 25, S. 139-145

Subramanian, R., Stidham, S.Jr., Lautenbacher, C.J., 1999, Airline Yield Management with Overbooking, Cancellations and No-Shows, in: Transportation Science, Vol. 33, No. 2, S. 147-167

Sun, X., Brauner, E., Hormby, S., 1998, A Large Scale Neural Network for Airline Forecasting in Revenue Management, in: Yu, G. (Hrsg.), Operations Research in the Airline Industry, Kluwer, Boston, S. 46-67

Susskind, A.M., Reynolds, D., Tsuchiya, E., 2004, An Evaluation of Guests' Prefferred Incentives to Shift Time-Variable Demand in Restaurants, in: Cornell Hotel and Restaurant Administration Quarterly, Vol. 45, No. 1, S. 68-94

Suzuki, Y., 2002, An Empirical Analysis of the Optimal Overbooking Policies for US Major Airlines, in: Transportation Research, Part E, Vol. 38, S. 136-149

Suzuki, Y., 2004, The Impact of Airline Service Failures on Travelers' Carrier Choice: A Case Study of Central Iowa, in: Transportation Journal, Vol. 43, No. 2, S. 26-36

Swan, J.E., Combs, L-J., 1976, Product Performance and Consumer Satisfaction: A New Concept, in: Journal of Marketing, Vol. 40, No. 4, S. 25-33

Swan, J.E., Oliver, R.L., 1991, An Applied Analysis of Buyer Equity Perceptions and Satisfaction with Automobile Salespeople, in: Journal of Personal Selling & Sales Management, Vol. 11, No. 2, S. 15-26

Swan, W.M., 2002, Airline Demand Distributions: Passenger Revenue Management and Spill, in: Transportation Research, Part E, Vol. 38, S. 253-263

Swan, J.E., 1981, Disconfirmation of Expectations and Satisfaction with a Retail Service, in: Journal of Retailing, Vol. 57, No. 3, S. 49-67

Tabucanon, M.T., Tan, L.R., 1986, Microcomputer-based Simulation Approach to Facility Overbooking, in: Infor, Vol. 24, No. 2, S. 146-157

Talluri, K., 2001, Airline Revenue Management with Passenger Routing Control: A New Model with Solution Approaches, in: International Journal of Services Technology and Management, Vol. 2, No. 1/2, S. 102-115

Talluri, K., van Ryzin, G., 1998, An Analysis of Bid-Price Controls for Network Revenue Management, in: Management Science, Vol. 44, No. 11, S. 1577-1593

Talluri, K., van Ryzin, G., 1999, A Randomized Linear Programming Method for Computing Network Bid-Prices, in: Transportation Science, Vol. 33, No. 2, S. 207-215

Talluri, K., van Ryzin, G., 2004a, Revenue Management under a General Discrete Choice Model of Consumer Behavior, in: Management Science, Vol. 50, No. 1, S. 15-33

Talluri, K., van Ryzin, G., 2004b, Theory and Practice of Revenue Management, Kluwer, Boston, MA

Tax, S.S., Brown, S.W., Chandrashekaran, M., 1998, Customer Evaluations of Service Experiences: Implications for Relationsship Marketing, in: Journal of Marketing, Vol. 62, No. 4, S. 60-76

Taylor, S.A., Baker, T.L., 1994, An Assessment of the Relationship between Service Quality and Customer Satisfaction, in: Journal of Retailing, Vol. 70, No. 2, S. 163-178

Thibaut, J.W., Kelley, H.H., 1986, The Social Psychology of Groups, Transaction Books, New Brunswick u.a. (Nachdruck der Originalausgabe von 1959)

Thompson, H.R., 1961, Statistical Problems in Airline Reservation Control, in: Operational Research Quarterly, Vol. 12, S. 167-185

Ting, S.-C., Chen, C.-N., 2002, The Asymmetrical and Non-linear Effects of Store Quality Attributes on Customer Satisfaction, in: Total Quality Management, Vol. 13, No. 4, S. 547-569

Tirole, J., 1997, The Theory of Industrial Organization, 9. Auflage, MIT Press, Cambridge, MA

Toh, R., 1979, Airline Revenue Yield Protection: Joint Reservation Control over Full and Discount Fare Sales, in: Transportation Journal, Vol. 19, No. 2, S. 74-80

Toh, R.S., Dekay, F., 2002, Hotel Room-Inventory Management: An Overbooking Model, in: Cornell Hotel and Restaurant Quarterly, Vol. 43, No. 4, S. 79-90

Toh, R.S., Raven, P., 2003, Perishable Asset Revenue Management: Integrated Internet Marketing Strategies for the Airlines, in: Transportation Journal, Vol. 42, No. 4, S. 30-43

Tom, G., Lucey, S., 1995, Waiting Time Delays and Customer Satisfaction in Supermarkets, in: Journal of Services Marketing, Vol. 9, No. 5, S. 20-29

Toutenburg, H., 2002, Lineare Modelle – Theorie und Anwendungen, 2. Auflage, Physica-Verlage, Heidelberg

Trivizas, K., 2003, Future of Revenue Management: Trends Shaping the Practice of Pricing and Revenue Management for Airlines and Hospitality Companies, in: Journal of Pricing and Revenue Management, Vol. 1, No. 4, S. 383-388

Tse, D.K., Wilton, P.C., 1988, Models of Costumer Satisfaction Formation: An Extension, in: Journal of Marketing Research, Vol. 25, No. 5, S. 204-212

Tscheulin, D.K., 1994, "Variety-seeking-behavior" bei nicht-habitualisierten Entscheidungen, Eine empirische Studie, in: ZfB, Vol. 46, No. 1, S. 54-62

Tscheulin, D.K., 2000, Analytic Hierarchy Process, in: Hermann, A., Homburg, C. (Hrsg.), 2000, Marktforschung: Methoden, Anwendung, Praxisbeispiels, Gabler, Wiesbaden, S. 579-606

Tscheulin, D.K., 2004, Preispolitik öffentlicher Unternehmen vor dem Hintergrund sozialorientierter Bedarfsdeckung und Wirtschaftlichkeit: Der Einsatz der Revenue-Managements zur Nutzenoptimierung in öffentlichen Betrieben, in: Henning, J., Stauss, B., Tscheulin, D.K., Vogelboth, N., Wilmert, B., (Hrsg.). 2004, Marktstrategien öffentlicher Unternehmen und Internationalisierung der Rechnungslegung für die öffentliche Wirtschaft, Gesellschaft für öffentliche Wirtschaft, Berlin

Tscheulin, D.K., Jaques, J.-M., 1996, Goal Programming Approaches for Priorities in Saaty's Analytic Hierarchy Process (AHP), in: Beligian Journal of Operations Research, Statistics and Computer Science, Vol. 36, No. 4, S. 189-203

Tscheulin, D.K., Lindenmeier, J., 2003a, Yield-Management – Ein State-of-the-Art, in: ZfB, Vol. 73, No. 6, S. 629-662

Tscheulin, D.K., Lindenmeier, J., 2003b, Yield-Management – erlösoptimale Steuerung von Preisen und Kapazitäten, in: WISU, Vol. 32, No. 12, S. 1513-1518

Urbany, J.E., Madden, T.E., Dickson, P.R., 1989, All's Not Fair in Pricing: An Initial Look on the Dual-Entitlement Principle, in: Marketing Letters, Vol. 1, No. 1, S. 17-25

Valle, V., Wallendorf, M., 1977, Consumers' Attribtutions of the Cause of their Product Satisfaction and Dissatisfaction, in: Day, R. (Hrsg.), Consumer Satisfaction, Dissatisfaction, and Complaining Behavior, Foundations for the School of Business, Bloomington, S. 26-30

Van Slyke, R., Young, Y., 2000, Finite Horizon Stochastic Knapsacks with Application to Yield Management, in: Operations Research, Vol. 48, No. 1, S. 155-172

Van Ryzin, G., McGill, J., 2000, Revenue Management without Forecasting or Optimization: An Adaptive Algorithm for Determining Airline Seat Protection Levels, in: Management Science, Vol. 46, No. 6, S. 760-775

Verma, H.V., 2001, Service Failure and Recovery in Select Industries, in: Journal of Management Research, Vol. 1, No. 2, S. 69-78

Vickery, W., 1972, Airline Overbooking: Some Further Solutions, in: Journal of Transport Economics and Policy, Vol. 6, No. 3, S. 257-270

Vogel, H., 1989, Yield Management – Optimale Kapazität für jedes Marktsegment zum richtigen Preis. Ist der Stein der Weisen für die Reisebranche gefunden?, in: Fremdenverkehrswirtschaft International, Vol. 22, o. S.

Volpano, L., 2003, A Proposal to Rationalize Entertainment Ticket Pricing Using Price Discrimination, in: Journal of Pricing and Revenue Management, Vol. 1, No. 4, S. 379-382

Vulcano, G., van Ryzin, G., Maglaras, C., 2002, Optimal Dynamic Auctions for Revenue Management, in: Management Science, Vol. 48, No. 11, S. 1388-1407

Walker, J.L., 1995, Service Encounter Satisfaction: Conceptualised, in: Journal of Services Marketing, Vol. 9, No. 1, S. 5-14

Walster, E., Walster, G.W., Bersheid, E., 1978, Equity: Theory and Research, Allyn & Bacon, Boston, MA

Wang, S., 2001, A Hybrid Threshold Curve Model for Optimal Yield Management: Neural Networks and Dynamic Programming, in: Computers & Industrial Engineering, Vol. 40, No. 1/2, S. 161-173

Weatherford, L.R., 1995, Length-of-Stay Heuristics: Do They Really Make a Difference, in: Cornell Hotel and Restaurant Administration Quarterly, Vol. 36, No. 6, S. 70-79

Weatherford, L.R., 1997, Using Prices more Realistically as Decision Variables Perishable-Asset Revenue Management Problems, in: Journal of Combinatorial Optimisation, Vol. 1, No. 3, S. 227-304

Weatherford, L.R., 2002, Simulated Revenue Impact of a New Revenue Management Strategy under the Assumption of Realistic Fare Data, in: Journal of Pricing and Revenue Management, Vol. 1, No. 1, S. 35-49

Weatherford, L.R., 2004, Dispersed Fares Within a Fare Class: How Can the Reality be Harnessed?, in: Journal of Pricing and Revenue Management, Vol. 3, No. 1, S. 26-40

Weatherford, L.R., Belobaba, P.P., 2002, Revenue Impact of Fare Input and Demand Forecast Accuracy in Airline Yield Management, in: Journal of the Operational Research Society, Vol. 53, No. 8, S. 811-821

Weatherford, L.R., Bodily, S.E., Pfeifer, P.E., 1993, Modelling the Customer Arrival Process and Comparing Decision Rules in Perishable Asset Revenue Situations, in: Transportation Science, Vol. 27, No. 3, S. 239-251

Weatherford, L.R., Gentry, T., Wilamowski, B., 2003, Neural Network Forecasting for Airlines: A Comparative Analysis, in: Journal of Pricing and Revenue Management, Vol. 1, No. 4, S. 319-331

Weatherford, L.R., Kimes, S.E., 2003, A Comparison of Forecasting Methods for Hotel Revenue Management, in: International Journal of Forecasting, Vol. 19, No. 3, S. 401-415

Weatherford, L.R., Kimes, S.E., Scott, D.A., 2001, Forecasting for Hotel Revenue Management: Testing Aggregation Against Disaggregation, in: Cornell Hotel and Administration Quarterly, Vol. 42, No. 4, S. 53-64

Weatherford, L.R., Pfeifer, P.E., 1994, The Economic Value of Using Advance Booking of Orders, in: Omega, Vol. 22, No. 1, S. 105-111

Weatherford, L.R., Pölt, S., 2002, Better Unconstraining of Airline Demand Data in Revenue Management Systems for Improved Forecasting Accuracy and Greater Revenues, in: Journal of Pricing and Revenue Management, Vol. 1, No. 3, S. 234-254

Weber, K., Sun, J., Sun. Z., Kliewer, G., Grothklags, S., Jung, N., 2003, System Integration for Revenue-Generating Processes, in: Journal of Pricing and Revenue Management, Vol. 2, No. 2, S. 120-137

Weiner, B., 1985, An Attributional Theory of Achievement Motivation and Emotions, in: Psychological Review, Vol. 92, No. 10, S. 548-573

Weiner, B. 1986, An Attributional Theory of Motivation and Emotion, Springer, New York

Weiner, B., 2000, Attributional Thought about Consumer Behavior, in: Journal of Consumer Research, Vol. 27, No. 12, S. 382-387

Westbrook, R.A., 1980, Intrapersonal Affective Influences on Customer Satisfaction with Products, in: Journal of Consumer Research, Vol. 7, No. 6, S. 49-54

Westbrook, R.A., 1987, Product/Consumption-Based Affective Responses and Postpurchase Processes, in: Journal of Marketing Research, Vol. 24, No. 8, S. 258-270

Westbrook, R.A., Oliver, R.L., 1991, The Dimensions of Consumption Emotion Patterns and Consumer Satisfaction, in: Journal of Consumer Research, Vol. 18, No. 6, S. 84-91

Westbrook, R.A., Reilly, M.D., 1983, Value-Percept Disparity: An Alternative to the Disconfirmation of Expectation Theory of Consumer Satisfaction, in: Advances in Consumer Research, Vol. 10, No. 1, S. 256-261

Williams, F.E., 1977, Decision Theory and the Innkeeper: An Approach for Setting Hotel Reservation Policy, in: Interfaces, Vol. 7, No. 4, S. 18-30

Williams, L., 1999, Revenue Management: Microeconomics and Business Modelling, in: Business Economics, Vol. 34, No. 2, S. 39-49

Wirtz, J., Bateson, J.E.G., 1995, An Experimental Investigation of Halo Effects in Satisfaction Measures of Service Attributes, in: International Journal of Service Industry Management, Vol. 6, No. 3, S. 84-102

Wirtz, J., Kimes, S.E., Theng, J.H.P., Patterson, P., 2003, Revenue Management: Resolving Potenzial Customer Conflicts, in: Journal of Revenue and Pricing Management, Vol. 2, No. 3, S. 216-226

Wirtz, J., Mattila, A., 2001, Exploring the Role of Alternative Perceived Performance Measures and Need-Congruency in the Consumer Satisfaction Process, in: Journal of Consumer Psychology, Vol. 11, No. 1, S. 181-192

Witt, S.F., Witt, C.A., 1995, Forecasting Tourism Demand: A Review of Empirical Research, in: International Journal of Forecasting, Vol. 11, No. 3, S. 447-475

Wollmer, R.D., 1992, An Airline Seat Management Model for a Single-Leg Route when Lower Classes Book First, in: Operations Research, Vol. 40, No. 1, S. 26-37

Woodruff, R.B., Cadotte, E.R., Jenkins, R.L., 1983, Modelling Customer Satisfaction Processes Using Experience-Based Norms, in: Journal of Marketing Research, Vol. 20, No. 8, S. 296-304

Woodside, A.G., Frey, L.L., Daly, R.T., 1989, Linking Service Quality, Customer Satisfaction, and Behavioral Intentions, in: Journal of Health Care Marketing, Vol. 9, No. 4, S. 5-17

Woratschek, H., 1998, Preisbestimmung von Dienstleistungen: Markt- und nutzenbezogene Ansätze im Vergleich, Deutscher Fachverlag, Frankfurt a. M.

Yeoman, I., McMahon-Beattie, U., Sutherland, R., 2001, Leisure Revenue Management, in: Journal of Leisure Property, Vol. 1, No. 4, S. 306-317

Yeoman, I., Watson, S., 1997, Yield Management: A Human Activity System, in: International Journal of Contemporary Hospitality Management, Vol. 9, No. 2, S. 80-83

Yi, Y., 1990, A Critical Review of Consumer Satisfaction, in: Zeithaml, V.A. (Hrsg.), 1990, Review of Marketing, Chicago, IL, S. 68-123

Yoon, S.-J., Kim, J.-H., 2000, An Empirical Validation of a Loyalty Model Based on Expectation Disconfirmation, in: Journal of Consumer Marketing, Vol. 17, No. 2, S. 120-136

You, P.-S., 1999, Dynamic Pricing in Airline Seat Management for Flights with Multiple Flight Legs, in: Transportation Science, Vol. 33, No. 2, S. 192-206

Yuen, B.B., 2002, Group Revenue Management: Redefining the Business Process – Part I, in: Journal of Pricing and Revenue Management, Vol. 1, No. 3, S. 267-274

Yuen, B.B., 2003, Group Revenue Management: Redefining the Business Process – Part II, in: Journal of Pricing and Revenue Management, Vol. 1, No. 4, S. 345-354

Zeithaml, V.A., Berry, L.L., Parasuraman, A., 1993, The Nature and Determinants of Customer Expectations of Service, in: Journal of the Academy of Marketing Science, Vol. 21, No. 1, S. 1-12

Zeithaml, V.A., Berry, L.L., Parasuraman, A., 1996, The Behavioral Consequences of Service Quality, in: Journal of Marketing, Vol. 60, No. 2, S. 31-46

Zeni, R.H., 2003, The Impact of Analyst Interaction with Revenue Management Systems, in: Journal of Pricing and Revenue Management, Vol. 2, No. 1, S. 37-45

Zhao, W., Zheng, Y.-S., 2000, Optimal Dynamic Pricing for Perishable Assets with Non-Homogeneous Demand, in: Management Science, Vol. 46, No. 3, S. 375-388

Zhao, W., Zheng Y.-S., 2001, A Dynamic Model for Airline Seat-Allocation with Passenger Diversion and No Shows, in: Transportation Science, Vol. 35, No. 1, S. 80-98

Printed in Germany
by Amazon Distribution
GmbH, Leipzig